丁永培 에세이集

한 우공이 전하는
세상 사는 이야기

丁永培 에세이集

한 愚公이 전하는
세상 사는 이야기

路遙知馬力

(로 요 지 마 력)

日久見人心

(일 구 견 인 심)

길이 멀어야 나귀의 힘을 알고,

세월이 많이 흘러야 사람의 마음을 안다.

전남대학교출판부

鳥啼淚難看

(조 제 누 난 간)

花笑聲未聽

(화 소 성 미 청)

새는 울어도 눈물을 볼 수 없고,

꽃은 웃어도 소리를 들을 수 없다.

서언

이른 아침이면 밖에 나가 1시간여 동안 공원의 트랙을 돌다 온다. 이곳에 나오는 사람들은 늘 나오는 사람들이고, 이들과 같이 어울리다 보니 자연 세상 사는 이야기를 많이 하게 된다. 모두가 평범한 사람들이고, 세상을 바르고 선하게 살려는 사람들이다. 사철의 변화에도 상관하지 않고, 일편단심(一片丹心) 변함없이 이렇게 하며 사는 사람들이다. 살을 에는 한동(寒凍)에도 하루의 시작을 이렇게 하며 사니, 이제는 거의 습관처럼 굳어져 버렸다. 몸이 아파 드러눕게 되면 우선은 가족들에게 미안한지라 이 일이 힘든 일인데도 열심히 하며 산다.

어쩌다가 하루라도 빠지게 되면 무슨 변고라도 있나 하고 서로 걱정을 한다. 이렇게 서로 걱정을 하는 것은 밤새 연고의 변을 당하기 쉬운 세월을 살고 있기 때문이다. 인생 말년은 축복이 아니고 고통인데도, 힘들다는 내색(內色)은 거의 하지 않는다. 그저 필연의 숙명처럼 받아들이며 열심히 산다.

이들이 하는 이야기를 들어보면, 자기 자랑이 좀 있기는 해도, 평범하기 그지없는 세상 사는 이야기들이다. 기죽지 않으려고 좀 잘난 체하기는 해도, 남을 헐뜯거나 해가 되는 이야기는 결코 하지 않는다. 나이가 들어 좀 어수룩하게는 보여도, 중심을 세우고 사는지라 조금의 흔들림도 없이 사는 사람들이다.

인간 관계는 가까운 사람들 간의 관계다. 이 세상에서 가장 가까운 사람은 아내요 자식들이다. 이들에게 잘하며 살면 힘들다는 말년도 덜 힘들게 살 수 있을 것이다.

아무리 일이 잘못되어도 먹고 사는 일에 궁해서는 안 된다. 누가 뭐라고 해도 쌀뒤주 단속은 잘해야 하고, 쌀뒤주의 밑바닥을 긁는 소리가 들리면, 가정은 동토(凍土)처럼 얼어붙어 살기 힘든 곳이 된다. 절검(節儉)하며 사는 자는 들어온 복도 아끼며 산다 하거니와(儉者惜福), 열심히 일하며 살고, 절검을 성가지본(成家之本)으로 삼고 사는지라, 말년을 따뜻하게 사는 사람들 같다.

부부가 서로 화합하여 사는 일이 그렇게 쉽지는 않고, 한 가족이 단합하여 사는 일은 더더욱 어려운 일이라. 각자도생(各自圖生)으로 자기의 일을 좇으며 살다 보면 서로를 잊고 살기가 쉽고, 서로의 생각이 다르다 보면 각자의 생각대로 살기가 쉽기 때문이다. 한 가족이 단합하여 살기가 어려운 일인데도 잘하며 살면, 이런 사람을 일러 생활의 달인이라 할 것이다. 그냥 사는 것이 중요한 것이 아니요, 서로 화합하여 바르게 사는 일은 더더욱 중요하기 때문이다.

생명의 길고 짧음은 하늘에 맡기고, 서로 미워하지 않고, 서로 사랑하며 살면, 우리가 사는 가정은 이 세상에서 가장 살기에 좋은 행복의 요람지가 된다. 남편과 아내는 늘 가정의 중심에 서고, 그들이 서로 화합하여 살면 이를 금실 상화(琴瑟相和)라고 한다. 그러면 자식들도 이를 본받아 부모에게 효도하고(昊天忘極) 형우제공(兄友弟恭)하며 살게 된다. 이게 곧 다름 아닌 지상의 천국이요, 이 일이 이웃으로 이어지면 이웃과도 화합하여 사는 따뜻한 이웃이 된다.

예술은 기쁨과 위로라고 하거니와, 우리 모두는 한 가정을 다스리는 위대한 예술가들이다. 가정이 힘으로 다스려지면 힘이 난무하는 곳이 되지만, 피와 땀으로 열심히 갈고 다듬어 이룩한 가정은 우리에게 큰 기쁨과 위안을 준다.

힘들이지 않고 이룬 것 중에 오래 지속되거나 아름다운 것은 없다. 한 가정을 이루는 데 쉽게 이룬 자는 없고, 모두가 열혈(熱血)을 바쳐 천신만고(千辛萬苦)와 우여곡절(迂餘曲折)의 터널을 수없이 넘으며 산다.

이 세상을 살다 가되 좋은 가정을 남기고 가면, 이보다 더 잘한 일은 없다. 훌륭한 음악가가 좋은 선율(旋律)로 세인(世人)을 감동케 해도 좋은 가정을 이루지 못하고 가면, 결코 잘한 일은 못 된다. 제아무리 위대한 예술가가 불후(不朽)의 작품을 남기고 간다 해도, 좋은 가정을 이루지 못하고 가면, 가장 잘해야 할 일을 잘못하고 가는 것이 된다.

인생의 길은 끊임없이 전진하는 자의 것이다. 내 시대는 끝났다 하여 방 안에 틀어박혀 어두운 생각만 하며 살면, 취생 몽사(醉生夢死)의 생활이나 다를 바가 없다. 숨을 거두는 순간까지 할 일을 찾아서 행하고, 무위도식(無爲徒食)의 부끄러운 삶이 되어서는 안 된다. 지금의 숨길이 가쁘지만 늦추지 말고, 보조(步調)의 폭을 넓히며 살아야 한다.

길은 평탄치 않아 힘들고, 태산 준령이 가로막아 힘들게 해도, 풍파는 언제나 전진하는 자의 벗이 된다. 힘들지 않게 사는 사람은 아무도 없고, 힘들지만 잘 극복하며 사는 데서 기쁨과 행복을 느낀다.

사는 법을 다 알고 사는 사람은 아무도 없다. 막힌 것은 뚫어서 살고, 굽은 것은 바르게 펴서 살고, 험산 준령은 넘어서 정복해야 한다. 되돌아보니 잘못한 일이 너무 많고, 후회 막급할 일이 더 많아 부끄럽지만, 다시 돌아와 배울 수 없는 것은 돌아올 길이 없기 때문이다.

하루에도 아침이 있고, 낮이 있고, 일몰이 있듯이, 인생 또한 생명을 불태워 살다가도, 심지에 기름이 다하면 불은 자연히 꺼진다. 그것은 필연의 이치이고, 오래 살지 못함을 탄할 것이 아니요, 열심히 살지 못함을 탄해야 한다.

인생은 대장정(大長程)이라 할 만큼 길고 긴 여정이다. 내 나이 벌써 산수(傘壽)에 이르렀으니, 아득하다 할 만큼 긴 여정이었지만, 일순(一瞬)으로 흘러가 버렸다. 여생이 얼마일지는 모르지만, 결코 길지는 않을 것이다. 남은 세월이 얼마가 되든, 꾀부리지 않고 열심히 살다가야(不怠爲善) 그간의 잘못을 보상받을 수 있을 것이다.

바르게 사는 길은 험한 길이지만, 그 길보다 더 안전한 길은 없다. 고루 거각(高樓巨閣)이 꼭 좋은 것은 아니고, 초가 누옥(草家陋屋)도 정들여 살면 좋은 것이다. 산해 진미를 즐기다간 큰 탈이 붙지만, 소식(疏食)은 아무리 먹어도 탈이 없다. 평범한 것을 사랑하며 살고, 평범한 사람들이 부르는 노래를 천상의 선율로 여기며 살아야 한다.

아침에 나가 보면 어제 버린 쓰레기들이 널브러져 있다. 철부지 꼬마들이 놀다 가면서 이렇게 어질러 놓은 것이다. 깨는 자 따로 있고(裂之者不可無), 주워담는 자 따로 있다더니(拾之者不可無), 치우는 자들이 따로 있어 공원은 늘 깨끗하다. 그들이 철이 들 때까지는 감내(堪耐)하며 기다려줘야 한다. 우리 모두는 이렇게 하며 손자놈들을 키워내지 않았는가. 쥐를 성급하게 잡으려다가는 독을 깨는 욕속부달(欲速不達)의 우를 범한다.

거센 비바람과 따가운 햇살을 많이 받을수록 열매는 알차고 튼튼하다. 공원 트랙을 도는 시간은 나를 비우고, 나를 채워넣는 시간이다. 오늘도 건강만세를 구가하며 열심히 시작하고, 바르게 행하며 살면, 세상을 잘 살다 가는 것이 될 것이다.

이 책을 내는 데에 몇 사람이 많은 고생을 했다. 김 창권과 그의 아내 박 은경, 그들의 딸인 김 해늘새롬 그리고 전남대학교 정 숙현 선생과 내자 안 명자에게 깊은 감사의 염(念)을 표한다.

제 3 부

제 4 부

제 5 부

제 6 부

애독자 여러분!

지난번 책은 한문 글귀가 너무 많아서 읽기가 좀 난삽(難澁)했을 것이다. 어떤 독자는 하루에 한 과(課)씩을 읽었고, 그 과에 들어 있는 한자(漢字)를 다 외우지 않으면 다음 과로 넘어가지 않았다고 했다. 그러다 보니 완독하는 데에 60여일의 시간이 걸렸다고 했고, 마지막 과를 독파하고 나서는 숨가쁜 목소리로 승전보(勝戰譜)를 전하듯 완독의 기쁨을 전하기도 했다. 어떤 독자는 한 번으로는 안되고 반복해서 계속 읽어야겠노라고 했고, 자기 지방의 토산품을 몇 차례 보내오기도 했다.

책 제목이나 서문만을 읽고서 다 읽었노라고 기함(氣含)을 토하며, 자기가 마치 다독자(多讀者)인양 자랑하는 사람들에 비하면, 얼마나 알뜰하고 훌륭한 독자들인지 모른다.

내가 어찌 만인을 만족케 하는 글을 쓸 수 있겠는가? 그저 세상을 어지럽히는 악서가 아닌 것에 자위와 감사를 느낄 뿐이다.

내 책을 읽었던 사람들 중에 다음 책은 언제 나오느냐고 묻는 사람이 있는가 하면, 또 어떤 사람은 주소가 바뀌었다며 바뀐 주소를 적어주며 꼭 보내달라고 간청하기도 했다.

어느 한 여인은 남편이 바람을 피우는 바람에 살 길을 잃고 방황하다가, 내 책에서 길을 찾아 살게 되었노라고 했다. 한 여인의 영혼을 구해 준 것 같은 생각이 들어서 "운명은 있는 것인가?"라는 제하(題下)의 글을 써서 이 책에 싣게 되었다.

지금의 내 나이에 글을 쓰는 사람이 얼마나 되는지는 모르지만, 그렇게 많지는 않을 것이다. 지금까지 9권의 책을 냈으니, 한 권만 더 쓰면 숫자상으로는 10권의 아귀를 채우는 셈이 된다.

마지막 한 권을 쓰고 나서야 내 인생이 끝난다고 하면, 시간을 늘릴 대로 늘려서 쓰면 되지만, 세상에 그런 법은 없을 것이다.

나이를 많이 먹으면 밤새 연고의 변을 당하기가 쉽다. 괜스레 허욕을 부리며 바삐 살다가는(空自忙) 주어진 수(壽)도 누리지 못하고 가는 불행을 겪을 것이다. 묘연(杳然)한 세월을 살고 있는지라 아무것도 장담할 수는 없고, 서서히 힘을 풀어서 할 수 있는 데까지 열심히 살다 갈 수 밖에 없다.

그간 책을 쓰느라 고생을 많이 했다 하여 그 보응으로 수를 늘려 받을 것 같지는 않고, 기왕 산수(傘壽)의 고비를 넘겼으니 조금만 더 살다가 고종명(考終命)의 축복이나 누리고 갔으면 한다.

그간 내 책을 읽어준 독자 여러분에게 깊은 감사를 드리고, 이 책으로 9권의 대장정을 마친다. 이 책을 꼭 읽고 독파의 영광을 누리기를 기원하고, 다음 한 권까지 마저 기대해 주기 바란다.

다른 사람들과의 말싸움의 밑천을 마련하기 위해 책을 읽어서는 안 되고, 세상을 바르게 사는 지혜와 재량(裁量)을 얻기 위해 책을 읽어야 한다.

천재의 기억보다 바보의 기록이 더 낫다 하였으니, 나의 이 바보스런 기록에서 기쁨과 행복을 누리기를 기원하면서 독자 여러분의 건승을 빈다.

제1부

지독지정(舐犢之情)

(어미 소가 갓 나온 송아지를 핥는 정이라는 뜻으로,
부모의 정이 지극할 때 쓰는 말이다.)

어미 소가 새끼를 낳게 되면 쉼 없이 핥아서 양자 간에 정을 나눈다. 이를 지독지정 또는 지독지애(舐犢之愛)라고도 한다. 새끼가 갓 나오면 어미는 새끼 몸에 묻어 있는 분비물을 부단히 핥아서 깨끗하게 해주고, 새끼 또한 그런 데서 비로소 어미에 대한 사랑과 정을 느끼기 시작한다.

모정의 두터움은 동물이라 하여 인간보다 못하지는 않다. 지독지정은 거의 본능적이라 할 만큼 위대한 것이다. 부모는 제 자식의 잘못을 모를 만큼 맹목적인 사랑으로 키운다.(莫知其子之惡)

이렇게 자란 자식들은 부모의 은덕을 모르고 살지만, 제 자식을 낳아 길러본 다음에야 부모의 은덕을 알게 된다.(養子息知親力) 부모의 은혜는 하늘보다 높아 호천 망극(昊天罔極)이라 하지만, 부모 계신 곳을 향해 그리움을 표시한다 하여 이를 망운지정(望雲之情)이라 한다. 부모님에게 잘하며 사는 자 중에 잘못된 자가 없으니, 명심하여 살자 하여 이 글귀를 권한다.

세상을 바르게 살려면

내 나이도 어언 산수(傘壽)의 준령(峻嶺)을 넘어섰다. 이젠 우산을 받쳐 써야 바깥의 재앙을 막을 수 있는 나이여서(산수), 하는 수 없이 처소를 방으로 옮겨, 방을 지키는 방안 통수(統帥)가 되었다. 하지만 예나 다름없이 글도 쓰고, 우직할 정도로 꾀부리지 않고 사는지라, 세인(世人)의 기민한 눈에는 한 우인(愚人)으로 비쳐질 것이다.

우공이 산을 옮겼다는 우공이산(愚公移山)의 교훈도 있고 하여, 이번에 표제(表題)의 글을 제현(諸賢) 앞에 내놓게 되었다. 잠시 세월을 잃는 셈치고 읽어보기 바란다,

마음이 즐거우면 종일 걸어도 지치지 않지만, 마음에 근심이 있으면 조금만 걸어도 싫증이 난다. 그래서 근심 없이 살라 하였지만, 근심 없이 살기가 그렇게 쉬운 일이 아니다. 근심할 시간도 없이 바삐 사는 사람들에게도, 근심은 순간순간 찾아들어 그들을 괴롭힌다. 하여튼 사람은 근심의 바닷속에서 살다가 죽을 때에도 근심하며 죽는다. 그러나 기왕 살 바에는 높은 친화력으로 근심과 벗하여 사는 길을 찾아야 한다.

노루를 잡으러 가는 자의 눈에는 토끼가 보이지 않는다 하였다. 큰일을 꾀하는 자는 작은 일에 매어서는 안 된다. 작은 근심에 매여 살다간 큰 노루를 놓치는 우(愚)를 범하기 때문이다. 하루하루를 즐거운 마음

으로 살기를 힘쓰면, 인생 여정(人生旅程)이 길다 해도 근심을 이기며 살 수 있을 것이다.

여러 나무가 한군데 모여 살면 좋은 숲을 이루어 살지만, 제아무리 큰 나무라도 혼자 서 있으면, 고고(孤高)하게 보일는지는 몰라도, 숲을 이루지 못하고, 외롭고 쓸쓸하게 사는 나무가 된다. 가족은 서로 단합하여 살아야 하고 그러지 못하면 그보다 더 불편할 수가 없다. 서로 사랑하지 않는 사람들이 한 집에서 매일 보며 사는 일보다 더 힘든 일은 없기 때문이다.

빚을 얻으면 근심을 얻고, 부채는 자유인을 노예로 만든다. 절검(節儉)을 성가지본(成家之本)으로 삼고, 부채 없는 세상에서 자유 만세를 구가(謳歌)하며 살아야 한다. 가난하게 사는 것을 부끄러워할 것이 아니요, 정직하게 살지 못함을 부끄러워해야 한다. 부정하게 들어온 것은 꼭 부정하게 나간다. 부질없는 재욕(財慾)으로 욕심을 채우고, 부정하게 끌어들인 돈으로 호의 호식하며 살다가는 죽을 때 구더기에 뜯겨 죽는다.

옷을 입되 소박하고 정(淨)하게 입을 것이요, 밥을 먹되 소식(蔬食)으로 배를 채워 살면, 몸도 가볍고 머리도 맑아 좋을 것이다. 너무 사치스러운 옷은 다른 사람들의 눈을 현란(絢爛)하게 하고, 주지 육림(酒池肉林)의 기름진 음식은 돈족(豚族)처럼 몸을 불리는 악식(惡食)이 된다.

내 노옹(老翁)의 길에 들어선 지 오래지만, 내 시대가 끝났다고는 생각하지 않는다. 지금부터 나에게 열려오는 시간은 새로운 자세로 맞을 것이요, 하루를 열흘처럼, 1년을 10년처럼 아끼며 살면, 진홍빛 노을을 더욱 붉게 태우는 빛나는 여생(餘生)이 될 것이다.

인생은 광주리를 들고 과일을 따는 여인과 같다고 하였다. 과일을 따다가 해가 지면, 과일이 채워진 그대로 돌아서야 한다. 내 광주리는 얼마나 채워졌는지는 모르지만, 아무리 아쉬워도 여한(餘恨) 없이 돌아서야 한다. 연기자가 무대 위에서 열혈(熱血)을 뿜다가도, 하던 일이 끝나면 무대 뒤로 표연(飄然)히 사라진다. 인간 또한 그와 다를 바가 없어서 때가 되면 하던 일 다 접고 돌아서야 한다. 빈 바구니로 돌아서는 자의 발길엔 회한(悔恨)의 눈물이 서릴 것이다.

위편 삼절(韋編三絶) 이라는 말이 있다. 책을 맨 가죽끈이 세 번이나 끊어지게 읽었다 하여 하는 말이다. 책을 읽는 자의 구도적(求道的) 열정이 없이는 결코 가능하지가 않다. 밥만 먹고 살 셈을 치면 책을 읽을 필요가 없지만, 밥만 먹고 살면 마소와 다를 바가 없어서 인간은 날로 우매(愚昧)해진다. 그러나 늘 책 읽기를 벗하여 살면 세상을 변화시키는 큰 힘을 얻을 것이다.

변소에 갈 적마다 책을 들고 들어가 고성대독(高聲大讀)으로 책을 읽었다는 이야기가 있다. 이웃 사람들이 그의 책 읽는 소리를 듣고, 그가 변소에 앉아 소우(消憂) 중인 것을 알았다고 하니, 이런 이야기는 결코 평범한 이야기가 아니다.

독서 삼도(讀書三到)라는 말이 있다. 눈으로 읽으면 안도(眼到)요, 입으로 읽으면 구도(口到)요, 마음으로 읽으면 심도(心到)라 하였다. 눈으로 읽되 눈을 한군데로 모아 읽을 것이요, 입으로 읽되 다른 사람과 이야기하며 읽지 않을 것이요, 마음으로 읽되 마음을 집중하여 읽을 일이다.

마음이 없으면 보아도 보이지 않고(視而不見), 들어도 듣지 못하며(聽而不聞), 밥을 먹어도 그 맛을 모른다 하였다.(食而不知其味) 책을 읽되 마음을 집중하여 읽을 것이요, 그렇지 못하면 공연히 시간만 낭비하는 무위(無爲)한 독서가 된다.

각자 도생(各自圖生)으로 세상 살기가 힘들지만, 그래도 틈을 내어 조금씩 책을 읽으면, 마음에 큰 빛을 얻어 살고, 나와 이웃을 변화시키는 큰 동량이 될 것이다.

녹명(鹿鳴)이라는 말이 있다. 글자 그대로의 뜻은 사슴이 운다는 뜻이지만, 그 뜻이 깊어 사람들의 입에 자주 오르내린다. 다른 짐승들은 먹이를 보면 목숨을 걸고 달려들어 자기 몫을 챙기지만, 사슴은 울음을 터뜨려 자기 가족이나 동료들을 불러모아 같이 나누어 먹는 데서 나온 말이다.

혼자 살면 우선은 편하여 좋을지 모르지만, 이 세상의 어느 것도 나와 관계없는 것은 없다. 그래서 인간을 관계적 존재라 하거니와, 인간관계는 가장 가까운 사람들 간의 관계라고도 할 수 있다. 가장 가까운 가족들이 서로 사랑하며 살고, 이웃과 서로 화합하여 살면, 세상은 좋아져서 살기 좋은 곳이 될 것이다.

몸은 늙어서 어수룩하게 보여도 중심을 잡고 살아야 하고, 적은 지식으로 잘난 체하다가는 식자 우환(識字憂患)의 화를 입는다.

늙은이의 장광설(長廣舌)을 좋아할 사람은 없고, 나이가 들수록 말수가 는다 하였으니, 될 수 있는 한 말수를 줄여야 한다. 말을 하되 몇 마디로 줄여서 하고, 늘 바르고 온유한 말로 주변을 따뜻하게 해야 한다.

나이가 많으면 그냥 살지는 않았을 터인즉, 혹시라도 얽힌 것이 있으면 다 풀고 가야 한다. 젊었을 때는 좌충 우돌 얽히며 살았지만, 지금은 그럴 나이가 아니다. 앞날이 불가측(不可測)한데, 지금 얽히면 어찌하겠는가. 푸는 일에 때가 따로 있는 것이 아니니, 늦었다고 생각할 때가 가장 빠른 때이다. 그간 소원(疏遠)했던 마음을 풀면 감사한 마음을 갖게 할 것이다.(解其紛)

슬프다고 슬픈 기색을 하지 말고, 화난다고 노기를 띠지 말고 늘 편안한 안색을 유지하며 살아야 한다. 징분 질욕(懲忿窒慾)이라 하였으니, 분을 꾸짖고 욕심을 억제해야 한다. 참기를 계속하면 화내지 않고

살 수 있을 것이다.(和其光)

세상을 살되 몸이 부실하면 세상 사는 맛을 잃는다. 늘 누워 있기를 일삼으면, 이처럼 좋은 세상도 살기가 싫고, 누리고 있는 부귀 영화도 뜬구름처럼 날아가 버린다. 건강은 만복의 근원이니, 다동(多動)에서 건강의 본을 찾고, 세상의 소요와 번뇌에 휘말리지 말고, 늘 마음의 평정을 유지하며 살면, 만수(萬壽)를 향유(享有)하는 행복도 누릴 것이다.

책을 쓰는 일이 쉬운 일은 아니지만, 책을 쓰는 순간은 나를 구원하는 참 행복한 시간이다. 세상 번우(煩憂)한 일을 다 잊을 수 있으니 이런 행복을 어디서 찾을 것인가. 졸권(拙券)이기는 해도 힘들여 썼으니, 쉬어가는 셈치고 읽으면 힘든 세상살이를 잠시 잊을 수 있을 것이다.

책을 읽되 주마간산격(走馬看山格)으로 읽지 말고, 행간(行間)의 뜻까지를 잘 헤아려 읽으면, 참으로 잘하는 독서가 될 것이다. 독자 여러분의 건승과 완독의 기쁨을 누리기를 기원하면서 이만 줄인다.

노학(老鶴)의 꿈

(만 리를 품다)

나의 한 지인(知人)으로 김 창권이라는 젊은이가 있다. 젊은이치고는 놀라울 정도로 많이 아는 사람이어서, 무슨 일을 맡겨도 잘할 수 있을 것이라는 믿음이 간다. 그의 처도 그와 비슷한 수준으로 많이 알고 있고, 그의 딸 김 해늘새롬은 아직 꼬마인데도 컴퓨터 1급 기사이고, 1분이면 600자 이상을 타파(打破)하는 달인 급이다.

내가 이 가족에게 눈독을 들인 것은, 내가 하고 있는 이 까다롭고 어려운 일을 그들만이 할 수 있을 것이라는 믿음 때문이다. 이들에게 일을 맡기면 일거삼득(一擧三得)의 효과를 거둘 수 있어서 그렇게 하고 있다.

그 전에는 전남대학교의 정 숙현 선생이 맡아서 했지만, 그간 너무 많이 부려먹어서 미안한 생각이 들고, 더 이상 그의 일을 방해해서는 안 된다는 생각을 요즘 부쩍 많이 하게 되었다.

내 나이도 찰(滿) 대로 차서 면밀(綿密)함이 옛날과 같지 않아, 하는 수 없이 그들에게 의존하며 산다.

그런데 이번에 이 책을 내면서 책의 제목을 "한 우공(愚公)이 전하는 세상 사는 이야기"로 정하고, 김창권 지인에게 혹시 좋은 생각이 있느냐고 넌지시 물었더니, "노학(老鶴)의 꿈 만리를 품다"를 참고하라며 내놓는 것이었다.

중국의 시인 두보의 노학지심(老鶴之心)이 머리에 떠올라, 좋을 듯했지만 깊이 생각해 보니 안 되겠다는 생각이 들었다.

나는 아직 우공(愚公)의 수준을 넘지 못하는 처지인지라 언감생심(焉敢生心) 노학의 꿈이 마치 나의 꿈인 양 내놓을 수가 없었기 때문이다. 하는 수 없이 학에 대한 이야기나 할까 하여 붓을 들었다.

학은 두루미라고도 하고, 또 다른 이름이 많은 데다, 우리 주변에서 흔히 볼 수 있는 새여서 우리와는 친근감이 가는 새다. 다리는 유별나게 길고, 목도 길고, 부리도 길고, 꼬리는 짧고, 색은 새하얀 새로 만인의 사랑을 받는 새다.

논이나 갈대밭 늪지에서 엉금엉금 걷는 모습이 성자와도 같고, 한 다리는 세우고, 다른 한 다리는 약간 들어 올리고 서 있는 모습이 외로워 보이지만, 점잖은 모습은 선비들의 모습을 방불케 한다. 조용히 명상하며 서 있는 것 같아도, 눈은 먹이의 동정을 늘 엿보고, 먹이가 눈에 들어오면 긴 다리를 몇 번 움직여 긴 부리로 먹이를 낚아채서 먹는다. 긴 부리로 먹이를 잡아 목으로 삼켜 내리는 모습은 단연 압권이다. 쌍을 지어 나는 일은 거의 없고 있으면 늘 혼자이니 고고(孤高)하게 보이는 새다.

평소 성품이 조용하고 담담하며, 연작(燕雀: 제비와 참새)처럼 까불지 않고, 다른 새들처럼 먹이에 목숨을 걸고 싸우는 그런 새는 아니다. 그러다 보니 다른 짐승들처럼 헛배를 불려 둔중하게 몸을 불리는 새도 아니다. 홍곡(鴻鵠: 기러기와 고니)처럼 만리 장천을 날아 먼 북에서 남으로 둥지를 찾아 개척하는 새도 아니고, 무엇을 쟁취하여 크게 이루려는 야심이 있는 새도 아니다. 점잖고 의젓하며, 성질이 급하거나 열정이 넘치는 새도 아니고 겁이 많은 새도 아니다. 나는 것도 다른 맹금(猛

禽)들처럼 단숨에 천 리를 치닫는 빠른 새도 아니다.

수명은 1000년이라고 하나, 기실 그런지는 알 길이 없고, 천연 기념물로 보호받는 새이니 천하 만인의 사랑을 받는 새이기도 하다. 사람이 수를 늘리며 오래 살면, 학처럼 오래 산다 하여 학수(鶴壽)를 누린다고도 한다. 예부터 한 번에 힘을 많이 쓰는 짐승 중에 오래 사는 짐승은 드물다. 옛말에 지자(知者)는 즐기며 살고(知者樂), 인자(仁者)는 오랜 수를 누리며 사는지라 인자수(仁者壽)라고도 한다. 학은 인자측에 속하여 그렇게 의젓하고 점잔한 것이 아닌가 싶다.

학은 움직임이나 성격이 선비의 것을 닮았고, 청담(淸談)을 즐기고, 풍류에도 무심치 않는 그런 선비에 비유된다. 선비는 풍요와 화려함에는 거리가 멀고, 가난하지만 늘 책을 벗하여 사는 데서 기쁨을 느끼며 산다. 선비는 고독하게 보여도 고독하지 않고, 부족하게 보여도 마음에 풍요를 느끼며 산다. 선비는 의지가 굳은지라 궁하게 살아도 흔들리지 않고, 늘 바른 마음으로 사는 데서 안심 입명(安心立命)을 누린다. 벼슬에 안달이 난 세상이지만, 부귀 영화에는 뜻이 멀고, 늘 깨끗한 마음과 고절(高節)을 굽히지 않는 고사(高士)의 길에서 한 발자국도 벗어나지 않는다.

도중예미(塗中曳尾)라는 말이 있다. 거북은 진흙이나 개펄에서 꼬리를 끌며 살아도 사는 것이 좋고 즐겁게 사니 기쁘다는 뜻이다. 작록(爵祿: 벼슬과 녹봉)에는 탐하지 않고, 빈한에서 낙도(樂道)를 얻고, 초야에 묻혀 사는 것을 편하게 여기는 선비를 일컫는 말이다. 주위에서 손가락질을 해도 글을 읽으며 사는 백면서생(白面書生)의 길이 좋아 그 길에서 만족하며 산다.

학은 새 중의 새요(群鷄一鶴), 점잖이 행하는 모습은 신선과도 같다. 학이 노는 모습을 보면 번거로운 세속의 일을 잊게 하고, 학이 우는 소리를 들으면 선계(仙界)의 선율(旋律)을 듣는 것과 같다. 바람결을 따라 춤추는 모습(仙雲野鶴)은 한 폭의 선화(仙畵)를 보는 듯하고, 월하(月下)의 밤에 나무 가지에 앉아 잠든 모습은 선인(仙人)이 잠든 모습과도 같다.

시인 두보는 노학의 마음은 만 리에 이른다고 하였으니, 노학의 마음은 곧 노학의 꿈일 것이다. 김 창권 지인이 나를 학에 비유하여 책의 제목을 '노학의 꿈'으로 하라고 살며시 내밀었지만, 욕심은 나지만 언감생심 어찌 받아들일 생각을 하겠는가. 세상 공부 더 많이 하고, 더 많이 읽고, 더 많이 써서 세상 계도(啓導)에 더 힘써야 하지 않을까 싶다. 지금은 그저 평범하고 꾀부리지 않고 열심히 살아가는 우공의 길이 제격인 것에 깊이 만족하며 살고 있다.

학은 하늘과 땅을 벗하여 오르 내리는 한낱 미물에 지나지 않지만, 그의 행하는 모습이 사람들의 가슴속에 높은 선비의 모습으로 자리 잡아 오늘에 이르렀다.

선비는 학문하기를 좋아하는 사람이지만, 늘 학문에만 매달려 살 수는 없다. 학문은 많이 할수록 좋지만, 많이 하는 것만이 능사는 아니고, 그 근본을 알아 정통하는 데 있다. 제아무리 많은 학문을 했다 해도, 세상을 바르고 편하게 하는 데 이용되지 못한다면 무용한 것이 된다.

책을 읽되 뼈가 빠지게 읽을 일이요, 세상일을 많이 행하되 뼈가 빠지게 행해야 한다. 어중간하게 했다간 죽도 밥도 아닌 어중간한 것이 된다.

내가 책을 쓰는 것은 내가 잘 갖추어져 있으니, 나를 본받아 살라 하여 쓰는 것은 아니다. 그간 잘하지 못한 것이 있으면 서로 바로잡아 바르게 살았으면 좋겠다는 나의 염원과 소망을 글로 썼을 뿐이다. 이것이 곧 나의 꿈이요, 이 꿈이 만 리에 미치기를 기원하면서 이만 줄인다.

늘 들었던 이야기

거울 앞에 서는 일이 점점 그 횟수가 줄어든다. 유심히 거울 속의 나를 들여다보는 일은 더더욱 하지 않는다. 한때 무성했던 머리(髮)도 오고 간 데가 없고, 흑발이었던 머리도 거의 완전하게 퇴색해버렸다. 이렇게 철저하게 변화하리라고는 생각지도 못했다.

게다가 노태는 덕지덕지 끼어 보기 흉하고, 얼굴 도처에는 골이 깊게 나 있어 땀이 내려오다 고이기도 한다. 시간이 흐를수록 더욱 그럴 것이지만, 세상이 아무리 좋아졌다고는 해도 이를 막을 길이 없다. 자연의 길을 따라 살면 되는데도, 사람들은 잠시라도 곱게 보이려고 억지부림을 한다. 머리는 각양 각색으로 물이 들어 빛나고, 보톡스주사 같은 것으로 팬 곳을 메워보려 별짓을 다한다.

누가 거울을 만들었는지는 몰라도 신통하게 잘 만들었다. 있는 그대로를 잘 보여주기 때문이다. 흰 것은 흰 것으로 보이고, 그 색을 달리하여 검은 것으로 보이는 일은 결코 없다. 그러나 사람이 꾸민 한 겹의 허식 밑에는 쓸쓸한 옛 모습이 그대로 있고, 날로 소진해가는 볼품없는 모습은 그대로 숨겨져 있다.

그러나 다른 사람들의 마음속에 나타난 나의 모습은 그간의 나의 행적(行蹟)이 그대로 투영되어 나타난다. 그간 선하게 산 사람은 선하게 나타나지만, 남을 해치고 악하게 산 사람은 악한 모습으로 나타난다.

물속에 나타나는 자기의 외모에 도취하여, 그 모습을 잡으러 물속에 뛰어들었다가 수선화로 변한 나르시스(Narcissus)의 이야기도 있다. 거울이나 물속에 비친 모습보다는 사람들의 가슴 속에 투영되어 나타나는 모습이 더 아름다워야 한다.

사랑이라는 말은 너무 좋은 말이다 보니 너무 자주 쓰인다. 이제는 귀한 줄도 모르고 사람들의 입에 너무 자주 오르내린다. 그러다 보니 그 진의(眞意)가 퇴색되어 남용(濫用)되는 단계에 이르렀다. 사랑이라는 말 이외에는 다른 말이 생각나지 않을 때, 그 말(사랑)을 쓰면 진짜 그 말은 잘 쓰인 말이 될 것이다. 사랑은 동토를 녹여 새싹을 밀어 올리고, 철벽보다 더 두터운 증오의 벽을 허문다.

사람들은 남이 잘되기를 바라지 않고, 남이 잘못하는 데서 쾌감을 느끼지만, 남이 잘하는 일에는 박수조차 쳐주지 않는다. 다른 사람의 잘못 속에는 나의 잘못도 들어 있고, 그 사람의 모습이 곧 나의 모습이요, 나의 자화상인 것을 모르고 산다.

남의 과오 속에서 내가 배워야 할 것을 찾지 못하고, 남의 잘못만을 들추어 올려 나무란다. 사람이 자기의 잘못을 의식하기 시작하면, 그때부터 마음은 점점 가벼워지지만, 자기의 잘못을 끝내 인정하려 하지 않으면, 교만의 싹은 트기 시작하여 마음은 날로 무거워진다.

사람들은 큰 것만을 탐하여 노리지만, 큰 것만을 얻으려 하면, 작은 것을 얻지 못한다. 모든 큰 것은 작은 것이 모여 되는 것인즉(塵合泰山), 작은 것으로써 큰 것을 이루는 이소 성대(以小成大)의 교훈을 잊어서는 안 된다.

험산 준령(險山峻嶺)도 한 걸음부터 시작해야 고봉(高峰)에 이르는 기쁨을 누린다.(步步登高)

유장(悠長)한 세월에 비하면 사람은 희미한 점 하나를 살다가 간다.

인간의 유한(有限)함을 탓할 것이 아니요, 부끄럼 없이 잘 살았는지를 되돌아 봐야 한다. 큰 것을 이루지 못한 것을 탄할 것이 아니요, 바르게 살지 못함을 탄해야 한다.

지금 나타나는 것만으로 그 사람을 평가해서는 안 된다. 이 다음에 어떤 일이 잘못되면 그간 행했던 것을 다 까먹는다. 사람을 평가하되 죽기 전이나 죽은 후에 해야 바른 평가가 된다. 평생을 선하게 살기가 어려운 것도 그래서 하는 말일 것이다.

인생이 저물면 해가 서산에 지듯 소슬한 마음이 일고 다가올 어두움에 휩싸인다. 아주 많이 살았다 해도 지나간 세월은 일순이고, 잘했던 것은 다 묻히고, 잘못한 일만이 남아 우리를 괴롭게 한다. 아무리 그래도 시간을 아끼며 살고, 열혈(熱血)을 바쳐 살면 잘 살고 간다 할 것이다.

젊은 사람들은 한 해의 해가 지면 한 해가 갔다고 하지만, 늙은 사람들은 인생이 저문다 할 것이다. 늙은이들에게 세월은 흐르는 것이 아니고 날아가 버린다. 세월은 얻기는 어렵고 잃기는 쉬운 것이며, 마구호를 뿐 사람을 기다려 주지 않는다. 인생은 손가락을 튀길 동안만큼의 짧은 시간(彈指之間)이지만, 헛되이 보내지 않고 살면, 그것이 곧 세월을 이기며 사는 길이 된다.

악은 악이라 해야 하고, 선은 선이라 해야 한다. 악을 선이라 해서는 안 된다. 흑암은 어두운 것이지만, 광명은 밝아서 우리가 가는 길을 밝혀준다. 쓴 것은 쓴 것이지 단 것은 아니고, 단 것 또한 쓴 것이 아니다. 악과 선을 구별하여 행하고, 옳고 그름을 구별하여 행하면, 우리가 사는 세상을 잘살고 가는 것이 될 것이다.

영적인 것을 추구하여 살면 세상의 거짓된 것들이 걷히고, 영적인 것을 잃으면 사람은 속화(俗化)되고, 아무리 큰 것을 이루었다 해도 깊은 행복감에 젖지 못한다. 영적인 것은 인간의 격과 품위를 높여주고 우리의 마음을 밝고 정(淨)하게 한다.

무심한 가운데 한 일이 다른 사람에게 해를 끼치는 일이 더러 있다. 무심하게 던진 돌이 개구리를 죽이는 우를 범하니, 세상 일 모두 조심해서 행해야 한다. 다른 사람에게 해를 끼치지 않고 살아야 이웃과 좋은 벗이 되어 산다.

물은 배를 그 위에 띄우기도 하지만, 경우에 따라서는 뒤집기도 한다. 우리는 세상 속에서 살지만 때로는 세상은 무섭고, 살기 힘든 곳이다. 나도 뒤집히기를 거듭하며 살았지만, 아주 뒤집히지 않고 살았다. 세상에는 힘들고 무서운 일이 많아도, 잘하면 아무 탈 없이 살게 하지만, 잘못하면 뒤집어엎어 못살게 한다.

대부분의 사람들은 그들의 목적을 정해놓고 살지만. 어떤 때는 닥치는 대로 살기도 한다. 닥치는 대로 살아도 열심히 살면 정궤(正軌)에서 이탈하지 않는다.

아들 셋을 두어 세 며느리를 맞아들여 손자 손녀가 일곱이나 되니, 내가 이 세상에 와서 살다 간 흔적이 된다. 그들이 모두 바르고 성실하게 잘 살고 있으니 큰 기쁨과 보람을 느낀다.

나는 잘했든 잘못했든 천하의 영재(英材)들을 불러 모아 가르쳤고, 지금은 그들이 천하를 움직이는 힘이 되어 사니, 이보다 더한 기쁨과 보람도 없다. 이곳에서 잘 살면 산대로 보응을 받을 것이요, 또 심은 대로 거둔다 하였으니(種豆得豆), 콩 심은 밭에서 콩을 거두고, 오이 심은 밭에서 오이를 거두게 될 것이다.(種瓜得瓜)

사람은 실패해서 망한다고 하고, 또 절망에서 망한다고 한다. 그러나 실패와 절망에서 망하는 것이 아니고 포기에서 망한다. 실패와 절망에서 다시 희망으로 일어서지만, 포기는 영원한 단절이어서, 한 번 포기하면 영원히 단절된다.

마음이 나약한 자는 안 될 이유를 먼저 찾지만, 마음이 강한 자는 될 이유를 먼저 찾는다. 안 될 이유에 안주(安住)하는 자는 그 일을 이룰 기회를 잃는다. "하고자 하는 자는 방법을 먼저 찾지만, 하기 싫은 자는 구실을 먼저 찾는다."(김 태완)

사람의 마음은 흐름 그대로 놔두면 무질서와 혼란에 빠진다. 사람들은 절제 없이 살기를 원하지만, 절제가 없으면 방종(放縱)에 빠진다. 이 세상에서 무한한 자유는 방종이고, 자유에는 반드시 절제가 수반한다. 절제 없는 자유는 사람을 타락시키고 파멸에 이르게 한다.

마음에 만족을 느끼며 사는 자가 부자이고(知足者富), 적은 것에 만족하며 사는 자는 욕되지 않고 떳떳하다.(知足不辱) 탐욕하는 바가 없으면 세상 살기가 홀가분하여 좋다. 왜냐하면 탐욕에서 근심이 생기고 탐욕에서 두려움이 생기기 때문이다. 사람의 마음이 미움으로 차 있으면 원망하는 마음이 생긴다.

미워하는 마음을 안중정(眼中釘: 눈에 든 못)이라 하거니와 마음에 미움이 있으면 사랑하는 마음이 없어지고, 사랑하는 마음이 없으면 세상을 사는 의미를 잃는다.

눈높이를 낮춰야 서로 눈을 맞추기가 쉽고, 기대치(期待値)를 낮춰야 기대하는 바가 쉽게 성취된다.

오래 사는 것도 중요하지만 건강하게 사는 것은 더욱 중요하다. 평범한 이야기도 오랜만에 들으면 들을만하고, 때로는 전혀 새롭게 들릴 때도 있다. 그러했기를 바라며 이만 줄인다.

겨울이 아름다운 것은

꽃은 봄에만 피는 것이 아니다
여름에도 피고 가을, 겨울에도 핀다
국화는 낙목한천(落木寒天)을 골라서 피고
동백은 겨울의 눈보라와 싸우며 핀다
동백은 추운 겨울에도 붉은 정절(情節)을 토해내고
인고(忍苦)의 삶으로 삭막한 겨울을 빛낸다
꽃이 아름다운 것은 한 철만 피었다 가기 때문이요
사람이 아름다운 것은 영원히 살지 못하기 때문이다

겨울이 오면
쓸쓸히 구르던 낙엽은 오고 간 데가 없고
숲 속의 새들도 어데론가 가고 없고
물속의 고기들도 누워 움직이질 않는다
나목(裸木)은 두꺼운 옷들을 다 떨구어내고
한천(寒天)에 떨며 겨울을 난다
나그네는 갈 길이 바빠 서두르고

명월(明月)은 눈 속에 차고
삭풍(朔風)은 나무 끝에 외로이 운다

아무리 두껍게 껴입어도 겨울은 춥고
입마개, 방한모 차림에도 한기(寒氣)는 스며든다
사람도 짐승도 방안에 갇혀서 살고
가을에 거둔 곡식으로 겨울을 난다(秋收冬藏)
춥다 하여 움츠리면 더욱 춥고
움직이지 않으면 몸은 날로 굳어진다

겨울에는 눈이 내리고 바람이 차다
눈이 내리면 눈을 맞고
눈 속에 뒹굴고, 눈사람을 만들고, 눈싸움도 한다
솜털처럼 부드러운 설편(雪片)은 따듯한 어머니의 손
가슴속 깊은 곳까지 스며들어 포근하게 한다
눈 내리는 하늘을 향해 큰 함성으로 포효(咆哮)하며
젊은이들처럼 개가(凱歌)를 부른다.

눈이 내리면 산야천변(山野川邊)이 다 묻힌다
삶에 지친 발자국도 묻히고
문명의 구각(舊殼)들도 묻힌다
지붕도 묻히고, 길도, 장독대도 하얗게 묻힌다
담배꽁초, 쓰레기도 묻히고
온 세상이 백의(白衣)로 갈아입으면
사람들의 얼룩진 마음도 하얗게 물들여진다

눈 무게를 이기지 못하여 가지들은 휘어지고
그러다가 우지끈 파열음(破裂音)으로 내려앉고
비닐하우스도 내려앉고
산간의 오지 마을들은 삼장설(三丈雪)로 갇힌다
건곤(乾坤)이 백설(白雪)로 가득 차면
보이는 것이라고는 온통 눈, 눈뿐이다

겨울이 아름다운 것은 설화(雪花)가 있기 때문이요
설화가 피면 온 세상이 설정(雪庭)이 되고
설화를 보면 우리의 마음은 설화처럼 하얘진다
밤새도록 가볍게 고요히 고요히
서로 엉키어 춤추며 내려와 나뭇가지에 앉아 쉰다
사방은 소리 하나 없고
세상이 온통 고요 속에 묻히면
마음은 이미 떠나간 옛사랑에 끌린다

눈이 펑펑 내리면 표연(飄然)히 어데론가 가고 싶고
눈을 밟으며 한없이 가고 싶다
끝없는 생각에 젖어
혼자만의 길도 좋고
둘이서 팔짱을 끼고 가면 더욱 좋다
답설부(踏雪賦)를 읊으며 한없이 가고 싶다

칼바람 속에 나목(裸木)들은 숨을 죽이고 서서
다음 봄을 기다리는 긴 기도에 들어간다
생명은 잇고 또 이어져서

죽은 듯 서 있어도
다음 봄을 기다리며 긴 기도로 겨울을 난다

팔 다리에 힘없는 자들 다 나오고
마음이 상해 얼굴이 굳어진 자들도 나오고
삶에 지쳐 힘든 자들도 나오고
마음이 얼어붙고 우울한 자들 다 나오라
나쁜 생각(汚辱)으로 남을 괴롭히는 자들
하늘과 땅이 하얗게 융합된 이 공간으로 나와
힘차게 그리고 희망을 가지고 살자

겨울이 아름다운 것은
겨울을 이기며 사는 사람들이 있기 때문이다
꼬마들은 팽이를 치고
씽씽 썰매를 타고
스케이트를 타고
이마에 땀방울이 맺히도록
놀이 공간은 온종일 요란하다
그들의 열기로 겨울은 녹고
움직이지 않으면 죽는다
모두 다 나와 뛰며 노래하며 힘차게 살자

겨울은 씩씩하게 사는 자들의 계절이다
씩씩하게 사는 자들만이 겨울을 이기고
누워있으면 죽고 움직이면 산다

겨울에는 태고의 음향이 들린다
나뭇가지를 울리고 문풍지를 울리고
태고의 비밀을 실어온다
할머니의 옛 이야기를 실어오고
심야에 날리는 눈송이의 정취(情趣)를 실어온다
깊은 밤 화롯가의 정취를 실어오고
죄짓고 쫓기는 자들의 회한(悔恨)을 실어온다
소담히 쏟아지는 겨울의 눈 속에
고향의 향취(香臭)는 더욱 그윽하고 아름답다

겨울이 아름다운 것은
이른 새벽부터 일어나
사랑을 찾고
인생을 찾아
슬픔도 잊고
고달픔도 잊고
찬바람 속을 비호(飛虎)처럼 내닫는 사람들이 있기 때문이다
겨울이 춥지 않는 것은
추위와 싸우며
추위를 이기며 사는 사람들이 있기 때문이다

지금은 겨울이다
눈이 쏟아져 내리고 바람이 세차게 분다
어데 있으나 춥고
밖에 있으면 더욱 춥다
방안이라 하여 따뜻한 것은 아니다

웅크리고 자고
웅크리고 일해도
마음은 늘 따뜻하고 희망이 넘친다
다른 것을 줄이며 허기지게 살아도
겨울을 넘기는 가녀린 힘은 힘찬 생명의 힘이다

금년 봄의 꽃잎이 더 윤기(潤氣)가 나는 것은
지난 겨울의 추위가 더 혹독했기 때문이다
금년 농사가 유난히 더 잘 되는 것은
(Under water famine, under snow bread: 영국)
작년 겨울에 내린 많은 눈 때문이다.

금년에도 이렇게 씩씩하게 사는 것은
작년 겨울의 추위를 이겨냈기 때문이다
혹독한 추위와 싸우며 산을 타고 트랙을 도는 것은
이미 습관의 노예가 되어 있기 때문이다
습관은 사람을 지배하고, 사람을 독종(毒種)으로 만든다

봄의 서기(瑞氣)에 밀려
쫓겨나는 동장군의 모습은 가관(可觀)이다
동설(冬雪)의 카드를 내밀어 몇 차례 버텨보지만
봄의 화신(花神)이 던지는 눈뭉치를 맞고
동장군은 눈물을 질금질금 짜며 도망친다
장군의 체면을 세워보려 안간힘을 쓰지만
끝내는 백기(白旗)를 들고 물러난다

이 세상에 영원한 것은 없다
영원할 것처럼 버티던 동장군도
계절의 조화(造化)는 당해내지 못한다(凍氷可折)
춘설은 겨울의 끝자락에 펼치는
마지막 향연(饗宴)이다
땅에 닿으면 지열(地熱)을 이기지 못하고
나뭇가지에 내리면 한 차례의 햇살에 녹아내린다

눈을 덮개처럼 이고
긴 겨울을 나도
죽지 않고 살아남는 힘은
봄오기를 기다리는 줄기찬 서원(誓願)과
희망을 찾아 살려는 생명의 힘이다
겨울을 이겨낸 자들이여, 모두 다 나오라
승리의 축가(祝歌)로 이 기쁨을 노래하자

망운지정(望雲之情)

망운지정이란 먼 객지에서 부모님이 그리울 때 구름을 쳐다보며 그 정을 달랬다는 고사에서 나온 말이다. 나에게 이 계선이라는 친구가 있다. 그 친구의 어머니는 친구가 16세 되던 해에 돌아가신지라, 효도 한 번 못하고 산 것이 천추의 한이 되어, 그 한을 달래려고, 이번에 '보동댁 어머니'라는 책을 발간하게 되었다. 그 책의 발간을 축하하는 '축간사'를 나에게 부탁해서 쓰게 되었다. 친구의 어머니는 지금 하늘나라에 계시지만 날이 갈수록 망운지정이 깊어간다고 했다. 그때 썼던 '축간사'를 '망운지정'으로 제목을 바꾸어 이 책에 내놓게 되었다.

사람의 나이가 80세에 이르면 산수(傘壽)에 이르렀다고 한다. 우산을 쓰고 다녀야 하늘의 재앙을 막을 수 있는 나이가 되었다 함이다. 이계선(李啓善)이란 친구가 금년에 산수에 이르렀다. 그런데도 지난번에 이어 이번에도 '寶洞宅(보동댁) 어머니'라는 제하(題下)의 책을 써서 세상에 내놓게 되었다.

한때는 요부(腰部)가 부실하여 죽네 사네 하더니만, 무슨 수를 썼는지는 몰라도 지금은 연부 역강(年富力强)의 기세로 글도 쓰고 우산을 쓸 필요도 없이 펄펄 날아다닌다.

지난번 책은 무려 1,200여 페이지에 달하는 책이고, 이번에 낸 책은 거의 600여 페이지에 달하는 책이다. 무슨 비장(秘藏)의 초능력 같은 것이 있어서 그러는지는 모르나, 아무리 생각해봐도 그럴 수가 없다는 생각이 든다.

나도 그간 몇 권의 책을 냈지만 글쓰기가 그렇게 홀약홀약(忽弱忽弱)한 것은 아니다. 지금 나보고 어머니에 대한 글을 쓰라고 하면 얼마 쓰지 못해서 생각이 달리고(渴), 기력이 부쳐 도중에 좌초할 것 같은 생각이 든다.

이번에도 '축간사'를 부탁받아 쓰게 되었지만, 어떻게 써야 할지 망설였고, 잘못 썼다간 이 책의 진의(眞意)를 흐리게 하는 우(愚)를 범하지나 않을까 걱정을 많이 했다.

계선 친구는 하늘이 내린 효자로, 인생 말년에 이렇게 큰 일을 하며 사니, 하늘이 점지해서 내려 보낸 사람이다. 그렇지 않고서는 이처럼 방대하고, 구구절절(句句節節)이 감명을 주는 글을 쓸 수가 없기 때문이다.

내 일찍이 그의 능력을 알고는 있었지만 이처럼 훌륭한 잠재력을 가지고 있었는지는 미처 몰랐다. 지금까지 어머니에 대한 세상의 글이 많이 나왔지만, 이 책이야말로 효자 기록의 대금자탑이요, 전인미성(前人未成(踏))의 대성취물이다. 단순한 열정이나 의욕으로 쓰는 글이 아니요, 글재주가 있다 하여 쓰는 글이 결코 아니다. 어머니에 대한 진실한 사랑과 효심이 없고서는 결코 쓸 수가 없는 글이다.

어머니에 대한 효심이 어찌나 지극하던지 그의 가슴 속에는 늘 어머니가 살고 계시고, 어머니의 가슴 속에는 그가 살고 있어서, 모자일신(母子一身)의 몸이 되어 불사조(不死鳥)처럼 영원히 살고 있을 것이다.

그는 어머니에 대한 사랑의 화신(化身)이고, 그가 부르는 노래는 세월의 벽을 뛰어넘어, 영원히 메아리쳐 흐르는 아름다운 사모곡(思母曲)

이 될 것이다.

그가 쓴 글을 읽으면서 몇 차례 눈시울을 적셨고, 그의 어머니에 대한 사랑과 연민(憐憫)의 정에 감탄하지 않을 수 없었다. "한평생을 고생만 하시고 박복하게 사시다가 가신 어머니를 생각할 때마다 가슴이 메이고, 흐르는 눈물을 걷잡을 수가 없어서 집필하다 필(筆)을 멈추기도 하였습니다."(그가 쓴 책의 서문에서)라는 대목에서는 나도 목이 메였다. 그냥 읽을 수 있는 평범한 글이 아니고, 세상의 모든 자식(子息)들이 꼭 한 번 읽고 살아야 할 필독서이다.

부모에게 효도를 잘한 자 치고 잘못된 자가 없고, 부모에게 잘한 자 중에 잘못되어 사는 자는 없다. 토양을 알고자 하면 그 토양을 볼 것이 아니요, 토양에서 자란 나무를 보면 알고, 부모를 알려고 하면 그 부모가 길러낸 자식을 보면 안다 하였다.

효도하고 순한 마음으로 살면 효도하고 순한 아들을 낳고(孝順還生孝順子), 나쁜 역심(逆心)으로 살면 역심을 품는 그런 아들을 낳는다 하였다.(忤逆還生忤逆子)(明心寶鑑(명심보감) 孝行篇(효행편))

어머니의 어진 성품을 이어받아 그가 세상을 어질게 살고, 그의 아들, 며느리, 손자, 손녀들 역시 그의 뜻을 이어받아 부모에게 효도하고, 형우 제공(兄友弟恭) 하며 살고, 세상을 빛내며 좋은 동량재(棟樑材)가 되어 산다.

아내와의 금실도 어찌나 좋던지 금실 상화(琴瑟相和)의 대표적인 사례가 되고, 만인의 사랑과 존경을 받으며 사는 좋은 부부이다. 부부 사이에 한 톨의 악이 스며들 틈새도 없이 서로를 위하여 즐겁게 살고(琴瑟之樂), 천국이 따로 있는 것이 아니고 그렇게 사는 집이 곧 천국일 것이다.

중국의 한나라에 한 백유(韓伯兪)라는 사람이 있었다. 그가 잘못하여 전에 어머니로부터 매를 맞았지만 울지 않았다. 그러나 이번에 매를 맞았을 때는 울었다고 한다. 그러자 그의 어머니가 그에게 그 까닭을 물은즉, "그 전에 어머님이 매를 때렸을 때는 매우 아팠습니다만 이번에는 아프지 않았습니다. 그것은 그만큼 어머니의 기력이 쇠하여졌다는 증거입니다. 그래서 울었습니다."라고 대답했다고 한다. 지금 세상에 이런 사람이 있을까 싶지만, 만분의 일이라도 본받아 살 수 있었으면 하여 이 글을 인용했다.

효의 근본은 그 마음에서 멀지 않게 하라(不遠基心) 하였다. "따뜻한 밥 한 그릇 대접하지 못하였고, 고운 옷 한 벌 해드리지 못하였으며, 병환으로 계실 때에도 약 한 첩 사드리지 못하였으니, 부모불효사후회(父母不孝死後悔)가 되어 천추(千秋)의 한으로 남는다."라고 썼다.(발간사)

하늘이 높아 그 끝이 없듯이 어버이의 은혜 또한 커서 그 끝이 없다.(昊天罔極) 그의 효심이 이렇게 큰지라 지금은 구천(九天)을 나시며 "내 너에게 세상 모든 것보다 더 큰 것을 받았느니라." 하실 것이다.

나무가 고요 하고자 하나 바람이 그치지 않고, 자식이 효도하고자 하나 부모가 기다려주지 않는다.(樹欲靜而風不止 子欲養而親不待)(韓詩外傳)라는 글귀가 있다. 늘 마음에 새기고 명심하여 살면 가장 잘하며 사는 사람이 될 것이다.

어머니가 집에 계시면 아무리 어두운 날도 집안은 대낮처럼 밝아서, 자식들이 제아무리 멀리 떠나 있어도 구심력(求心力)으로 끌린다. 어머니는 자기의 존재를 남 앞에 드러내지 않고, 늘 뒤에 밀려서 살아도 자식들이 잘 되는 일이라면 만난을 무릅쓴다. 어머니는 희생의 화신이요 인내의 대명사다

계선 친구와 나와는 거의 평생이라 할 만큼 긴 세월을 서로 교분을 유지하며 산다. 충성이 지나치면 욕을 먹고, 우정이 지나치면 서로 싫어하게 된다지만, 아직껏 좋은 우정을 유지하며 사니 인생 말년에 큰

힘을 얻어 사는 것 같다.

이 책은 이씨 가문(李氏家門)의 가보(家寶)이자 세상을 빛낼 좋은 책이다. 천하 만민이 한 번씩 읽고 살면 이 어지러운 세상을 바르게 사는 좋은 지혜가 될 것이다.

그의 어머니가 돌아가신 지 어언 60성상을 훨씬 넘겼지만, 날이 갈수록 어머니에 대한 망운지정은 날로 깊어간다. 그 힘으로 어려운 세상도 이기며 살고, 가족에 대한 사랑도 더욱 깊이 느끼며 사니, 이보다 더한 축복도 없을 것이다.

불안(不安)

아무런 불안도 없이 이 세상을 사는 사람이 있다면 마소나 다름없는 사람일 것이다. 늘 편안하게 살면 좋지만 그렇게 사는 사람은 거의 없다. 단 하루도 불안 없이 사는 날이 없으니, 사람은 가위(可謂) 불안에의 존재라 함이 마땅하다.

자식이 멀리 떠나면 불안하고, 전지(戰地) 같은 사지(死地)로 떠나면 더욱 불안하여 잠을 이루지 못한다. 어디를 가도 자식 걱정이니 오매간(寤寐間)에 자식에 대한 걱정은 끊임없이 이어진다.

적빈(赤貧)에 시달리는 사람은 쌀독을 긁는 소리가 들릴까 봐 걱정이고, 너무 잘 먹어 돈족(豚族)처럼 살이 불어나도 그것 또한 걱정이다. 여행은 즐거운 것이지만 혹시 불귀(不歸)의 객이 될까 봐 걱정이 되고, 고향길이 즐거운 길이지만 오다가다 무슨 변이 날까 봐 걱정을 한다.

아무리 좋은 일을 해도 걱정은 있고, 궂은 일을 하면 더더욱 걱정을 한다. 걱정은 일의 크고 작음에 상관이 없고, 호사(好事)에도 마(魔)가 따르고, 흉사에는 더욱더 큰 마가 따른다. 인간은 불안의 바닷속에 살다가 죽을 때도 불안 속에서 죽는다.

나랏일을 하는 분들은 늘 큰소리치며 사는 듯해도, 그들의 심저(心底)에는 불안의 연무(煙霧)가 늘 서려 있다. 그들의 말 한마디가 천국을 지옥으로 갈라놓을 때도 있다. 다음번의 금배지에 생명을 거니, 노심 초사(勞心焦思) 불안의 나날이다. 한 몫 챙기려는 밤손님들의 불안은 이루 말할 수 없고, 불안의 격류(激流)가 늘 그들을 사로잡아 흔든다. 죄를 짓고 쫓기는 죄인들의 가슴 속엔 불안의 농무(濃霧)가 끼어 그들을 끝없는 불안의 심연으로 내몬다. 목회자(牧會者)의 신앙이 제아무리 강해도 늘 바르게 살려는 고뇌가 그들의 어깨를 짓누른다. 그들도 인간인지라 처자식 먹여 살리려는 딜레마에 시달리며 산다.

사도 바울 같은 신앙인도 인간의 나약함을 이렇게 술해했다. "내가 선을 행하고자 할 때에 악이 아주 가까이에 있다는 것이 한 법칙임을 깨달았노라……." "오호라 나는 불쌍한 사람이로다. 누가 이 죽음의 몸에서 나를 건져주리오." "내가 원하는 바 선은 행하지 아니하고 내가 원치 않은 바 악을 행함이로다." "내가 마음으로는 하나님의 법을 섬기고 육신으로는 죄의 법을 섬기느니라."(로마서 7장)

비통하기 이를 데 없는 인간적 절규에 속하는 글이다. 인간의 이원적(二原的) 모순에 대한 처절(悽絶)한 자기 고백을 한 것이다. 맘은 원이었으되 육신이 말을 듣지 않으니, 맘 따로 육신 따로 노는 것에 대한 인간적 절규다. 중동의 열사(熱砂)의 땅으로 전도 여행(傳道旅行)에 나서고 싶지만 몸과 맘이 따로 노니, 마음은 몸이 미웠을 것이고 몸 또한 마음이 미웠을 것이다.

마음속에는 두 개의 침실이 있어 행복과 불행이 살고 있다. 서로 무너지기를 기다리며 산다. 한 쪽이 무너질 기미가 보이면 다른 쪽이 달려들어 처절하게 싸워 무너뜨린다. 영원히 마음 편한 사람도 없고 영원히 마음이 불안한 사람도 없다. 마음을 한결같이 지키며 살기가 어렵기 때문이다. 행복과 불행의 처절한 전쟁터가 곧 마음이다. 늘 행복하기를 바라지만 불행이 가만 놔두지 않는다. 천국과 지옥이 시간을 달리하여 마음의 지배자가 되어 마음을 다스린다.

불안의 그늘이 오래 자리 잡지 않도록 늘 조심해야 한다. 불안의 그늘에 오래 사로잡히면 우울증 같은 것에도 걸리고, 급기야는 자기 생명을 초개같이 버리는 일도 행한다.

불안은 무서운 힘을 가지고 있다. 마음속에서 잠시 나갔다가도 다시 무서운 괴력으로 찾아들어 와 사람을 괴롭힌다. 불안은 무섭고 악질적인 병이다. 이 병의 마수(魔手)에 잘못 걸리면 좀처럼 놔주지 않는다. 이놈에게 걸렸다 하면 한바탕의 백병전(白兵戰)을 치러야 한다. 일전으로 어려우면 2전 3전이라도 벌려 결딴을 내야 한다.

불안이 마음에서 떠나지 않고 계속 머물면 그것은 큰 마음의 병이 된다. 성한 다리에 이상이 생기면 그것은 다리에 생긴 병이다. 다른 사람이 나를 욕하여 내 마음이 불편하면, 그것은 욕한 사람의 입에 생긴 병이다. 마음이 불안하여 생긴 병은 마음병이라 할 것이다.

모든 것은 마음의 짓는 바에 따라 달라진다.(事隨心) 괴로워함도 마음의 짓는 바요, 기뻐함도 또한 마음의 짓는 바다. 힘들어도 살겠다 함도 마음의 짓는 바요, 힘들어 못 살겠다 함도 마음의 짓는 바다. 악마나 천사의 마음도 마음의 짓는 바에 따라오고, 극락과 지옥도 또한 마음의 짓는 바에 따라온다.

마음이 밝으면 아무리 어두운 밤도 밝고, 마음이 어두우면 대낮같이 밝은 낮도 어두워서 걷기가 힘들다. 마음의 짓는 바에 따라 하는 일이 잘되기도 하고 잘못되기도 한다. 마음의 짓는 바에 따라 지어지는 것이 이렇게 다르니, 마음을 밝게 지어 밝게 사는 데에 힘쓸 일이다.

사람이 세상을 살아가는 데에 잠시도 불안이 끊일 날이 없다. 그 많은 불안 중에 죄에서 오는 불안이 크다. 순결 무구(純潔無垢)하게 살고자 하지만 크고 작은 죄를 지으며 산다. 아무리 숭고한 도덕적 행위에도 그 저변에는 다소의 불순한 기류가 깔려 있기 마련이다. 사람은 다소 불완전해도 만족을 느끼며 사는 불완전한 존재다.

그 다음으로 큰 불안은 몸에 병을 얻어 시달릴 때 오는 불안이다. 그 병으로 인해 혹시 죽지나 않을까 하는 불안은 누구에게나 오는 불안이다. 병원에 가기 전에는 별의별 생각을 하지만, 의사의 진단이 있은 후에야 비로소 안심을 한다.

인간 최대의 불안의 대상은 죽음이다. 다른 것은 다 경험해 볼 수 있지만 죽음만은 경험의 대상이 아니다. 한 번이자 마지막이요, 인간 최후의 극한적 상황이다. 죽음은 모든 인간에게 일회성으로 끝나는 것이요 반복해서 경험해 볼 수 있는 것이 아니다. 그래서 모든 인간의 죽음에 대한 불안만큼 더 큰 불안은 없다.

어떤 철학자는 "인간은 무(無)다. 인간은 유한존재(有限存在)요, 죽음에의 존재요, 종말에의 존재다. 무의 심연(深淵) 위에 걸쳐 있는 존재다."라고 했다. 한 차례의 죽음으로 모든 것이 끝나버리는 종말에의 존재가 곧 인간이다.

나처럼 나이가 들면 죽음의 불안이 가끔 찾아온다. 이러다가 병이라도 들면 처음엔 고쳐보려 하겠지만, 아무리 해도 안 되겠다 싶으면 모든 것을 체념하고 인생 최후를 맞이할 수밖에 없다.

불안 없이 살 수 있는 방법은 없는 것 같다. 인간은 그의 나약성 때문에 불안과 더불어 살아야 한다. 육체적으로 불완전하고 정신적으로 불완전하기 이를 데 없는 불완전한 존재가 곧 인간이다. 여기에 말할 수 없는 인간실존의 불안이 존재한다.

아무리 날아보려 해도 날지 못하는 육체를 가지고 있고, 외부의 충격에 아무리 초연해 보려고 해도 인간은 불안과 공포를 느끼며 산다. 심신(心身)이 이렇게 불완전하다 보니, 인간의 불안은 숙명적으로 타고난 불안이다.

시시각각으로 밀려오는 이 불안을 이길 수 있는 방법이 있다. 세상을 살되 바르게 살고, 전심 전력을 기울여 사는 길이다. 불안이 넘보지 못하게 우리의 마음을 하늘의 영원한 끄나풀에 매여두면, 이 요망스러운 마음을 잡아두는 길이 될 것이다.

사람을 의심하는 일은 결코 할 일이 아니요, 의심받는 일은 더군다나 못 당할 일이다. 사람을 쓰되 의심스러운 사람을 쓰지 말라 하였고, 일단 썼으면 의심하지 말라 하였다.(疑人莫用 用人勿疑) 선한 아내를 의심하는 일은 결코 해서는 안 되고, 아내 또한 선한 남편을 의심해서는 안 된다. 일단 살도록 맺어졌으면 끝까지 믿고 의심하지 말아야 한다. 의심은 불안을 낳고 불안이 깊어지면 인간관계가 파탄에 이른다.

불안의 시작은 의심에서 시작된다. 사람이 세상을 살아가면서 의심받을 일을 해서는 안 된다. 외밭 옆에서는 신을 고쳐 신지 말라 하였고, 오얏나무 밑에서는 갓을 고쳐 쓰지 말라 하였다. 잘못하다간 공연한 의심을 받게 되고, 의심을 받으면 헤아리기 어려운 고통을 겪는다. 마음에 불안이 일기 시작하면 하고자 하는 일이 잘되지 않는다. 불안은 만악의 근본이요 만병의 근원이기도 한다. 불안의 마수(魔手)에 잡히지 말고 당당하게 맞서 싸우라. 그리하여 하루하루를 즐겁고 보람있게 살으라. 독자 여러분의 건승과 행복을 기원하며 이만 줄인다.

노출의 미

얼마 전까지만 해도 너무 더워서 견딜 수가 없었다. 기분 같아서는 다 벗어버리고 지냈으면 했다. 아무리 그래도 기분대로 살 수는 없고, 적당하게는 가려야 사람으로서의 체면을 유지한다.

여름은 노출의 계절이다. 여름철에 어느 정도의 노출은 자연스러워 보인다. 인간은 자연과 더불어 사는지라 자연에 순응하며 사는 데서 기쁨과 행복을 느낀다.

여름철에 두꺼운 모피 옷을 둘러 입고 살 수가 없듯, 한겨울에 반라(半裸)의 차림으로 살 수가 없다. 그래서 사람들은 철 따라 옷차림을 달리하며 산다. 봄에는 봄에 맞는 옷차림을 하고, 가을에는 가을에 맞는 옷차림을 하며 산다.

일 년 내내 더운 날씨 속에서 살라 하면 그보다 더 지겨운 일은 없고, 또 일 년 내내 한겨울의 한파 속에서 살라 하면 그 일 또한 지겹기 그지없는 일이다. 아무리 봄이 좋다 해도 일 년 내내 따뜻하면 그것 또한 지겹기 그지없을 것이다. 우리는 봄, 여름, 가을, 겨울의 변화 속에 살면서, 각 계절의 변화에 순응하며 사는 데서 기쁨과 행복을 느끼며 산다.

여름의 더위에서 잃은 기운을 가을의 양기(凉氣)에서 얻고, 여름의 더위에서 잃었던 식욕을 가을의 양기에서 되찾아 산다.

나무들은 삭막한 나목(裸木)으로 겨울을 지내다가, 봄에 다시 생명을 얻어 일어선다. 잃었다가 다시 얻고, 얻었다가 다시 잃는, 이런 생명의 순환 속에서 인간은 단련되고 성장과 발전을 거듭하며 산다.

아시아 태평양 교수 연수회가 미국 하와이 대학에서 개최된 적이 있었다. 20일의 일정으로 20여 명의 아시아 지역 교수들이 참석했다.

그러던 어느 날이었다. 그 대학의 캠퍼스에서 한 남학생과 여학생이 벤치에 앉아서 이야기하고 있었다. 그런데 여학생의 옷차림이 너무 소잡(素雜)하고 야했다. 상의라고 하기에는 너무 밋밋한 브래지어 차림이었고, 그 브래지어를 노끈으로 매어 뒤로 돌려 맨 그런 차림이었다.

그 여학생이 먼저 자리를 뜨게 되자 남학생과의 대화가 자연스럽게 이어졌다. “여학생의 옷차림이 너무 야하고 소잡하다. 저런 옷차림으로 어떻게 강의실에 들어가 교수의 강의를 들으며, 교수와 어떻게 대화를 할 수 있겠는가?”라고 했다. 그랬더니 “천만의 말씀입니다. 무슨 옷을 어떻게 입었느냐가 중요한 것이 아니라, 교수와 학생이 무슨 대화를 하느냐가 더 중요하다.”고 했다.

강의실에 들어가서 교수의 옷차림을 봤더니, 반바지 차림에 샌들을 신었고, 윗도리는 딴따라 부대원들이 입는 휘황찬란한 옷을 입고 있었다. 그때 나는 그 더위 속에서도 넥타이 정장 차림으로 강의를 듣고 있었다. 그래서 한국에 돌아와 책을 내면서, “동양문화는 감싸는 문화요, 서양문화는 노출의 문화”라고 썼다.

밖은 무덥지만 안은 냉방시설이 잘되어서, 정장 차림으로 어디를 가도 견딜만하다. 최고의 인내력을 발휘해서 견디어낼 필요가 없을 만큼 우리나라도 많이 좋아졌다. 아무리 그래도 여름은 무더워 살기 힘든 계절이다. 좀 시원한 차림을 하는 것이 마땅하지만, 그놈의 체면 때문에 칭칭 감고 나갈 때가 있다. 그래야 체면이 서고 품위가 유지되기 때문이다. 체면을 생명처럼 여기는 그 알량한 선비 정신이 나에게도 있는 모양이다. 선비는 굶어도 속(粟: 좁쌀알)을 좇지 아니하고, 아무리 목말라도 훔친 물(盜水)은 마시지 않는다 하였다. 좀 불편하기는 해도 그 선비 정신이 이 세상을 이처럼 경건하고 품위 있는 곳으로 만들어가고 있는 것이 아닌가.

인간은 처절한 싸움으로 자연에 대항하며 살고 있지만, 자연에 순응하는 자만이 오래 살아남는다. 적자 생존(適者生存)의 법칙은 가혹하리만큼 위대한 법칙이다.

언젠가 어느 모임에 초대되어 간 적이 있다. 그처럼 큰 모임에 나같은 사람이 초대된 것이 이상한 일이었다. 기라성(綺羅星)처럼 이름난 분들이 참석해 있었다. 옛날 같으면 조금도 이상할 것이 없지만, 지금의 나는 완전히 방안 통수가 되어 방안이나 지키는 사람이다. 이런 나를 애처롭게 여겨 바람이나 쏘이라고 불러냈었던 것 같다.

그런데 그 모임의 분위기에 맞춰 모든 사람이 넥타이 정장을 하고 나왔지만, 나만 가벼운 여름철 반팔 셔츠 차림이었다. 어찌나 무안(無顔)하던지 그 시간을 견디어내는 데 큰 힘이 들었다.

여름철에 노출은 필요한 것이지만 전능적 가치는 아니다. 교회 안에서는 그 분위기에 맞춰 경건한 옷차림을 해야 하고, 또 다른 엄숙한 의식에서는 그 분위기에 맞게 옷차림을 해야 한다. 덥다 하여 아무렇게나 하는 옷차림은 경홀(輕忽) 한 행동으로 여겨져서 다른 사람들로부터 빈축을 산다.

운동장에서 100m 경주를 하는 선수가 두루마기나 긴 치마같은 것을 입고 뛸 수는 없다. 거추장스러운 것은 다 떨쳐 버리고, 꼭 필요한 것만으로 차림을 해야 가장 빨리 뛸 수가 있다. 가장 많이 노출해 가장 빨리 달릴 수 있도록 스포츠 과학은 맹렬한 연구를 거듭하고 있다. 그래서 100m를 9.75초에 달리는 신기록을 수립한 것이다.

노출은 속(俗)하거나 비(卑)의 영역이 아니고, 필요에 따라 적당하게만 하면 위대한 선(善)이다. 감싸야 할 곳에서는 감싸야 하고, 노출시킬 곳에서는 노출시켜야 한다. 너무 지나쳐도 안 되고 너무 처져도 미치지 못한다.(過猶不及) 때와 장소를 잘 헤아려 행하면 이보다 더 아름다운 노출의 미는 없을 것이다. 미인 경연장에서 아름답게 보이던 관능미도, 경연장을 떠나면 비속(卑俗)하게 보여서 보는 이들의 눈살을 찌푸리게 한다.

양귀비의 오빠에 양 국충(楊國忠)이라는 사람이 있었다. 겨울이면 방안에서 병풍을 치지 않고 수십 명의 나체 미인들을 서로 살과 살이 닿도록 죽 둘러앉히고, 그 체온과 분향 속에 앉아서 겨울을 보냈다. 이것을 육병(肉屛)이라 불렀으니 사람의 몸으로 둘러싸인 병풍이라는 뜻이다.

이런 호사를 누릴 팔자가 부럽기도 하지만, 팔자도 적당하게 누려야 선이 되지 지나치면 악이 된다. 양귀비에게 빠진 당나라 현종이 정사(政事)를 게을리했고, 양귀비의 오빠마저 이런 호사에 빠져 세월 가는 줄 모르다가 안 녹산(安祿山)의 난을 당했다. 양귀비는 꽃다운 나이에 자결을 했고, 현종은 당나라를 버리고 이웃 나라로 도망쳤다.

무슨 일이든 지나치면 미치지 못하는 것이다. 부부간의 잠자리에서도 전라(全裸)는 때론 부끄러움을 금키 어려운 일인데, 항차 대낮의 전라 노출은 더욱 삼가 행할 일이다.

요즘 젊은이들의 노출이 너무 심하다 하여 아우성이다. 지나친 노출은 사람의 눈을 현란(絢爛)케 하고, 사람의 마음을 간지럽게 한다. 지나친 노출은 범죄의 온상이 되고 그대로 놔두면 큰 사회악을 일으킨다. 반대의 목소리가 극구(極口) 높은 것은 다 그런데 연유(緣由)한다.

요즘 학교 선생님들 고생이 너무 많다. 조금만 더 내려야 한다고 가슴 태워 이야기하지만 끄떡도 하지 않는다. 그야말로 오불관언(吾不關

焉)이다. 내 딸자식 다 버린다고 학부모들의 안달이 크지만, 도도(滔滔)한 이 흐름은 아무도 막지 못한다.

서양의 것이 동양으로 물밀 듯이 밀고 들어와, 지금은 이쪽이나 저쪽이나 똑같은 곳이 되었다. 지구촌이 하나가 되어가는 마당에, 노출에 관한 한, 내 것만이 옳다고 끝까지 버틸 힘을 잃었다. 이쪽에서 쌓아놓은 찬란한 황금의 탑이 언제까지나 하늘 높이 내 것인 체 서 있지는 못한다. 밀려오는 노출의 물결은 너무 도도하여 막지를 못한다.

아무리 그래도 이 말만은 진리이니 꼭 지켜서 삶의 본으로 삼으면 좋겠다. 너무 과도한 것은 분쟁을 일으키는 원인이 된다. 가장 안전한 길을 가려거든 한가운데의 길을 택해 가야 한다. 중용(中庸)의 도가 좀 답답하기는 해도 안전한 길이다. 충성도 지나치면 미움을 받고, 우정도 지나치면 귀찮게 여겨진다. 끄나풀도 너무 길면 잘라야 하고, 너무 짧으면 보태서 알맞게 해야 한다.(絶長補短) 노출도 지나치면 화(禍)가 되니, 지나치다고 느껴지면 서슴없이 끊어버려야 한다. 그러면 거기에 노출의 미가 있어 보는 이의 마음을 기쁘게 할 것이다.

제2부

관수유술(觀水有術)
심관기란(心觀其瀾)

(물(결)을 감상하는 데는 방법(術)이 있다. (눈으로만 보지 말고) 마음으로 그 물(결)을 보라.)

물결이 없으면 바람이 없고, 바람이 크면 물결도 크다. 바람과 물결은 서로 어우러져 움직이니, 물결의 크고 작음을 보고 천기의 변화도 안다. 이놈을 보면 저놈을 알고, 저놈을 알면 이놈을 아니, 세상의 조화 중에 이런 조화도 없다. 조용한 물결에서 마음의 평정을 느끼고. 거세고 힘찬 물결에서 용장(勇壯)한 기개(氣槪)를 느낀다.

마음이 없으면(心不在焉), 보아도 보지 못하고(視而不見), 들어도 듣지 못하고(聽而不聞), 밥을 먹어도 그 맛을 모른다.(食而不知其味) 마음이 없으면 물이 있어도 물로 보지 못하고, 크고 작음을 보지 못한다. 그러나 나에게 마음이 있어, 파도 소리를 마음으로 벗하여 들으면, 조용한 물결에서 마음이 조용함을 느끼고, 거센 파도에서 솟구치는 생명의 힘을 얻는다.

소식 다동(小食多動)

여수대학교의 퇴직 교수들이 모이는 날은 매월 10일이다. 그때 내가 했던 인사말의 일부를 넣어서 이 글을 쓰게 되었다. 그 일부가 이 글 전체에 여과(濾過)되어 있어서 이 글을 읽으면 그 인사말의 대강의 흐름을 이해할 수 있을 것이다.

본 동우회가 시작된 후로 벌써 6명이 타계했다. 젊었을 때는 모두가 한가락씩 한 분들이지만 지금은 세월에 밀려 산다. 총장을 하신 분도 계시고, 총장 출마를 했다가 낙마한 분도 5~6명이나 된다. 대학원장을 비롯하여 교무, 학생처장 등 학교의 높은 보직은 다 맡아 대학 교육을 주름잡고 흔들었던 분들이다.

세월을 유구(悠久)한 영겁(永劫)에 비하면, 우리가 살다가는 일생은 눈 한 번 깜짝할 사이의 수유(須臾)의 인생이다. 오는 줄 알면서도 막지 못하고, 가는 줄 알면서도 붙잡지 못하고 당하며 산다.

어떤 사람은 "잔잔한 바닷속에 있는 바위 언저리에, 은연중에 차오르는 조수처럼 세월이 기어오르는 것을 보았다."(미상)고 했다. 하지만 세월이 남기고 간 흔적은 우리 몸의 도처에서 볼 수 있어도 세월 자체는 보지 못한다. 세월은 은연중에 와서 우리를 진탕 녹이고 은연중에 사라진다. 흥망이 재천(在天)이거늘 세월의 오고 감을 탓한들 아무 소용이 없고, 주어진 대로 열심히 남은 인생을 살다 가는 길 외에 다른 방법이 없다. 붙잡는다고 아니 가는 것은 아니기 때문이다.

모두가 모년(暮年)의 인생이지만 하루하루를 즐겁고 보람되게 살고 있다. 건강 챙기기를 금과 옥조로 여기며 사니 만세 무궁의 수(壽)를 누리며 살 것 같은 생각이 든다.

건강하게 살려면 뭐니 뭐니 해도 마음이 편해야 한다. 마음의 평정(平靜)을 잃으면 필연 건강도 잃는다. 마음의 평정이 이루어져야 가내 화평이 이루어지고, 가내 화평이 이루어져야 가화만사성의 기쁨을 누린다. 세상의 일체는 마음의 짓는 바에 따라 지어진다(一切唯心造) 하였다. 보아도 못 본 체하고 들어도 못들은 체하며 살라고 한다. 보고 들은 것을 다 헤아리려 하면 잠시도 마음 편한 날이 없을 것이다.

건강하게 살려면 소식 다동(小食多動)하고, 소승 다보(小乘多步)하라 하였다. 음식은 적게 먹고 많이 움직이고, 차는 적게 타고 많이 걸으라 함이다. 소식 다동으로 건강의 본을 삼고, 소식 다동하여 살면 의사도 필요 없다 하였다.

다식과 건강은 동행하지 않는다 하였으니 다식으로 몸을 불릴 생각을 해서는 안 된다. 몸이 불면 남 보기에는 좋을는지 모르지만 내가 살기에는 매우 불편하고 힘이 든다.

심신(心身)이 건강한 사람이 진짜 건강한 사람이다. 그래서 나온 말이 "건강과 쾌활은 공존 공영한다."(Health and cheerfulness mutually beget each other.) 하였다. "건강은 쾌활을 낳고 쾌활은 건강을 낳는다."(The Health produces the pleasure, the pleasure produces the health.)는 이 말은 그냥 주고받는 평범한 말이 아니다. 마음이 편하고 즐거우면 몸의 건강은 자연스럽게 이루어진다. "즐거움과 절도(節度)와 평온은 의사를 멀리한다."는 말도, 마음의 평정만큼 건강에 좋은 것이 없다 하여 하는 말이다.

채근담(菜根譚)에 나와 있는 말을 내 글맛에 맞게 풀어서 인용하니 양해하기 바란다.

"이 세상에 보지 못하는 소경이나 듣지 못하는 귀머거리가 가장 불행한 것처럼 느껴지지만, 때로는 보고 들을 수 있는 사람이 더 불행할 때가 있다. 보고 듣는 그 문으로 반드시 행복된 것만이 들어오는 것은 아니기 때문이다. 보았기 때문에 괴로움을 얻고, 들었기 때문에 불행한 유혹에 끌리는 일이 수없이 많다. 귀와 눈이 있어서 꼭 행복한 것은 아니니, 귀와 눈으로 불행의 씨가 들어오지 못하도록 해야 한다. 남의 눈이나 귀를 경계할 것이 아니요 나 자신의 눈과 귀를 경계해야 한다. 마음속에 나쁜 정념(情念)이 일어나지 않도록 눈과 귀를 쓰는 데에 조심해야 한다." 사람의 눈이나 귀도 잘 쓰면 좋지만 잘못 쓰면 몸에 큰 탈이 붙는다는 것을 일깨운 말이다.

오늘이 1월 10일이니 신묘년이 시작된 지도 벌써 열흘이 흘렀다. 금년 초하룻날 욱일 승천(旭日昇天)하는 시뻘건 태양을 보면서, 더도 덜도 말고 작년만큼만 건강하게 살기를 기원했다. 작년에 별 탈 없이 잘 살았으니 금년에도 아무 탈 없이 살고자 하는 염원으로 그런 기원을 했다. 금년을 무사하게 살아야 명년을 잘 맞이할 수 있고, 그렇게 해서 금년에서 명년으로, 명년에서 저 명년으로 계속 이어가며 살 수 있을 것이다.

몸에 탈이 붙어 금년을 잘 넘기지 못하면 명년을 맞이할 꿈도 희망도 다 없어진다. 금년을 잘 넘기는 것은 명년을 잘 맞이할 기약이 된다.

세세 년년(歲歲年年) 계속 이렇게 이어지면 망백(望百: 91)의 나이도 향수(享壽)할 수 있고, 그러다가 수운(壽運)이 좋으면 백 세도 훨씬 넘겨 사는 기쁨도 누릴 수 있을 것이다.

날씨가 쌀쌀하지만 많은 분들이 모임에 나오셨다. 나에게 힘을 주고자 하여 그랬을 것이다. 회원 여러분에게 깊은 감사의 염을 표한다.

다른 한편으로는 이놈이 이 중직을 잘 수행할 수 있을 것인지를 탐색하고자 하는 호기심도 있었을 것이다. 잘하고 잘못하고가 어디 있겠는가? 옛말에 "정성을 다하면 후회가 없고(誠無悔), 용서하면 원망함이 없다."(恕無怨) 하였으니 그저 정성을 다하면 그것이 곧 잘하는 것이 될 것이다.

전임 회장단(회장, 총무)에게 그간 수고했다 하여 사례비를 전달하고, 김기남 교수님이 혈윤을 따라 자식들에게로 가셨다. 가시는 길 무사하고, 가셔서 해로 동락(偕老同樂) 하시라고 적은 노비를 마련하여 드렸다.

병석에서 병마와 사투를 벌이고 있는 Y교수님의 쾌유를 기원했다. 세상이 험한 탓인지 병도 험하여 한번 이놈에게 걸렸다 하면 좀처럼 놔주지 않는다. 이놈의 독아(毒牙)가 어찌나 강하던지 걸렸다 하면 체념하고 갈 준비를 해야 한다.

"사람은 자기 이로 자기 무덤을 판다."는 말이 있다. 지나치게 많이 먹어 몸이 불어나면 오래 살지 못한다. 다식으로 건강을 꾀할 생각을 해서는 안 된다. 나이가 들면 몸이 굳어지는 속도가 빨라지니 날마다 다동으로 굳어진 몸을 풀면 움직이기가 한결 수월해질 것이다.

새해 인사말치고는 좀 굼뜨고 진부하기 그지없지만 금년 한해 건강하게 살지 못하면 명년을 기약하는 일조차 어려워진다. 건강하게 살자 하여 인사말로 몇 마디 했다. 마치 건강 백서를 내놓은 것 같지만 늙으면 건강보다 더 좋은 것이 없다. 금년 한해 회원 여러분의 건강과 무탈을 기원하면서 이만 줄인다.

슬퍼하되 마음이 상하지 않게 하라

애이불상(哀而不傷)

내 일찍이 '눈물 예찬'이라는 글을 써서 내놓은 적이 있다. 그런데 어느 날 한 독자로부터 '눈물 예찬'이라는 글을 잘 읽었노라고 했다. 그렇다 해서 그 글이 모든 독자의 마음에 드는 것은 아니다. 글이란 사람에 따라 호오(好惡)의 정도가 다르기 때문이다.

거의 비슷한 제목으로 글을 쓰게 되었지만, 글 쓸 때에 느끼는 감회에 따라 전혀 다른 글을 쓸 수도 있다.

옛날 중국(晋)에 환온(桓溫)이라는 사람이 있었다. 배를 타고 어디로 가려고 하는데 그때 수행원이 원숭이 새끼 한 마리를 붙잡아 가지고 배 안으로 들어왔다. 어미 원숭이가 뒤따라 왔지만, 배가 뜬 뒤라 헛일이었다. 하지만 어미는 바닷가의 길을 따라 계속 좇으며 따라왔다. 천 리 남짓한 곳에서 배가 언덕 가까이에 이르자, 어미 원숭이는 배에 뛰어오른 즉시 절명해버렸다. 하도 이상해서 그의 배를 갈라 보았더니 창자가 가닥가닥 끊어져 있었다. 잠시지만 새끼를 잃은 어미의 슬픔이 얼마나 컸던가를 알 수 있는 증좌가 된다. 이때부터 창자가 끊어지는 슬픔을 단장(斷腸)의 슬픔이라고 한다.(世說新語)

내가 지금껏 이렇게 살고 있는 것은, 이렇게 큰 단장의 슬픔을 겪지 않았기 때문일 것이다. 이 세상에서 가장 큰 슬픔은 사랑하는 사람을 잃은 슬픔이라고 한다. 그러고 보면 아내와 자식 그리고 부모를 잃은 슬픔이 가장 큰 슬픔일 것이다. 나의 나이도 많은지라 부모님을 여읜 지 어언 십수 년에 이른다. 두 분 다 타고난 수를 다 누리다 가신지라, 마땅한 일로 여겨 그렇게 많이 슬퍼하지는 않았다. 요즘 세상이 험한지라 부모 모시기를 싫어하고, 부모가 오래 살기라도 하면 젖은 옷처럼 무겁게 여기기가 일쑤다.

나이를 많이 먹으면 흉한 꼴을 많이 보게 된다.(壽則多辱) 자식 며느리가 먼저 가는 꼴을 보기도 하고, 손자 손녀가 먼저 가는 꼴을 보기도 한다. 그러는가 하면 형제간 중에 나보다 밑엣 놈들이 먼저 가는 놈들도 있다.

세월호(世越號) 참사 때 매제의 친손녀가 애통하게 당했다. 고등학교 2학년에 다니는 놈이고 수학여행을 가다가 이런 변을 당했다. 다행히도 시체는 수습되어 예를 갖추어 보내주었지만, 시체도 수습하지 못했더라면, 큰일이 날 뻔했다. 부모 된 도리를 다하지 못했더라면 오랜 회한(悔恨)으로 남을 뻔했다. 물속에서 마지막 숨을 거둘 때의 고통의 순간이 떠오를 때마다 처절하리만큼의 무서운 오한이 인다.

그전에도 크고 작은 많은 사건들이 일어났지만, 세월이 흐르면서 다 잊었다. 사람처럼 불완전하고 망각증에 걸려 사는 동물도 없다. 과거를 잊고 살면 편하여 좋을지 모르지만, 잊어서는 안 될 것까지 잊어서는 안 된다. 이번 세월호 사건을 또 잊고 살다간 무고한 우리 백성들, 특히 어린 손자 손녀들 또 다 죽인다.

이 세상에 생명을 싣고 다니는 것들이 많다. 육상에서는 차가 싣고 다니고, 공중에서는 비행기가 싣고 다니고, 바다에서는 배가 싣고 다닌다. 빠르게 빠르게가 현대인의 우상이 되었다. 빠르지 않으면 직성이 풀리지 않아, 쾌감을 느끼지 못한다. 위험을 무릅쓰고 그렇게 하다 보니, 많은 생명들이 퀵(Quick) 폭주(暴走)의 희생이 된다.

× ×

진도(珍島)의 서쪽에 유속(流速)이 빠르기로 이름난 맹골수도(猛骨水道)라는 수로가 있다. 호랑이도 감히 들어가지 못한다는 곳이다. 그러다 보니 해군 함정을 비롯하여 대형 선박들도 감히 들어가지 못한다. 그런데 세월호라는 겁 없는 여객선이 들어갔다가 무참히도 당했다. 조금만 돌아가면 되는 것을, 기름값이 절약된다는 이유로 그 길을 택하여 가다가 참변을 당했다. 이번 사고는 돈과 시간이 얽혀 일어난 사고이고, 이런 사슬의 고리를 끊지 못하면, 다음에는 경천 동지(驚天動地)할, 대 참극이 벌어질는지도 모른다.

배에 복원력(復原力)이라는 것이 있다. 배가 기울었다가 다시 원상으로 회복하는 것을 말한다. 배의 무게 중심이 밑에 있으면 배는 안전하지만, 무게 중심이 위로 올라오면 복원력은 약해져서 배가 쉬 넘어진다. 화물을 너무 많이 실으면 선저(船底)의 공간에 채워 넣는 평형수(平衡水)를 그만큼 빼내야 한다. 그러면 자연히 무게 중심은 위로 올라가고, 복원력은 더욱 약해져서 배가 쉽게 기울어 사고를 내기에 이른다.

돈만 벌면 된다는 무분별한 생각이 인명 경시로 이어져서, 드디어는 대형 사고를 일으키는 불행을 겪었다. 이런 사고방식이 한국 사회의 도처에 만연(蔓延)되어 있고, 마피아와 같은 비밀 결사 조직이 짜여 있어서, 자기들끼리 해먹는 인사 적폐(積弊)가 이번 참사를 불러일으켰다.

이런 악습을 깨는 일에 총화적 결단과 개혁이 필요하다. 잘 준비되지 않은 자는 어떤 자리도 맡아서는 안 된다. 현재 그런 자리에 있는 자는 내려와서 더 많은 공부를 하고 다시 올라가야 한다.(知己之學)

생명의 존엄성은 어떤 가치보다도 상위에 놓여져야 하고, 재물이 생명 위에 군림하는 일이 있어서는 안 된다. 수단과 방법을 가리지 않고 돈만 벌면 된다는 재물 만능주의의 의식을 두들겨 깨야 한다. 지금의 이런 사회에서는 아름다운 인성(人性)이 형성되기 어렵고, 나를 희생해서 남을 구하는 숭고한 인간 정신이 자라기 어렵다.

"법과 규정을 안 지키는 것이 어찌 세월호뿐이겠나, 한국 사회의 곳곳에 부정부패가 켜켜이 쌓이고, 무사안일, 적당주의, 형식주의가 적폐된 사회에서 또 다른 세월호가 시한폭탄처럼 기다리고 있다."(조 광동 재미 언론인)

세월호 사건으로 304명의 희생자가 났지만, 국민 의식의 대전환이 없는 한, 천진 난만하고 무고(無辜)한 생명들을 다시 잃고, 잘못하다간 금쪽같은 우리의 새끼들을 다 죽이는 일이 벌어질 것이다.

× ×

장례를 치른 후 10여 일이 지난 후에 매제 집에 전화를 걸었다. 자기를 비롯한 나머지 식구들은 겨우 버티며 살고 있지만, 매제의 딸(희생된 놈의 엄마)은 충격이 어찌나 컸던지 급성 뇌경색증으로 병이 악화되어 병원에 입원 중이라고 했다.

밤이 새도록 울다가 지치면 자고, 그러다가 일어나서 목이 쇠도록 울고, 그래도 분이 안 풀리면 목이 터지게 울다가 그것으로 끝내야 한다. 그렇게 울기를 계속하다간 마음이 상하고 마음이 상하면 몸이 상한다. 옛말에 슬퍼하되 몸이 상하지 않게 하라 하였은 즉, 그칠 때를 알아서 그쳐야 한다.

인간에게 삼지(三知)라는 것이 있다. 만족할 줄을 알고(知足), 분수를 알고(知分), 끝낼 줄을 알아야 한다(知止). 무슨 일이든 할 때가 있고 끝낼 때가 있다. 끝내야 할 때 끝내지 못하면 일을 그르치고 내 몸이 상한다. 슬플 때는 터놓고 울어야 슬픔이 가신다. 울지 말라고 하면 잠시 멈출 수는 있어도, 그것이 몸속에서 응어리지면 새로운 화산으로 폭발할 수 있을 것이다.

기업가가 돈을 벌되 정직하게 벌어야 한다. 정직하게만 번다면 얼마든지 벌어도 좋다. 천하를 다 살 돈을 벌든 누가 뭐라고 하겠는가. 타락한 기업가가 번 돈은 사람을 죽이고 세상을 타락시킨다.

이번의 사고로 희생자 가족을 비롯하여 전 국민이 입은 트라우마(trauma)가 얼마나 큰지 알아야 하고, 생명을 경시하는 기업가는 종래에는 자기도 처참하게 당한다는 진리를 터득해야 한다. 하늘이 무서운 줄 알고 살아야 하고, 감추려한다 해서 감추어지는 것은 이 세상에 없다.

> 숨긴 것보다 더 잘 드러나는 것은 없고,(莫見乎隱)
> 미세한 것보다 더 잘 나타나는 것은 없다.(莫顯乎微)
>
> \- 중용 1장 -

정직을 생명처럼 여기고 살아야 세상이 좋아진다. 슬퍼할 수는 있어도 마음이 상해서는 안 된다. 마음이 상하면 몸이 상하고, 몸이 상하면 다시 일어설 힘을 잃기 때문이다.

말빗

돈에는 눈이 있어서 아무 데나 무턱대고 달라붙는 것은 아니다. 달라붙을 만한 곳을 찾아서 달라붙는다. 무위 도식(無爲徒食)으로 빈둥거리며 노는 사람에게까지 달라붙어 그 사람을 먹여 살리지는 않는다.

돈 많은 사람들이 돈이 많은 것은, 돈을 벌기도 잘하지만 돈 관리를 잘하기 때문일 것이다. 그래서 돈 많은 사람들에게서 돈을 빌리기가 더 어려운 것은 그런 이유 때문이다. 헛돈이 새어나가지 않도록 관리의 귀재(鬼才)들이 곧 돈 많은 사람들이다.

돈을 빌려달라고 할 때는 갖은 아양을 다 부리지만, 빌려 간 그 순간부터 사람은 달라진다. 그래서 돈은 빌려주지 말라고 한다. 잘못하다간 돈도 잃고 사람도 잃기 때문이다. 형제간에도 돈거래를 하지 말라고 하는 것은, 돈도 잃고 형제간의 의리도 잃기 때문이다.

돈은 사람을 자유케도 하지만 부자유케도 한다. 돈이 부족하면 부족한대로 아끼며 살면 돈에 매이지 않아 좋지만, 돈을 빌리면 그 순간부터 돈에 매여 사는 돈의 노예가 된다.

적은 돈이 때로는 더 무서울 때가 있다. 적은 돈을 빌려 달라고 하면 안 빌려줄 수가 없기 때문이다. 큰 돈은 거절할 이유가 충분해서 거절하기가 훨씬 수월하다. 돈거래란 그럴만한 사이가 되어 이루어지는 것이지만, 돈거래만큼 사람의 입장을 곤란하게 만드는 것도 없다.

이 세상에서 빚을 지고 사는 것보다 더 괴로운 일은 없다. 그런데 나는 천우 신조(天佑神助)로 평생을 빚 없이 살았으니 참 편한 인생을 산 셈이다. 먹고 사는 일에 최우선을 두어 살았고, 먹을 것이 없으면 굶는다는 생각으로 살았다. 절검을 성가지본(成家之本)으로 삼았고, 늘 분수에 맞게 살다 보니 밥을 굶지 않고 살았다. 햇빛이 밝을 때 늘 비 올 때를 대비하며 살았다.

예부터 빚과 병은 조금 있는 것이 좋다고 하였다. 그래야 늘 긴장하며 살기 때문이다. 빚을 져봐야 돈의 소중함을 알고 병을 앓아봐야 몸의 소중함을 안다. 저녁을 거르고 자는 것이 차라리 남의 돈으로 굶지 않고 자는 것보다 훨씬 더 속이 편하다. 빚을 지면 그 순간부터 자유인을 노예로 만든다.

부채는 모든 궁핍 중에서도 가장 악성의 궁핍이고, 부채는 자유인을 노예로 만들어 그를 힘들게 한다. 어지간하면 빚 없이 살기를 힘쓰고, 빚을 지면 갚는 도리를 꼭 생각해야 한다. 돈을 가장 잘 쓰는 방법은 빚을 지지 않고 사는 것이고, 빚을 지면 먼저 갚는 일이다. 빚보다 더 사람을 힘들게 만드는 것은 없기 때문이다.

다른 약속은 다 믿어도 돈 빌릴 때의 약속은 믿지 말라고 한다. 한 달간만 쓰겠노라고 금석맹약(金石盟約)을 하지만 그걸 지키는 사람은 거의 없기 때문이다. 그러다가 친구 간의 사이가 벌어지고 급기야는 옛날의 좋은 우정에 손상이 간다. 빚보증에 신중하라 함은 빚보증을 잘못 섰다가 패가망신한 사람들이 많기 때문이다.

소크라테스는 죽을 때 자기 애제자(愛弟子)에게, "000에게 닭 한 마리 빚진 것이 있으니 갚아주기 바란다."라고 했다. 이 세상에서 진 빚은 아무리 적은 것이라도 다 갚고 가야 한다.

지금까지 물질적 부채에 관해 이야기했다. 다 아는 내용을 이야기해서 별로 실감이 나지 않았을 것이다. 지금부터서는 말빚에 대해서 이야기하려고 한다. 말빚도 부채임에는 틀림이 없어서, 말빚을 졌으면 돈빚 만큼이나 무섭게 생각하고 꼭 갚아야 한다.

말이란 요망스럽기 그지없어서 자기도 모르게 튀어나와 듣는 사람의 마음에 상처를 입힌다. 나처럼 분별력이 약한 사람은 전후사를 분별하지 못하고 함부로 뇌까리다가 상대방을 괴롭힌 경우가 부지기수다. 나이를 먹었다 하여 봐주었으니까 망정이지, 그렇지 않았더라면 감당하지 못할 만큼 크게 당했을 것이다.

법정(法頂) 스님은 그의 유서에서 "그동안 풀어놓은 말빚을 다음 생애에까지 가져가지 않으려 하니 부디 내 이름으로 출간한 모든 출판물을 더 이상 출간하지 말아 달라."고 했다. 그런데 이분은 그간 써온 30여 권의 책을 말빚이라고 했다.

이분이 그간 힘들여 썼던 그 많은 책들이 독자들에게 해독을 끼쳤다고 생각했다면, 그것은 전적으로 이분의 평소의 지독한 겸양지덕(謙讓之德) 때문일 것이다.

이분이 입적(入寂)한 후에 이분의 책을 읽고자 하는 구독 행렬이 끝이 없었던 것을 생각하면, 이분은 유별나게 선택되어, 이 세상에 온 세상의 등불이었음에 틀림이 없다.

자기의 시대는 이제 끝났으니 더 이상 자기의 말에 매이지 말고, 앞으로 나올 새로운 말에 의지하여 새 시대를 살아가라 함이었을 것이다.

사람은 죽은 후에 더욱 빛이 나서 세인을 놀라게 한다. 유언은 법률적 효과도 있어서 대개 지키는 것이 상례(常禮)이지만, 독자들의 욕구 충족은 어떻게 해야 할지 알 길이 없다. 하지 말라고 하면 더 하고자 하는 욕구는 더 강하게 일어나기 때문이다.

자기의 책을 더 이상 발행치 말라 함은 막되어가는 이 세상을 바르게 만들고자 하는 강한 의지를 역설적으로 표현한 것일는지도 모른다.

프란츠 카프카 같은 작가는 31세에 숨을 거두면서 자기 친구에게 그간 자기가 쓴 모든 원고를 다 불태우라 했다. 하지만 그의 친구는 그의 미발표작을 비롯하여 일기, 편지에 이르기까지 모든 원고를 다 모아 책으로 발간했다. 그 책들이 나온 후에, 무명 작가였던 카프카는 일약 불멸의 대작가로 스타덤에 올랐다. 그의 유언대로 했더라면 그의 유작들은 영원히 묻히고 말았을 것이다.

아무리 잘된 책이라도 자기의 책을 극찬하여 세상에 내놓는 사람은 없다. 자기의 책을 졸저(拙著)라고는 말해도 기실 졸저라고 생각하는 사람은 없을 것이다. 내심으로는 내놓을 만하다고 생각하여 내놓기 때문이다. 자기의 책이 세상에 해독을 끼쳐 말빚이 된다고 생각하면 아마 내놓지 않을 것이다.

나는 언젠가 내가 낸 책을 이렇게 폄하(貶下)한 적이 있다. "노년의 부질없는 공명심에 휘말려 악서(惡書)를 내면 그것 또한 욕이요, 시정(市井)의 지가(紙價)를 올려 다른 물가를 어지럽히면 그것 또한 큰 욕이 될 것이다.

노년의 좋은 시도가 까딱하면 무용의 장물(長物)이 될까 두렵기도 하지만, 그냥 주저앉아 세월을 탄(歎)하는 것보다는 좀 더 낫다는 생각은 든다.

행운 유수(行雲流水)처럼 써보려고는 했으나 군데군데 막힌 데가 많다. 수필이라고 썼지만 수필다운 면모가 없고, 글에서 풍기는 방향(芳香)도 미미하여 유향처럼 멀리 미치지도 못한다. 수필은 청초하고 맵시 날렵한 여인의 차림처럼 써야 한다지만 내 글은 어수선하여 산만하기 이를 데 없다."라고 썼다. 내 책을 이렇게 폄하했지만 내 책이 세상에 해독이 되는 말빚이라고는 생각하지 않는다. 자기의 것을 조금은 낮춰서 이야기하는 것은 모든 사람이 가지고 있는 겸양의 덕에서 비롯된 자기비하(自己卑下)일 것이다.

말빚을 지고 살면 두고두고 욕이 된다. 평소 하는 말에 조심해서 행하고, 말빚이라 생각하면 즉시 풀고 사는 것이 좋다. 그래야 이 세상을 떠날 때 편안한 마음으로 떠난다. 평생을 건강하게 살았다면 의사로부터 받은 빚이 크다. 만일 의사로부터 받은 말을 경홀(輕忽)히 했더라면 도중에 생명을 잃었을는지도 모른다. 어느 분이 한 말로 크게 은혜를 입었으면 후하게 갚아 기쁨을 느끼게 하고, 내가 한 말이 상대방의 마음을 상하게 했다면, 더 많은 은혜를 베풀어 얽힌 마음을 풀어야 할 것이다. 그러면 세상은 한결 더 살기 좋은 곳이 될 것이다.

돈빚이든 말빚이든 빚을 졌으면 빨리 갚아야 한다. 빚을 얻으면 그 순간부터 심한 근심에 시달리고, 자유인이 자유를 잃는 불행을 겪는다. 빚을 갚아야 소원해진 인간관계가 복원되고, 몸도 마음도 편해져서 살 힘을 얻는다.

내 그간 곡필(曲筆)한 탓으로 필화(筆禍)를 입은 적도 있고, 입을 경홀히 놀린 탓으로 설화(舌禍)를 수없이 입기도 했다. 붓 단속 잘하고 일언 삼사(一言三思)로 입단속 잘하며 살아야 한다. 말로부터 입은 상처는 칼에 맞아 입은 상처보다 훨씬 더 아프다고 하였다. 이 말을 금옥(金玉)처럼 소중히 여기며 살면, 말빚 때문에 겪는 고통을 조금은 덜 겪으며 살 수 있을 것이다.

평생 한 번 써본 엉터리 시(詩)

우리나라 소설가 중에 요즘 잘 나가는 분이 T.V.에 나와 이런 말을 했다. 자기는 소설을 쓰고 자기 아내는 시를 쓰는 시인이라고 했다. 그런데 자기 아내가 써놓은 시는 꼭 읽어서 어떤 부분은 자기 글맛에 맞게 고쳐놓는다고 했다. 그러다가 시집이 발간되어 나오면 자기가 고쳐 썼던 부분을 유심히 보게 된다고 했다. 그런데 이상하게도 자기가 고쳐 썼던 부분은 일구 일획(一句一劃)도 고쳐 쓰지 않고 그대로 내놓는다고 했다.

그 많은 부분 중에 단 한 군데도 자기 생각대로 고쳐 쓴 부분이 없는 것을 보면, 자기 아내는 지독스러우리만큼 자기가 쓴 시에 대한 우월감이 강한 것으로 느끼게 되었노라고 했다.

그런데 자기 아내가 이런 이야기를 했다고 한다. 소설같은 저속한 글을 쓰는 사람이 어찌 시처럼 품격이 높은 글에 함부로 손을 대서 고쳐 쓸 생각을 하느냐는 것이었다. 언감생심(焉敢生心) 그런 생각을 하는 것부터가 불쾌하다는 것이었다.

시는 영혼의 음악이요, 예술의 여왕이라 하였듯이, 단순한 인간의 생각으로 쓰여지는 것이 아니요, 지고지순한 영혼의 힘으로 쓰여지는 영감의 소산이다. 소설 같은 저류(低類)의 작가가 함부로 시의 성역(聖

域)에 침범해서 시를 망쳐놓으려 해서는 안 된다는 것이 그 소설가의 부인의 생각이었던 것 같다.

시나 소설이나 모두 다 어휘(語彙)를 통해서 이루어지는 어휘의 소산(所産)이다. 일체의 사물에 대해서 일어나는 감흥(感興)이나 사상(思想)을 작은 그릇에 담아 리듬 있게 쓰면 시가 되고, 큰 그릇에 담아 마음껏 늘려서 쓰면 소설이 된다. 소설과는 달리 시는 고도의 압축력(壓畜力)을 발휘해서 영감으로 빼내는 환상(幻想)의 산출물(産出物)이라고 할 수 있다.

소설 같은 산문(散文)은 생각이 떠오르는 대로 빠르게 써내려가지만, 시는 한 줄 한 줄에 영혼(灵魂)을 기울여 쓴다. 시를 이해하는 데에 있어서도 행간(行間)의 함축된 의미를 이해하는 데는 시간이 걸리지만, 소설은 그냥 수월하게 읽어 내려가면 된다. 그래서 어떤 사람은 시는 지상(地上)을 걸어가는 보행자(步行者)와 같은 것이고, 산문은 우리를 목적지로 운반해 가는 빠른 열차와 같은 것이라고 했다.

시가 이렇게 어려운 것이다 보니, 나는 지금껏 많은 글을 썼지만 단 한 편의 시도 쓰지 못하고 살았다. 다른 사람들이 쓴 시도 많이 읽어보았지만, 어찌나 난해(難解)하던지 의미의 언저리만을 맴돌다가 말뿐이었다.

그러던 어느 날에 내가 썼다는 시가 한 편 나타났다. 내가 젊었을 때 가르쳤던 제자가 내 시를 한 편 가지고 있노라고 했다. 보고 싶다는 호기심을 나타냈더니 부랴부랴 내 집으로 가져왔다.

가져오면서 그 시만 가져온 것이 아니고 도로변에서 파는 무화과를 세 박스나 사서 가져왔다. 그러면서 나에게 그 시에 얽힌 이야기를 하는 것이었다. 듣고 나서야 서서히 옛날의 기억이 되살아나기 시작했다.

그 제자는 젊은 나이에 몹쓸 병(결핵)에 걸려 죽을 고생을 했노라고 했다. 하는 수없이 산속으로 들어가 그곳에 작은 거소(居所)를 마련하고, 닭, 오리, 토끼 같은 짐승들을 기르며 살았다. 그 당시에는 그 병에 걸리면 생명을 잃는 수가 많아서 그런 궁여지책(窮餘之策)을 쓰게 되었고, 수시로 터져 나오는 것을 어찌할 도리가 없어서 이판사판 사는 날까지 살기로 했다.

그러던 터에 어찌 내가 생각이 났던지 나에게 편지를 쓰게 되었다. 읽어보니 너무 딱하고 절박해서 차마 읽을 수가 없었다. 너무 안쓰럽고 측은(惻隱)한 생각이 들어서 그에게 꼭 살아야 한다는 내용의 답장을 쓰게 되었다. 그 답장이 곧 다름 아닌 평생 처음 써본 나의 엉터리 시가 된 것이다.

이 시를 내 책에 게재(揭載)하기로 약속은 했지만, 아무리 생각해봐도 내놓을만한 것이 못되어 그 약속을 지키지 못했다. 그러다가 이번 책에 올려 만인에게 내놓게 되었다. 시를 읽을 줄 아는 분들은 정 영배 그 사람 참 타락했다고 할 것이다. 이런 것을 시라고 내놓았는가 할 터이지만, 내놓고자 하여 내놓은 것이 아니고 그와의 약속을 지키고자 하여 내놓은 것이다.

어떤 사람들은 이 시를 형편없는 것으로 폄하(貶下)하여 내칠지 모르지만, 생사(生死)의 기로에선 그에게는 새로운 소생의 힘을 얻게 한 시다. 이 시 속에 무슨 괴력(怪力)이라도 있는 것인가 하여 호기심이 당길 것이지만, 읽고 나면 크게 실망할 것이다. 남이야 어떻든 그는 이 시에서 살려는 의지와 생명의 소중함을 느껴 서서히 기력을 회복하게 되었다. 그러다 보니 이 시는 곧 그를 살린 생명의 시가 되었다.

그는 지금 이순(耳順=60)의 고비를 훌쩍 넘겨 손자 손녀가 주렁주렁 하지만, 그 누구보다도 건강 만세를 구가(謳歌)하며 살고 있다. 어찌나 건강하던지 연부 역강(年富力强) 펄펄 날아다닌다.

그간 생명을 바쳐 믿어온 하나님께, 그간에 받은 은혜를 보상하고자 노년 부부 선교사업을 떠난다고 했다. 그의 처도 처녀 시절에 선교사업을 한지라, 잘 준비된 부부겸전(兼全)의 선교사업이 될 것이다. 미치지 않으면 이르지 못한다(不狂不及) 하였듯이, 그들의 열정은 하늘에 치달아 큰 결실을 거둘 것이라 믿는다.

엄동의 추위가 매섭지만 그들에게는 되레 힘이 되고, 하나님을 섬기는 일에 일편 단심(一片丹心) 변함이 없다.

내가 그에게 보낸 그 시는 다음과 같으니, 한번 읽어보시고 나의 시작 능력(詩作能力)이 얼마나 저급한 것인지 음미해보기 바란다. 그처럼 젊은 나이에 그런 병을 앓는 것이 안쓰러워서, 꼭 살아야 한다는 나의 진의(眞意)가 그에게 이입(移入)된 것이다. 이런 것을 일러 감정 이입(感情移入)이라 하거니와, 나의 뜻이 진실하지 못했더라면 그런 강한 힘을 그가 받을 수가 없었을 것이다. 꼭 살아야 한다는 그의 소망에 하늘의 뜻이 이어지고, 그의 기도가 또한 하늘에 이어져서 하늘을 동(動)케 하였던 것 같다.

생명의 빛

벌레 소리, 새 소리, 바람 소리
굽이쳐 흐르는 벽계수(碧溪水) 소리
이런 시름 저런 시름 밤새 몸을 뒤척이며
오! 주님! 당신을 향한 일편단심
그를 살려 보이소서

잘못하면 상할세라 기어 아물리라
가슴 죄어 외치나니 기어 아물세라
생명은 소중한 것, 너와 무한히 살고 싶은 것
한 줄기 생명의 빛, 그가 잡게 하소서

당신의 위대한 힘, 그를 통해 보이소서

믿음은 강한 것, 산을 움직이는 것
믿음으로 여미리라 기어 여미리라
무릎 꿇어 합장하고 당신에게 비옵나니
당신의 빛 당신의 보혜사(保惠師)
그를 살려 보이소서

이 외침 당신에게 이르고
당신의 사랑 그에게 이르러서
비옵는 생명의 길 밝게 비춰주소서
좁은 길 가라는 주 그 앞에 보이소서
눈물로 아뢥니다 꼭 이겨 살게 하소서

이 시를 읽고 그가 그의 일기장에 다음과 같은 내용의 글을 적어 왔다.

"얼마 후에
나는 싸움에 이기는 것이다.
이 세상의 온갖 싸움은
영원히 이겨 끝내리라
내가 원하던 곳에
나의 주님이 늘 말씀하고 계시는 곳에
나의 안식을 찾아 살으리라.

깊은 권태와 허무(최고의 가치가 그 가치를 잃어버리는 것)가 몰아칠 때도 있지만 내 속에서의 싸움은 계속하고 있고, 생활주변에서 일어나는 갈등은, 나 혼자만의 시간에 나로 돌아가 싸우지 않는다면, 그 누가 대신 싸워준단 말인가. 진실로 이 세상에 하나밖에 없는 개별적인 나는 소중하기 한량없다. 스승님의 시는 나를 믿고 싸우도록 힘을 준다."

나의 엉터리 시가 한 생명을 살리는 힘을 준 것에 큰 보람과 기쁨을 느낀다. 나도 참 어리석기 그지없는 사람이다. 요즘처럼 삭막한 세상에 한 편의 시가 사람을 살렸다는 이야기를 곧이들을 사람은 없기 때문이다. 꼭 살아야겠다는 그의 강한 생명욕이 아니었으면, 천하의 그 어떤 것도 아무 소용이 없었을 것이다. 그러나 그 제자는 나에게 여러 차례 이 시 때문에 살아났다고 했다. 그래서 나도 그런 줄 알고 그렇게 믿기에 이르렀다.

시란 아름답기만 해서는 안 되고, 사람의 마음을 뒤흔들어야 하고, 읽는 이의 영혼을 마구 끌고 다녀야 한다. 그때 나의 그 엉터리 시가 그런 괴력을 발휘해서 죽어가는 그를 살게 했었던 것 같다.

사실 그는 내 시를 받기 전에 이미 신앙생활을 깊이하고 있었다. 당시 그가 처한 상황에 신앙과 시가 합쳐져서 그런 효과를 냈을 것이라는 생각이 든다. 신앙의 큰 본류(本流)에 작은 세류(細流)가 보태져서 물살이 좀 거세지는 효과를 거둔 것이다. 사람이 어려워지면 지푸라기라도 잡는다 하였거니와, 내 시가 곧 지푸라기 요법을 행한 것이 아닌가 하는 생각이 든다. 그러고 보면 내 시는 엉터리 시임에는 틀림이 없으나, 어쩌다가 잘 들어맞은 시임에 틀림이 없다.

그 제자는 내가 가르친 제자 중에 빼어난 제자 중의 한 사람이다. 그는 진짜 청출어람(靑出於藍)의 산 표본이다. 청색(靑色)에서 남색(藍色)이 나올 수 없는 데도, 그는 나와 같은 희미한 청색에서 나보다 훨씬 진한 남색이 되어 나왔다. 그의 사람됨은 거의 원숙(圓熟)의 경지에 이르고, 그의 인간적인 면면(面面)은 하늘에서 연단되어 내려온 천상(天上)의 사람 같다. 내가 그 사람에게 훨씬 못 미치는 것은, 나는 아직도 세상의 비속한 것에 매어 헤어나지 못하고 있기 때문이다.

엉터리 시가 사람을 살린 것은 굴러온 돌이 박힌 돌을 빼내는 우스운 이야기와도 같다. 이는 또한 여우가 탈을 쓰고 호랑이의 위세를 부리는 호가 호위(狐假虎威)의 변(辯)과도 같지만, 그래도 기분은 나쁘지 않은 것을 어찌 하겠는가.

직선과 곡선

점이 합쳐져서 선이 되고 선이 합쳐져서 공간이 된다. 주거 공간은 선이 결합하여 이루어진 4각 공간이다. 우리의 생활은 이 밀폐된 4각 공간에서 이루어진다. 우리의 방이나 사무실이 그렇고 학교 교실 등이 다 그렇다. 우리 인간은 예부터 이렇게 4각 공간을 거소로 삼아 산지라 조금의 불편도 없이 잘 적응하며 살아간다.

주거 공간을 벗어나면 무한히 트인 공간으로 자연에 이른다. "자연은 늘 직선을 피하여 곡선으로 이루어졌다."는 말이 있다. 땅은 무한히 이어져 들과 산과 바다로 이어지고, 위로는 하늘로 이어져 무한 공간에 이른다.

들과 바다는 평평하여 좋은가 하면, 산은 고봉 준령이 하늘에 솟아쳐다만 봐도 간담이 서늘하다. 인공적인 것 중에는 직선으로 이루어진 것이 많고, 예부터 스스로 서 있는 것 중에는 곡선이 많다. 늘 직선 속에 갇히어 계속 살라 하면 그 단조함에 살기가 답답하지만, 한 발 집 밖으로 나오면 대자연의 호연(浩然)한 공간에 이른다.

수목의 가지와 나뭇잎, 흐르는 계곡 물, 나는 구름, 드높은 산정(山頂)으로 이어지는 숨 가쁜 길, 생명이 있든 없든 자연 속에는 곡선이 아닌 것이 없다.

인간은 끊임없이 자연과 접하며 살지만, 그 깊은 자연의 비밀을 알지 못하며 산다. 인간은 항상 자연에 대들어 일하지만, 자연의 무한한 힘 앞에 큰 힘을 쓰지 못한다. 자연을 함부로 지배하려 했다간 자연의 위대한 힘에 무참히 당하고 만다. 인간의 의식주(衣食住) 모두가 자연의 소산이어서 자연 없이는 하루도 살 수가 없다.

사람이 이 지상에 살기 시작하면서부터 자연의 곡선을 직선으로 변화시켜 그 속에서 살아간다. 처음에는 사람이 손으로 할 수 있었던 것을 연장으로 만들어 행하였고, 요즘에는 대형 기계를 만들어 기계들이 그 일을 행한다. 서구의 문명사회가 그렇게 했고, 요즘에는 동양 사회도 그렇게 변한 지 오래되었다.

구부러진 길을 바로 펴서 온갖 차들이 휘휘 날고, 비행기도 만들어 하늘에 띄워 이곳에서 저곳까지 직로로 여행할 수 있게 했다. 곡선에 대한 직선의 승리가 하이웨이요, 비행기의 초음속 항로다.

산을 뚫어 터널을 만들고 긴 교량을 놓아 거리를 단축했다. 며칠 걸리던 것이 하루면 되고, 하루 걸리던 것이 몇 시간이면 되니, 이게 곧 직선이 이루는 승리요, 직선이 거둔 인간 생활의 승리다.

× ×

시공을 초월하여 우리가 사는 세상은 날이 다르게 변한다. 1년 전에 썼던 것은 박물관의 전시물이 되고, 오늘 쓰고 있는 것도 얼마 후에는 불편하여 쓸 수가 없다. 세상이 어찌나 빠르게 변하던지, 한때 빠르던 것이 지금은 가장 느린 것이 되고, 가장 편리하던 것이 지금은 가장 불편한 것이 되었다. 이처럼 빠른 변화 속에서 무서운 전율 같은 것을 느낀다. 세상을 편리하게는 살 수 있어도 마음은 편치 않아 늘 불안하다. 불편하기는 했어도 마음 편하게 살았던 옛날이 그리워지기도 한다.

직선은 풍요한 문명사회의 상징으로 그간 인간이 자연과 싸워 일구

어낸 물질주의의 미를 상징한다. 직선에서는 따뜻한 정감 같은 것은 없고, 용기와 도전으로 이루어낸 인간 문명의 서사적 유물이다. 그런가 하면 곡선은 따뜻한 정감과 여유와 순응으로 이루어진 서정적 산물이다.

하늘 속으로 쭉 뻗어 올라간 매머드 빌딩의 직선의 위력과, 이쪽 산과 저쪽 산을 이어 바다를 잇는 연륙대교의 웅대함은 현대 건축술의 위대한 산물이다. 수없이 들어선 장방형(長方形)의 높은 아파트 건물이며, 바둑판처럼 갈라놓은 시가지의 모습 속에서 직선미의 정수(精髓)와 쾌감을 느낀다.

사람들이 쓰는 물건을 만들어내는 공장 또한 장방형의 건물이고, 그 속에서 만들어내는 물건은 직선이 아니면 곡선으로 형성되는 물건들이다. 인간은 직선과 곡선을 드나들며 살고, 직선과 곡선으로 만들어진 물건을 사용하며 산다.

사람들은 직선 항해만을 고집하지만, 배에 기름이 떨어지면 기름을 넣어서 가고, 엔진이 고장이라도 나면 항구에 들러 수리하고 간다. 오늘 이루려 하지만 예상치 못한 일이 생기면 하는 수없이 내일로 미루어해야 한다.

직선이 좋기는 해도 꼭 그 길로 가자는 것은 아니다. 곤충 같은 작은 미물도 길이 막히면 돌아서 간다. 편한 것이 좋다 하여 꼭 그 일만은 하지 않는다. 아무리 좋은 것도 오래 계속하면 싫증을 느낀다. 가끔가다가 책도 읽고 바람도 쐬면 몸에 새로운 활력을 얻는다. 새 친구를 만나 이야기라도 하면 진부하게만 느껴지던 생활에 숨통이 트인다. (Words create worlds.)

가기가 편하다 하여 직선만을 고집할 일이 아니다. 곡선의 길이 느리기는 해도 먼저 도달할 때가 있다. "실패는 사람을 만든다." 하였듯 실패해 봐야 다시 넘어지지 않는 힘을 얻는다. 정도(正道)가 좋기는 해도 정도에서 일탈해 봐야 갑자기 닥쳐오는 굽은 길에 당황하지 않는다.

평생을 교육에 종사하다가 그 길에서 나온 지 15년이 넘었다. 한 우물을 파며 살다가 나왔으니, 겉으로는 아무 탈 없이 살다 나온 사람 같다. 그러나 기실은 변화와 고통의 수렁 속에서 살았다. 하루에도 변화는 수없이 일어나고, 1달이나 1년이면 헤아릴 수 없이 많은 변화가 일어난다. 인간 생활이란 변화의 연속이고 그런 변화의 연속 속에서 인간 생활은 이루어진다.

요즘 학교 교실이 시끄러워 옛날 같지가 않다. 학생 놈들이 선생님에게 달려들어 선생님을 힘들게 한다. 그런 소란스런 교실 속에서 선생님들 고생이 많은 것 같다. 그렇다 해서 애들을 어떻게 할 수 없으니 이를 어찌하겠는가? 잘못 감정풀이를 하다간 철밥통이 날아가고, 주먹을 먼저 쓰려다간 손자에게 수염을 뽑히는 꼴을 당한다.

사랑의 매는 옛말이 되었고 교편(敎鞭) 같은 것은 폐병(廢兵)의 가슴에 단 훈장만큼이나 처량해졌다.

아무리 힘들어도 매를 쓰지 말라고 한다. 시간이 걸리더라도 친화력으로 오래 참고 기다리라고 한다. 요즘 선생님들 고생이 너무 많고, 한 시간 넘기기가 어렵고 하루 넘기기는 더 어렵다. 그래서 교육이 어렵다 함이 아닌가.

끝내는 곡선이 이기는 것이니, 쉽다 하여 직선의 길을 택하지 말라. 사랑은 오래 참는 것이니, 참는 길을 먼저 생각하라. 진정으로 애들을 사랑하는 법을 배우려거든 오래 참는 법을 배워야 한다. 사랑은 오래 참는 것이라 하였다. 지금은 어려워도 언젠가는 풀리리라는 희망을 가져야 한다. 매가 쉽다 하여 매를 들어서는 안 된다. 매는 다른 매를 불러들이고 다른 매는 더 큰 매를 불러들인다.

× ×

요즘 사람들은 돈을 벌되 손쉬운 방법으로 벌려고 한다. 금은방을 털어 일확천금을 챙기고, 빈집을 털어먹고 살 돈을 벌려고 한다. 땀 흘려 번 돈이 알뜰한 돈이지만, 땀 흘리는 것을 싫어하고 시간이 걸리는 것을 싫어한다. 단숨에 많은 돈을 벌어 호의호식의 길을 택하려 한다. 그런 직선적인 길에는 수없이 많은 지뢰가 깔려 있다. 그래서 일이 끝나기도 전에 지뢰가 터진다.

좀 더디더라도 안전한 길이 좋은 길이다. 네팔이라는 나라에는 1시간에 12Km를 달리는 기차가 있다고 한다. 불편하지 않으냐고 물으면 "어쩔 수 없잖아요."(께 거르네)라고 대답한다고 한다. 그들은 그처럼 느린 기차에서 그들의 분수와 만족을 느끼며 산다. 꼭 빠른 것만이 좋은 것은 아니다. 현대인에겐 빠르게 사는 것만이 그들의 만능적 가치가 되었다.

고생(苦生)은 곧 고생(高生)으로 인도되는 길이다. 넘어져 봐야 일어설 힘이 생긴다. 고생해본 사람이 겸손해지고 고생해본 사람이 남을 귀히 여기고 서로 공존하는 기쁨을 누린다.

백 리를 가려는 자는 99리를 반으로 삼는다. 작은 일이라 하여 경홀(輕忽)히 여길 일이 아니요, 큰 일이라 하여 지레 겁을 먹으면 시작조차 못 한다. 아무리 먼 길도 시작만 하면 끝날 날이 있고, 99리를 반으로 삼으면 덜 힘들게 해낼 수 있다.

남보다 잘하려 하지 말고 전(前)보다 더 잘하려 하라. 사람이 만물의 영장(靈長)이라고는 해도 불완전하기 그지없는 동물이다. 완전하다고 자만을 하다간 되레 일을 그르치고 만다.

역경에 처했을 때 새로 나아갈 길을 찾고, 방황하다가 정로(正路)를 찾고, 실패에서 실력을 쌓아 나아간다. 세상을 바꾸려 할 것이 아니요 나 자신을 먼저 바꿔야 한다. 실패를 두려워할 것이 아니요. 실패에서 새로 배운다(Learning by failure.)는 생각을 가져야 한다. 그래야 실패가 새로 시작하는 동력이 된다. 작은 것을 통해 큰 것을 이루려는 생각을 해야 하고, 꼭 큰 것만을 이루려 하면 어느 것 하나 이루지 못한다.

행복은 목적지로 가는 여정에 있다. 땀을 뻘뻘 흘리며 힘들게 일하는 순간이 가장 행복하다고 한다. 그래서 "이 순간이여 머물러라."라고 했던 노학자 메피스토펠레스의 절규는 아주 아름답다. 그는 세상의 모든 것을 편력(遍歷)했지만 행복하지 않았다. 뻘밭에서 땀을 뻘뻘 흘리며 국도 건설에 전념하는 순간이 가장 행복한 순간이었다.

사람에게는 저마다의 재능이 있다. 그 재능이 터지지 않는다 하여 초조해 할 일이 아니다. 재능은 그냥 터지는 것이 아니요 터지는 순간이 있다. 그 재능이 터지는 순간까지 참고 기다리는 노력을 해야 한다.

처음부터 가야 할 방향이 보이는 것이 아니요, 오랜 방랑과 방탕이 있은 후에 실낱같은 희망의 빛이 트인다. 그 희망의 빛이 곧 자기가 가야 할 방향이요 길이다. 직선이 가깝다 하여 그 길만을 찾을 것이 아니요, 곡선이 비록 멀고 오래 걸리는 길이어도 그 길이 튼튼한 길이요 안전한 길이다.

자연은 곡선의 총화요 곡선의 집합체다. 잠시 집안에 갇혔다가 자연 속에 들어서면 그 신비함에 법열(法悅)을 느끼고 감격을 느낀다. 대 자연은 엄숙하고 장엄하다. 꽃과 새와 흐르는 계곡의 물과 나뭇가지와 풀잎의 아름다운 무늬를 벗 삼아 살다가, 다시 직선으로 이루어지는 4각형 공간으로 들어오면, 이게 곧 직선과 곡선의 조화 속에 살아가는 인간의 삶이다.

직선의 시각적 효과는 차고 경쾌하고 냉정해 보이지만, 그 속에서 가정을 이루어 싸우고 사랑하며 사는 소중한 공간이다. 직선 속에서 잃었던 것을 곡선 속에서 얻고, 곡선 속에서 얻었던 것을 직선 속에서 더 아름다운 것으로 가꾸어 살면, 더 지혜롭고 더 넓은 도량으로 살 수 있을 것이다.

우중의 낭만

특별한 일이 없는 한 매월 10일은 퇴직 교수들이 모임을 갖는 날이다. 그런데 이번에는 전남대학교 김 윤수 총장으로부터 전남대 퇴직교수 전원을 초대했다. 4월 7일에 전남 함평군 영광 땅에서 그곳의 볼거리를 보여주겠다고 했다. 영광하면 뭐니 뭐니 해도 불갑산, 불갑사, 원자력 발전소, 불교 도래지가 이곳의 명소에 들어간다.

점심은 영광읍에서 먹고 이 네 곳을 구경시켜 주겠다고 했다. 아침 10시에 전남대 여수캠퍼스에서 화상으로 김 윤수 총장의 인사말과 학교의 이모저모를 소개받았다. 오후 1시에 광주캠퍼스 퇴직 교수 일행과 만나 그곳 식당에서 식사를 하도록 되어 있었다.

우리가 먹은 식당은 영광에서는 꽤나 이름이 있는 곳이어서 메뉴가 다양했다. 때는 봄철이라 철에 맞는 푸성귀와 그 외 먹을 것들이 많이 올라와 있었다. 집에서 노처가 차려주는 음식에 진력이 나 있었던지라 모처럼의 성찬에 눈이 휘둥그레져서 젓가락질이 바빴다.

식사가 한참 진행되는 동안에 여수 회장인 나에게 인사말을 하라고 했다. 좌중에 70여 명의 노교수들이 빼곡히 들어앉은 지라 무슨 말을 해야 할지 조금은 망설여졌다. 그때 내가 말한 인사말의 대강은 아래와 같다.

“회장 자리란 CEO로 표현되고, CEO란 원래 돈 많은 사람들이 하는 자리인데, 나야 말년에 먹을 것을 제외하면 아무것도 없는 가난뱅이다. 지금껏 다른 자리는 많이 앉아 봤지만, 회장 자리는 이번이 처음이다. 생소하기 이를 데 없지만 그래도 영광스런 자리이다. 전남대학교와 여수대학교가 통합되었으니 명실 상부한 완전한 통합이 이루어지기를 간절히 바란다.

내가 살아보니 노년은 축복이 아니고 고통이다. 고통 중에서도 가장 큰 고통은 외로움이고, 이 외로움을 이기고자 하면 자식들에게 잘하고(父子有親) 아내에 잘해야 한다.(夫婦有別) 인간 관계는 가까운 사람들 간의 관계다. 아내가 제일 가깝고 그다음에 자식들이 가깝다. 아내에게 잘하고 자식들에게 잘하면 말년의 고독도 잘 이겨낼 수 있을 것이다.

모두 건강하기를 빈다. 건강은 거의 만능적이라 할 만큼 위대한 가치이다. 섭생(攝生)에 유의하여 건강하기를 빈다. 건강을 잃으면 천하 모든 것을 잃는다. 나 자신을 잃고 천하를 얻은들 무슨 소용이 있겠는가. 내가 회장이 된 후 벌써 한 분이 타계했다. 이 자리에 앉아 있는 여러분! 명년 이 모임에 한 사람도 빠짐없이 다 살아서 돌아오기를 기원한다.” 이런 말을 했었던 것 같다. 그랬더니 어느 한 분이 매우 품격이 높은 말을 했다고 했다.

노인들은 밤새 연고가 일어나 불시의 변을 당한다. 명년 모임 때까지는 365일이라는 긴 기간이 앞에 있지만, 밤새 연고가 일어날 가능성은 그지없이 많다. 그간 죽지 말고 살아오라 하여 한 말이다.

× ×

무슨 행사를 계획하면 그날 비가 안 오기를 기원한다. 아무리 가뭄이 들어 초목이 다 타들어 가도 그날만은 비가 피해가기를 기원한다. 소풍날짜를 받아놓고 그날 비 안 오기를 바라는 어린이의 마음이나 다를 바가 없다.

간밤에 두 차례나 일어나 바깥 사정을 확인했지만, 비는 이미 차분하게 시작되어 많이 내릴 채비를 하고 있었다. 그렇지 않아도 봄인지라 봄잠이 곤하여 새벽이 오는 줄도 모르고 늦잠을 자기가 일쑤다.(春眠不覺曉) 무슨 일이든 책임을 맡으면 다 그러는 것 같다.

천둥 번개가 치고 바람도 불고 80밀리 이상의 비가 내린다고 했는데도 정한 시간까지 모두가 모였다. 참 용감한 사람들이다. 경륜 있는 사람들이 하는 일은 이렇게 확실한 것 같다. 약속이란 원래 파이(Pie)처럼 깨지도록 되어 있는 것이라는 일반적 관념을 깨고, 약속은 꼭 지키기 위해서 하는 것이라는 평소의 믿음을 지켰다. 외양은 찌그러져 볼품이 없지만, 마음은 아직도 살아 빛나고 있었다.

옛말에 천기 변하듯이란 말이 있다. 천기는 늘 변하는 것이어서, 늘 맑기를 기대할 수는 없다. 흐렸다 개었다 하는 가운데에서 우리의 생활은 계속된다. 아무리 날씨는 흐려 불편해도, 우리의 마음이 밝으면 흐린 날도 밝게 즐길 수 있을 것이다.

세상이 좋아져서 어지간한 날씨는 전천우적으로 극복한다. 마음만 잘 먹으면 우중 데이트가 되레 더 낭만적이고 멋이 있을 수 있다. 차창 밖에는 봄의 서기(瑞氣)가 가득하고, 대 자연의 향연이 한창이다. 방안에 틀어박혀 있었으면 이 경이로운 봄의 변화를 어떻게 즐길 수 있을 것인가.

늙으면 방안 통수가 되기 쉽다. 몸이 무거우니 움직이기가 싫고, 움직이지 않으면 몸은 천근만근 더 무거워진다. 산을 지키면 산지기가 되고 방을 지키면 방안지기가 된다. 기를 써서 움직이고, 움직이는 자만이 건강의 은전을 얻어 산다.

산야 천변에는 온갖 꽃들이 피어올라 아름답고, 꾀꼬리는 울음을 터뜨려 봄을 노래한다.(花開鶯啼) 땅이 기운을 얻어 온갖 화초들이 날로 무성해가니, 지금은 木氣가 성하는 목왕지절(木旺之節)이다. 이 좋은 봄을 빗속을 뚫고 달리는 차 안에서 즐겼으니 이보다 더 좋은 봄나들이는 없을 것 같다.

인생이란 "행하여 즐기는 자의 것"이라고 한다. 아무리 좋은 것도 행하여 즐기지 않으면 무위(無爲)한 것이 된다. 오늘 하루 즐거운 마음으로 행하여 즐기면 인생 말년의 큰 추억으로 오래 기억될 것이다.

원래의 일정으로는 불갑사, 불갑산, 불교 도래지와 원자력 발전소를 구경하기로 되어 있었지만, 날씨가 궂은지라 원전(原電)만 구경하기로 했다. 영광까지 왔으니 다른 것은 못 보더라도 원전만이라도 필히 보고자 했다. 우중에 2시간 반을 주행하여 여수에서 영광까지 갔으니 돌아올 시간을 생각하면 빠듯한 일정이다.

지금은 재앙의 시대라고 한다. 핵 위협이 계속되고, 지진과 쓰나미의 재앙이 일어나고, 신종 바이러스와 구제역 그리고 지구 온난화 등등 많은 재앙이 지구를 휩쓸고 있다.

지상 거민(居民)의 생명을 위협하는 무서운 사건들이 계속 일어난다. 한두 사람의 생명이 아니고, 일어났다 하면 수십만 명의 사람들이 대량 살상된다. 그러다 보니 2012년의 지구 종말론이 대두되기도 했다.

일본의 후쿠시마 원전의 재앙은 가공할만한 위협이었다. 그러던 터에 전남 함평 영광 원전을 구경하게 되었으니 죽더라도 알고 죽는 행운을 누리게 되었다.

문명의 이기(利器)란 잘 이용하면 우리에게 이익을 주지만, 잘못 이용하면 큰 재앙을 일으킨다. 원자력 발전소도 우리에게 전기를 제공하는 이익을 주지만, 잘못되어 사고라도 나면 대량 살상의 대변(大變)을 당한다. 위대한 동력원이 흉물로 변해 많은 사람이 일거에 떼죽음을 당하는 대재앙이 된다.

이처럼 무서운 괴물의 실체를 가까이서 보고자 했지만, 홍보관에서 설명하는 것만을 들으라고 했다.

원자력의 원리를 대강은 알고 왔으니 소득이라면 큰 소득이다. 원자력이란 원자핵이 분열하여 열을 내고, 그 열이 열에너지가 되어 증기를 가열하고, 가열된 증기는 그 힘으로 터빈을 돌려 전기를 발생하게 한다. 그렇게 해서 발생한 전기는 가정이나 산업체로 들어간다.

그런데 원자핵의 분열을 일으키는 데는 우라늄이라는 연료가 필요하지만, 우리나라의 것은 질이 좋지 않아 외국에서 수입하여 쓴다고 한다. 우리나라에는 21기의 원자로가 있고, 영광에 6기가 있다.(고리, 월성, 울진, 영광) 세계에서 원자로가 가장 많은 나라는 미국(105기)이고, 일본에는 55기가 있다고 한다.

그날 배워서 아는 것이 좀 있지만 지면 관계로 이 정도로 하겠다. 죽기 전에 원자로의 실체를 조금이나마 알게 되었으니 이만하면 그날 거둔 소득도 꽤 큰 소득이다.

× ×

나는 함평이 고향이고 내가 태어난 곳은 함평군 엄다면 신계리이다. 영광 불갑산까지는 꽤 먼 거리지만 걸어서 하루에 갔다 올 수 있는 거리다. 초등학교 6학년 때에 그곳까지 걸어서 원족을 갔다 온 적이 있지만 팔팔하던 때라 피곤한 줄도 모르고 갔다 왔다.

그러다가 그곳 시골의 고등학교에서 교사로 근무할 때의 일이다. 나의 반 학생들이 소풍 삼아 자전거로 그곳까지 갔다 오자고 해서 그렇게 했다. 가는 도중에 자전거가 고장이나 힘들었던 애들도 있었지만 나는 아무 탈 없이 그곳까지 갔다 올 수 있었다. 평소 집에서 학교까지 자전거로 통근할 수 있었던 것이 큰 힘이 되었던 것 같다. 불갑사 법당의 한 칸을 빌려 점심을 먹었던 기억은 지금도 뇌리에 생생하다.

불갑산은 함평군에서는 드물게 보는 험산이어서 6.25사변 때는 공비의 소굴이 되었던 곳이다. 소탕전이 수없이 많이 벌어진지라 양쪽에서 수없이 많은 사람들이 죽었다. 그러고 보면 불갑산은 한때 나라가 어지러울 때 수난이 계속된 역사의 현장이기도 하다. 지금은 그때의 상흔은 찾아볼 길이 없고, 숲은 더 우거져 무성하고 계곡 물은 예나 다름없이 흐르고 있다. 이름 모를 산새들은 철따라 와서 울어대고, 하늘엔 유유한 구름만이 흘러 세월의 유장함을 느끼게 한다.

공비들은 배가 고프면 밤에 마을로 내려와 먹은 것을 훑어가고, 소, 돼지 같은 것을 끌고 가기도 했다. 어느 날 밤은 우리 마을에까지 내려와 온갖 곡식은 물론 간장, 된장, 소금 등을 비롯하여 먹을 것이 되는 것은 죄다 거두어 갔다.

한밤중이 되니 밤공기가 갑자기 스산해졌다. 개 짖는 소리가 요란하여 올 것이 온 것이라 직감하고, 뒷문을 열고 나가 마루 밑으로 숨었다. 참 무섭고 엄숙한 순간이었다.

"방금 문을 열고 뒤로 나가는 소리를 들었는데, 혹시 누가 밖으로 나가 숨은 것 아니냐?"고 했다. "그럴 리가 있겠습니까? 밤에 이렇게들 고생을 하시는데 우리가 그렇게 해서야 되겠습니까?" 재기발랄한 함평 매씨의 답변으로 일촉즉발의 위기를 모면했다. 운명의 여신의 도움으로 고경을 면해 오늘날까지 이렇게 살고 있다. 그때 일이 잘못되었더라면 나의 인생 역정도 달리 변했을 것이다.

그간 한 일이 별로 없지만, 대학에서 후진양성에 전력했고, 지금은 이렇게 말년에 이르렀지만, 붓을 놓지 않고 글이라도 쓰며 사니 지족안분(知足安分)의 기쁨을 느낀다. 좋은 세상을 만나 착한 사람들과 더불어 착하게 살다 가니 감사한 마음 이루 말할 수 없다.

아침부터 내리던 비가 잠시도 그치지 않고 온종일 내렸다. 우중에서 치렀던 우중행사의 낭만과 멋을 느끼게 했다. 귀로(歸路)에는 우중에 길까지 잃었지만, 다시 정로(正路)에 들어서서 무사히 집까지 올 수 있었다.

자기 집 문턱을 넘어서면 고생이 되는데도 아무도 그런 내색을 하지 않았고, 많은 어려움이 있었음에도 이를 감내하며 즐겼다. 걱정을 하며 시작했던 일이 즐겁게 끝났으니 다행 대복의 기쁨을 느낀다. 노년에 겪은 일치고는 꽤 큰일이어서 죽을 때까지 오래 기억되는 큰 추억이 될 것이다. 그날 일을 잘 마칠 수 있도록 협조해주신 회원 여러분과 그 외 모든 분들에게 깊은 감사를 드린다.

땀 흘려 일하고 기쁨을 얻는다

하나님이 가라사대 빛이 있으라 하매 빛이 있었고, 궁창이 있으라 하매 궁창(하늘)이 있었다. 천하(天下)의 물이 한곳으로 모이라 하매 한곳으로 모여 이를 바다라 칭하시고, 뭍이 드러나라 하매 그렇게 되어 이를 육지라 하였다. 하나님이 가라사대 물에는 생물이 번성하라 하매 그 종류대로 나타나고, 땅에는 모든 채소와 풀과 과목(果木)이 있으라 하매 그 종류대로 나타났더라. 땅에 기는 모든 것과 짐승과 육축이 나타나라 하매 그 종류대로 나타나고, 궁창에는 새들이 날으라 하매 그 종류대로 나타났더라. 하나님이 가라사대 큰 광명이 있어 낮을 주관하게 하고, 작은 광명이 있어 밤을 주관하게 하매 그렇게 하였더라.

하나님이 태초에 천지 창조를 하실 때 엿새간에 걸쳐 일어난 창조의 대강을 순서 없이 그냥 알기 쉽게 적어 보았다. 전지 전능자의 면모가 확연히 드러나 보인다.

조각가가 조각품 하나를 다루듯 깎고 다듬고 만지기를 거듭하여 만들어 낸 것이 아니고, 그냥 말씀 한마디로 이렇게 하라 하면 이렇게 되고 저렇게 하라 하면 저렇게 되었다. 천지 만물을 창조한 창조주의 창조적 권능에 고개가 수그러지지 않을 수 없다.

그런데 여섯째 날에 만들어 낸 것은 인간의 첫 번째 사람인 아담이었다. 그런데 그는 말씀으로 만들어낸 것이 아니고, 손수 흙으로 빚어 만들어 냈다. "여호와 하나님이 흙으로 사람을 지으시고 그 생기를 그 코에 불어넣으시니 사람이 생령(生灵)이 된지라."라고 했다. 아담의 처 이브를 만든 것을 보면, 아담을 잠들게 하여 그가 잠이 들매 갈빗대 하나를 취하여 이브를 만들고 그 빈자리를 살로 채웠더라 라고 했다. 사람은 말씀으로 만든 것이 아니고 그의 손으로 손수 만드신 것을 알 수 있다. 그분의 손으로 만든 사람이 어떻게 해서 이렇게 정교하게 만들어졌는지는 아무리 생각해봐도, 이런 신비의 극치에 놀라지 않을 수 없다.

하나님이 그들에게 복을 주시고 이르기를 "생육하고 번성하여 땅에 충만하라. 그리고 땅을 정복하라. 바다의 고기와 공중의 새와 땅에 움직이는 모든 생물을 다스리라 하시니라."(창세기1: 20) 하신 것을 보면 사람을 땅의 지배자로 생각하시고 천하 만물의 영장(灵長)으로서의 역할을 다하도록 특별히 정교하게 만들고자 함이었던 것 같다.

요한복음 1장에 보면, "태초에 말씀이 계시니라. 이 말씀이 하나님과 함께 계셨으니 이 말씀은 곧 하나님이시라. 그 말씀이 태초에 하나님과 함께 계셨고, 만물이 그 말씀으로 말미암아 지은 바 되셨으니 지은 것이 하나도 그 말씀이 없이는 된 것이 없느니라. 그 말씀 안에 생명이 있었으니 그 생명은 사람들의 빛이라."(1~4)라고 하고 있는 것을 보면 천지 창조가 말씀으로 이루어진 것을 알게 하는 것이기도 하다.

하나님이 만물을 창조하실 때 말씀을 통해 만드신 것을 보면, 별다르게 힘들이지 않고 아주 수월하게 하신 것처럼 느껴진다. 창조는 영원무궁자이신 신(神)이 하신 일이어서, 한 작은 피조물인 인간이 어찌 이를 짐작이나 할 일이겠는가. 그러나 땅이 혼돈에 빠지고 공허하며 흑암이 깊음 위에 있고 하나님의 신(神)이 수면에 분주히 운행하신 것을 보면 있는 힘을 다해 만들었으리라는 짐작은 간다.

우리 인간이 우리 후손들을 만들 때에는 말씀으로 만들지 아니하고 구체적인 사랑의 접촉행위에 의해서 만들어낸다. 그렇게 해서 만들어진 태아는 뱃속에서 10개월을 품고 다니는 고통과 출생 후에 키워 가르치는 고통을 겪어야 한다.

옛 글귀에는 "아버지가 나를 낳으시고(父生我身), 어머니가 나를 기르시고(母育我身), 젖으로 나를 배불리 먹이시고(乳而飽我), 옷으로 나를 다습게 입히시니라."(衣而溫我)라고 했다.

표현은 간단하지만, 이 표현 속에 부모의 인생이 여과(濾過)되어 있고, 부모의 희생과 고통이 얼마나 큰 것인가를 알 수 있다. 하늘을 우러러보고 땅을 내려다보아 한 점 부끄럼 없이(仰不愧於天 俯不怍於人) 신명을 다 바쳐 자식들을 길러낸다. 모든 염원(念願)과 기원(祈願)을 모아 자식들이 잘되기를 기원하며 사신다.

언젠가 대학에 갓 입학한 한 학생의 어머니에게서 나에게 전화가 걸려왔다. 우리 집으로 찾아오겠다고 했다. 앞으로 대학 생활을 어떻게 하면 좋을 것인가에 대해 몇 마디 해달라고 했다. 나처럼 늙은 사람의 이야기가 무슨 도움이 되겠느냐며 어렴풋이 거절을 했지만 막무가내(莫無可奈)였다. 하는 수 없이 몇 마디 해주지 않을 수 없었다.

그랬더니 앞으로 살아가는데 좌우명이 될만한 글귀를 하나 부탁하기에 서슴지 않고 '우공이산'(愚公移山)이라는 글귀가 좋다고 추천했다. 자기들도 좋다며 붓글씨로 써주면 액자에 넣어 늘 보며 귀감삼겠노라고 했다.

나는 붓글씨를 잘 쓰지 못하니 내가 아는 서예 대가(書藝大家)에게 부탁해서 그렇게 하겠노라고 했더니, 서예 대가(大家)의 글씨를 원하는 것이 아니라고 했다. 하는 수 없이 마트에 가서 붓을 비롯하여 필요한 것을 다 사가지고 와서 글씨 연습을 했다. 밤이 깊도록 쓰고 또 썼다. 쓰다 보니 5,60여장은 쓴 것 같다. 그 중에 하나를 골라 액자에 넣어

갖다 주었지만 마음에 들었는지는 모르겠다. 대가는 그런 고생을 할 필요가 없었을 것이고, 많이 쓴다 해도 두서너 장이면 되었을 것이다.

이런 일을 겪으면서 정말 이것이 부모의 마음이 아닌가 했다. 이 세상에서 가장 진실한 것이 있다면 그것은 부모의 마음일 것이다. 뜻이 진실하면(苟志) 사랑이 진실하고(眞愛), 사랑이 진실하면 그 속에는 아무 악이 없다(無惡也) 하였다. 밥 한 그릇이라도 어머니가 지어준 것은 아무 흠이 없는 완전한 것이다. 어머니가 지어준 밥은 아무리 먹어도 배탈이 나지 않지만, 배탈은 밖에서 나는 것이다.

인간은 하나님처럼 일거(一擧)에 무엇을 이루는 존재가 아니다. 이마에 땀을 흘리며 열심히 해야 무엇을 이루는 존재다. 자식을 키우는 일에서부터 세상 모든 일에 땀을 흘리지 않으면 살 수 없는 존재다. 바보처럼 우직하다 할만큼 열심히 하는 자만이 산을 움직일 수 있다.(愚公移山) 꾀부리고 적당히 요령을 부리다간 산은 고사하고 돌덩이 하나 움직일 수가 없다.

네 얼굴에 땀을 흘려야 먹을 것을 먹으리라.(창세기3:19) 아담과 이브도 들에서 열심히 일을 하여 그들과 그 자녀들에게 필요한 것을 마련할 수 있었다.(모세서5:1) 아무리 우리 집에 먹을 것이 많다 해도 땀을 흘리지 않고 먹을 생각을 해서는 안 된다. 먹고 사는 데 지장이 없다 하여 일하지 않고 먹는 것은 죄악이다. 무위 도식(無爲徒食)하지 말고 불로소득(不勞所得)해서는 안 된다.

새란 놈이 마당에 널어놓은 곡식을 눈을 두리번거리며 자기 창자가 늘어나는 줄도 모르고 먹다간 창자가 터져 죽는 불행을 겪는다. 높은 양반들 중에 남의 것을 분별없이 먹다가 쇠고랑을 차는 분들이 꽤 많다. 남의 것에는 아예 마음을 둬서는 안 된다. 남의 것에 마음을 두면 탐욕이 생기고, 자기의 분수 이상의 것에 마음을 둬도 탐욕이 된다. 탐욕에서 근심이 생기고(貪慾生憂), 탐욕에서 두려움이 생긴다.(貪慾生畏)

따지고 보면 탐욕에서 생기는 두려움보다 더 큰 두려움이 없다.

바르게 들어온 것만이 바르게 쓰이고, 불의하게 들어온 것은 불의하게 나간다. 크고 작은 것에 상관없이 정직하게 벌어서 정직하게 사용해야 한다.

일을 하되 반드시 휴식을 취해야 한다. 일한 만큼의 휴식은 꼭 필요하다. 휴식은 결코 낭비가 아니다. 내일 쓸 힘과 활력을 위한 위대한 투자이기 때문이다.

휴식의 원리는 태초부터 하나님께서 제정하신 원리다. 제7일은 여호와 하나님의 안식일이다. 집에 있는 모든 사람은 아무 일도 하지 마라. 여호와께서 안식일을 거룩하게 하사 그날을 거룩하게 하셨느니라. 엿새 동안 네 모든 일을 힘써 행하고 쉬어라.(출애굽기20:9)

열심히 일한 자만이 휴식은 즐거운 시간이 된다. 일하지 않는 자에게 휴식은 아무 의미가 없고 되레 지루한 시간이 된다. 예부터 인사와 일은 찾아서 행하라고 한다. 인사할 곳이 없나 찾아서 행하고 일 또한 찾아서 행해야 한다. 일이 찾아오기를 기다리다간 일을 찾지 못해 굶어 죽는 불행을 겪는다.

요즘에 맘에 맞는 일을 찾기가 힘들다. 어지간하면 주어진 일에 감사하고 천직 윤리(天職倫理)를 가지고 그 일에 임해야 한다. 일 속에서 기쁨과 행복을 누릴 수 있을 때, 일도 잘되고 마음도 편해 몸도 건강해진다. 일을 시작하기도 전에 고통스럽다고 생각하면 그 일은 우리를 더욱 고통스럽게 하고 힘들게 만든다.

일이 힘들다고 하여 하던 일을 도중에 포기하지 마라. 포기는 영원한 단절(斷絶)이기 때문이다. 사람인지라 절망할 수는 있어도 포기해서는 안 된다. 왜냐하면, 절망 뒤에는 희망이 도사리고 있기 때문이다.

힘들다 하여 포기하지 말고 조금만 더 기다려보면 인내의 서광이 비쳐올 것이다. 참는 행위는 바보가 하는 짓이 결코 아니다. 인내는 소극적 체념 행위가 아니요, 적극적인 용기요 희망이다.

이 세상에서 가장 행복한 사람은 희망을 가지고 사는 사람이다. 희망은 만사가 용이(容易)하다고 가르치고 절망은 만사가 어렵다고 가르친다. 희망을 가지고 살면 어려운 일이 쉬어지고 절망을 가지고 살면 쉬운 일도 어려워진다.

나태(懶怠)는 만악의 근본이요 만병의 근원이다. 나태한 사람은 쉽게 할 수 있는 일도 어렵게만 생각한다. 일을 시작하기도 전에 미리서 어렵게만 생각하면 그 일은 영원히 하지 못하고 만다. 일없이 일생을 산 사람보다 불행한 사람은 없다. 일없이 무위 도식(無爲徒食)으로 일생을 살았다면 그 사람보다 더 불행한 사람은 없을 것이다.

마음에 맞는 일을 찾기는 참으로 어렵다. 행복하기를 원하면, 어지간하면 현재 하는 일에 감사하고, 그 일에 신명을 바쳐 일할 일이다. 그러면 그 일에서 기쁨과 행복을 얻을 것이다.

한 번 심어서 한 번 거두는 것이 곡식

일수일확자곡야(一樹一穫者穀也)

일수(一樹)란 한 번 심는 것을 말하고, 일확(一穫)이란 한 번 거두는 것을 말한다. 이를 모두 합하여 해석하면, 한 번 심어서 한 번 거두는 것(者)은 곡식이라는 뜻이다.

내 일찍이 농촌에서 낳아 자란지라 곡식을 심고 거두는 일에 그렇게 문외한(門外漢)은 아니다. 하지만 그간 그 일에서 오래 떨어져 산지라, 이 제목에 맞추어 글을 쓰려 하니 생각이 잘 떠오르지 않는다. 그러나 잘 쓸 터이니 걱정은 말고 잘 읽기 바란다.

부모님은 전형적인 농부였던지라 평생을 심고 가꾸는 일을 벗 삼아 하시다가 가셨다. 농사지어서 식구들을 먹여 살리시고, 남는 것으로 자식들을 가르치셨으니, 곡식알을 금싸라기보다 더 귀하게 여기며 사셨다.

곡식 한 알 속에는 가꾼 자의 피와 땀이 서려 있어서, 이를 잘못 버린 자가 있다면 큰 죄를 범하는 자가 된다. 한 알의 밥알을 버리는 자는 마치 금옥(金玉)을 버리는 자와 같은 자가 된다.

곡식을 가꿀 때에도 한 포기의 곡식에 정성을 다하고, 가을에 거둘 때에도 한 알의 곡식도 소실(所失)이 없도록 거두어 드린다. 가뭄과 싸우고, 뙤약볕과 싸우고, 비바람과 싸우고, 병충해와 싸우며 사니 농부들이란 늘 싸움에 지쳐서 사는 사람들이다. 외관으로는 평화를 사랑하며 사는 사람들 같지만, 싸움에 지쳐 평화롭게 보일 뿐이다.

농부들에게 자연은 가혹한 적이고, 이 적과의 싸움에서 이긴 자만이 가을에 잘 거두는 승자가 된다. 농부들은 모두가 절기의 변화에 해박(該博)한 박사들이다. 바람이 불어도 무슨 바람인지를 알고, 구름이 끼어도 무슨 구름인지를 안다. 비를 몰고 올 구름인지, 천둥 번개를 몰고 올 구름인지를 안다. 무식하지만 절기의 변화에는 그들보다 더 능통한 자가 없다.

물소리만 들어도 해빙(解氷)의 소리인지, 여름의 물소리인지 가을의 물소리인지를 구별하여 안다. 청명절(淸明節)의 절기는 어떠하며, 곡우절(穀雨節)의 절기는 어떠한지를 알고, 아침의 이슬을 보고 그 날의 일기를 점친다.

철 따라 다른 흙의 냄새를 맡고, 물에서 올라오는 김의 냄새를 맡는다. 이마에서 흐르는 땀의 짭짤한 냄새를 맡고, 손발에 잡히는 흙의 부드러움을 안다. 막걸리에 곁들이는 새참의 맛이 어떠하며, 정자 밑에서 잠시 즐기는 오수(午睡)의 맛이 어떠한지를 알고, 밤이면 절여오는 허리와 무릎의 통증이 어떠하며, 뱃가죽이 달라붙는 허기짐의 고통이 어떠한지를 안다. 이 모두가 농부들만이 느끼는 농촌의 맛이요, 향취다.

농부가 아침에 일찍 일어나는 것은 할 일이 많기 때문이요, 일찍 잠자리에 드는 것은 그날 하루의 고달픔 때문이다. 비오듯 쏟아지는 땀방울을 손등으로 닦고, 벌떼처럼 몰려드는 모기떼들을 모깃불로 쫓는다. 아무리 먼 길도 터벅터벅 걸어서 가고, 신세가 좋은 사람이면 달구지를 타고 콧노래를 부르며 간다. 한 번 쓰러져 누우면 누가 업어가도 모를 정도의 먹통 잠을 잔다.

내가 부모님을 존경하는 것은, 어려움과 싸우며 사시고, 없는 가운데서도 자식들을 다 길러 가르쳤기 때문이고, 겨우 문자를 해독할 정도밖에 안 되지만 생각은 늘 바르고, 비뚤어진 판단 같은 것은 아예 하지 않으시기 때문이다.

농부는 흙과 더불어 사는지라 흙의 비밀을 알고, 씨를 뿌리고 거두며 사는지라 자연의 섭리를 안다. 자연 속에 살면서도 자연에 대들지 않고 자연과 화합하며 산다. 태풍이 곡식을 다 밀어버려도 하늘이 한 일을 어찌하겠느냐며 체념과 순응으로 맘을 달랜다.

가을의 황금 들판이 바람결에 출렁이고, 오곡 백과들이 날로 익어갈 때면, 격앙가(激昻歌) 소리가 온 들녘에 퍼지고, 입가에는 그간에 겪은 고생이 기쁨으로 넘쳐흐른다. 농사꾼은 죽어도 종자(種子)를 베고 죽는다 하거니와, 살아도 농군이요 죽어도 농군인 것을 자랑스럽게 여긴다.

서 있는 농부는 앉아 있는 신사보다 낫다 하거니와, (A ploughman on his legs is higher than a gentleman on his knees.) 일하지 않고 먹는 자는 죄인이요, 하루 일하지 않는 자는 하루 먹지 말라(一日不作一日不食) 하였거니와 나태는 만악의 근본인 것을 어찌 모르는가.

빈둥거리며 나태를 즐기는 자는 악을 즐기는 자와도 같다(不怠爲善). 흙이 정직하다 함은, 흘린 땀만큼의 소산을 내놓기 때문이다. 농민들보다 정직한 자가 없다 함은, 땀을 흘린 만큼의 소득을 거둔다는 진리를 알고 살기 때문이다. 정성을 다해 열심히 사는 자는 결코 후회할 일이 없다(誠無悔) 함도 다 그런데 연유한다.

마음으로 정성을 다하며 살면, 비록 중심에는 이르지 못한다 해도, 그 중심에서 결코 멀어지지 않는다 하였다. 무엇이든 잘 이루어질 때 인간은 거기에서 큰 기쁨을 느낀다. 열심히 일한 대가(代價)가 알곡으로 거두어질 때, 그때 느끼는 기쁨은 이루 말할 수가 없다. 열심히 일하여 땅에서 소산을 얻고, 그 소산으로 먹고살고, 그것도 절약하며 사니, 세상의 허위와 거짓 그리고 협잡 같은 것은 아예 그들의 생각이 아니다.

곡식을 잘 가꾸려거든 1년의 계획을 세워서 행하라 하였다.(一年之計莫如樹穀) 시작할 때를 잘 알아 시작하고, 가꿀 때 열심히 가꾸고, 거둘 때를 잘 알아 거둬야 우리의 생활은 알차고 풍요로운 생활이 된다.

한 번 심어서 열 배(10倍)를 얻는 것은 나무인 것이니,(一樹十穫者木也) 10년 간은 쉼 없이 물 주어 가꾸고, 채광(採光)에 힘을 쓰고, 벌레를 잡아 주어 잘 자라게 해야 열매를 맺는 좋은 나무가 된다.(十年之計莫如樹木)

한 번 키워서 100배를 얻는 것은 사람이라(一樹百穫者人也) 하였으니, 몇 년 가르치다 안 된다고 팽개치면 좋은 재목을 얻을 수가 없다. 사람을 가르치되 100년의 계획으로 인내심(百年)을 가지고(忍之爲德) 꾸준히 가르쳐야 한다.(百年之計莫如樹人)

그해 곡식을 잘 거두려거든 1년의 계획을 잘 수립하여 행하고, 나무를 잘 가꾸려거든 10년의 계획을 수립하여 가꾸고, 사람을 잘 가꾸려거든 100년의 계획을 세워 가꾸어야 좋은 동량(棟樑)을 얻는다.

제3부

우답불파(牛踏不破)

(소가 밟아도 깨지지 않는다는 뜻임)

소는 원래 몸집이 커서 밟으면 어지간한 것은 다 깨지고 만다. 소가 밟아도 깨지지 않는 물건이 되어 있기를 바라는 마음에서 한 말이다. 말을 할 때, 곧 깨질 말을 해서는 안 되고, 믿음을 줄 때 곧 깨어질 믿음을 주어서도 안 된다. 사물의 견고함을 나타낼 때 쓰는 말이니 잘 헤아려 행하라 하여 하는 말이다.

소에게는 간교함은 찾을 수 없고, 언제 보아도 믿음직한 그 모습이다. 걸음걸이는 성자의 걸음만큼이나 늘 점잖고 신중하다. 정중하기가 산과 같고, 천 리를 가도 변함없는 우보천리(牛步千里)의 걸음걸이다. 온종일 목에 멍에를 얹고, 사레 긴 밭을 갈아도 묵종으로 행하니, 아무리 사바세계의 참는 도를 잘 닦았다 해도 이럴 수가 없다.

하룻밤의 휴식으로 다음 날도 그 다음 날도... 이렇게 끝없는 생의 질주는 이어진다. 그러다가 마지막엔 푸줏간으로 끌려가 살과 피를 바치고 죽는다. 이는 성자가 몸을 바쳐 중생 구원의 길을 튼 것과 같은 성자의 극치를 보는 듯하다. 우답불파의 신념이요, 사랑이다.

며느리의 편지

이 글의 중간에 큰 며느리가 미국에서 보내온 서신이 있다. 남편이 미국에서 학위 과정을 밟고 있을 때, 시어머니 회갑 생신을 축하하며 보내온 서신이다. 첫 손자인 창우가 뱃속에서 세상에 나오려고 할 때, 그냥 나오지 않고 요동(搖動)을 부리는 바람에, 하는 수 없이 출산 예정일을 앞당겨야 했다. 다행히도 제왕 절개 수술을 통해 나왔으니까 망정이지 그러지 않았더라면 큰일이 일어날 뻔했다. 그 당시 걸려온 전화로는 견디어내기 어려울 정도의 절박한 상황이었다. 밤잠을 이루지 못하고 전전 긍긍(戰戰兢兢)하며 애를 태웠던 기억은, 지금도 생생하여 그때의 고경(苦境)을 상기케 한다.

이 글을 쓰기 위해 며느리에게 그 때의 병명(病名)이 무엇이었느냐고 물었더니, 그 내용을 소상히 알고 설명을 해주었다. 들을 때는 아는 듯했지만, 돌아서면서 다 잊어버렸으니, 내가 지금 그럴 나이에 이르렀다. 두 생명이 경각(頃刻)을 다투는 지경에 이르렀다는 말 이외에는 달리 설명할 도리가 없다.

그때 뭣인가 잘못되었더라면 며느리와 손자 창우를 잃는 불행을 겪었을 터이지만, 천우 신조(天佑神助)가 컸던지라 별 탈 없이 잘 넘겼다. 손자인 창우는 지금 고등학교 2학년에 다니고 있고, 이 세상에서 엄마와 아빠를 가장 좋아한다고 한다. 할아버지인 나도 잘 따르는 착하고 공부도 잘하는 학생이다.

내가 저의 집에 가기라도 하면 나에 대한 관심이 유별나다. 내가 어디라도 갈라치면 곧장 내 뒤에 따라붙어 나를 돕고, 아침 일찍 일어나 산책이라도 나서면, 어느새 일어나 내 뒤를 좇는다. 그와 나와의 이야기는 늘 도란도란 시간 가는 줄 모르게 이어진다. 이런저런 이야기를 하다 보면 한두 시간은 훌쩍 날아가는 즐겁고 행복한 시간이 된다. 어디를 가든 바늘에 실이 가듯 따라붙으니 그와 나와는 늘 하나가 되어 움직인다.

"두 볼 자손이 더 귀엽다"는 말이 있다. 아들보다는 손자가 더 귀엽다는 말을 이렇게 표현한다. 그래서 예부터 손자를 귀애(貴愛)하면 코 묻은 밥을 먹는다 하였지만, 우리 집의 창우, 승운, 상진이와 지윤, 정운, 예운, 민진이는 결코 그럴 것 같지 않게 잘들 자라고 있다.

창우는 내가 쓴 책은 어김없이 다 읽는다. 내 글 속에는 한문 글귀가 꽤 많아서 읽기가 어려울 터인데도 되레 더 재미있다고 한다. 국가 고사 한문 4급 시험에 합격한 지라, 어지간한 한문 글귀는 다 이해하고 오히려 더 읽기에 좋다고 한다.

언젠가 아들, 며느리의 초청을 받아 미국에 다녀온 적이 있다. 20여 일에 걸쳐 이루어진 여행이라, 그때 느꼈던 좋은 감회를 그냥 놔둘 수가 없어서 이를 기념하여 여행 후기(旅行後記)를 쓴 적이 있다. 창우의 말로는, 저녁 9시에 읽기 시작한 것이 다음날 새벽 1시경에 다 읽었다고 했다. 그가 직접 경험했던 일들이 그 여행기에 적혀져 있는지라, 아주 실감이 나고 재미있었노라고 했다.

"할애비가 손자를 익애(溺愛)하면 손자를 버린다."는 말이 있지만, 손자를 사랑하되 손자에 대해 깊은 애정과 금도(襟度)로써 행하면 걱정할 일은 결코 일어나지 않을 것이다.

미국에서의 아들의 유학 생활은 겉으로는 화려하게 보여도 기실(其實)은 어렵기 그지없는 생활이었다. 다달이 보내주는 빠듯한 돈에 의지하며 살아야 하니, 때로는 생활에 위협을 느끼며 살았을 것이다. 하지만 단 한 차례의 어렵다는 내색도 하지 않고 잘 견디어 냈다. 그때 내가 더 잘하지 못한 아쉬움은 영원한 아쉬움으로 남는다.

나는 딸도 없고 며느리만 셋이 있다. 세 놈들이 다 한결같이 마음씨가 곱고 착하다. 고부간의 갈등 같은 것은 태곳적 이야기이고, 모두가 서로에게 잘하며 사니 이보다 더한 행복도 없다.

"며느리 늙어서 시어미 된다."는 말이 있거니와, 모진 시어미에게서 잘못 배운 것은 그대로 되풀이해서 되돌아온다는 뜻이다. 그러나 그럴 걱정은 조금도 없어서 그들과 더불어 사는 인생 말년은 행복하기 그지없다.

"며느리 미워하는 시아비 없다." 하거니와, 그래서 그런지는 몰라도 나와 그들 간의 관계는 그지없이 좋다. 내 시아비 된 지 오래지만, 그간 받기만 했지 뭐하나 해준 것도 없다. 그들이 어려울 때 도와주지도 못하며 사니 때로는 부끄러운 마음이 일기도 한다.

토양을 알려고 하면 그 토양을 볼 것이 아니요, 토양에서 자란 나무를 보면 안다 하였고, 부모를 알려거든 그 부모를 보지 않고도 부모가 길러낸 자식을 보면 안다 하였다. 나와 손자들과는 한 다리가 뜬 사이이지만, 그래도 이심 전심(以心傳心)으로 전해지는 것이 있어서, 내가 잘하면 그들의 성장에 도움이 될 것이라 믿는다. 앞으로 이놈들이 계속 내 글을 읽고 또 내 말을 들으며 살 터인즉, 말 한마디나 한 구절의 글을 쓰는 데에도 더 많은 심혈(心血)을 기울여 해야 할 것 같다.

며느리로부터 편지를 받고 느끼는 바가 컸고, 그냥 사장(死藏)해 버리기에는 너무 아까운 글이었다. 지금껏 보관해 오다가 이번 책에 올려 세상에 내놓기로 결심했다. 글쟁이들의 글은 아니지만, 글 속에 담긴 마음씨는 갸륵하기 그지없다. 한 번 읽어보면 세상사는 일에 더 많은 관심과 사랑을 가지고 살 수 있을 것이다.

어머님 보세요.

천사 같은 갓 난 아기의 얼굴처럼 사방엔 건강한 새싹과 예쁜 꽃잎들이 사계절의 시작을 알립니다. 늘 전화로 그곳 소식을 듣고는 있지만, 그래도 눈으로는 직접 뵈올 수 없으니 답답한 마음 이루 말할 수 없습니다.

지윤이는 벌써 17개월이 넘는 말썽꾸러기 처녀로 자라났습니다. 세상 모든 것이 신기하고 만지고 싶은 탓에 늘 밖으로 나가 장난치고 싶어 한답니다. 그래도 저렇게 건강하고 예쁘게 자라는 것이 얼마나 감사한지 모릅니다. 지윤이 아빠도 열심히 공부하고 또 학업 성취도도 높아서 보람있게 공부하는 것이 참 보기에 좋습니다.

저희들 둘이도 여전히 사이가 좋고, 결혼 전만큼은 열렬하지는 못해도 더 많이 감사하고 서로를 소중히 여기며 살고 있습니다.

얼마 전 제가 병원에 입원했을 때에는, 지윤이는 남의 집에 맡겨놓고, 지윤이 아빠는 불편한 병원 의자에서 밤을 지새우며 제 병수발을 했습니다.

신체적인 고통보다도 더 힘든 것은, 뱃속에 든 아이가 잘못되지나 않을까 하는 두려움 때문에 견딜 수가 없었습니다. 남의 집에 맡겨놓은 지윤이에 대한 걱정과 지윤이 아빠에 대한 감사함으로 몇 번이나 눈시울이 뜨거워졌는지 모릅니다.

그 모든 힘든 시간이 이제는 다 끝나고 아기도 건강하게 세상에 태어나고, 지윤이도, 지윤이 아빠도, 저도 전에 누렸던 편안하고 행복한 생활로 돌아왔습니다. 걱정해 주신 한국에 계시는 부모님과 이곳에서 도와주신 한국분들에게 얼마나 감사한지 모릅니다. 살아가면서 두고두고 갚아야 할 빚이 많아진 것 같습니다.

이런 일들을 치르다 보니 이제야 어머님 생신을 기억하고 펜을 들었습니다. 다른 일도 아니고 이번이 회갑 생신인데 제가 어머니 곁에 있을 수 없는 것이 너무 안타깝고 죄스럽습니다. 진심으로 생신을 축하드립니다. 아무쪼록 행복하시고 즐거운 나날이 되시기를 간절히 기원드립니다.

그리 좋은 물건은 아니지만 저희들 성의로 어머님 팔찌와 전에 말씀드린 약을 동봉합니다. 마음에 드시기를 바라면서 다음 뵈올 때까지 내내 건강히 지내십시오.

글의 흐름이 유려(流麗)하고 가족 사랑이 지극하여 어떤 대목에서는 눈시울이 뜨거워지기도 한다. 글귀마다 그의 진심이 서려 있고, 가족 사랑이 한 치의 틈새도 없이 꽉 채워져 있는 참으로 감동적인 서신이다. 가정의 중심은 뭐니 뭐니 해도 남편과 아내임에 틀림이 없다. 남편과 아내가 가정의 중심에 확실하게 서 있을 때 그 가정은 보루처럼 튼튼한 가정이 된다. 엄마와 아빠가 이 세상에서 가장 친한 사이인 것을 느낄 때 자식들은 큰 행복감을 느낀다.

부부간의 금실이 좋아 즐겁게 살면 금실지락(琴瑟之樂)이라 하고, 그들의 금실이 좋아 서로 화합이 잘 이루어지면 금실상화(琴瑟相和)라고 한다. 여기에서 금(琴)은 가야금을 말하고, 실(瑟)은 비파라는 악기를 말한다. 두 악기는 현(絃)의 수도 다르고 음색(音色)이나 음량(音量)이 다르지만 두 악기가 합하여 내는 화음은 아름답기 그지없다. 이런 부부를 본받아 살라 하여 이런 말이 나온 것 같다.

며느리에게 허물이 좀 있다 하여 직언으로 꾸짖어 다스릴 일이 결코 아니다. 표독(慓毒)한 시어미에게 고분고분 잘하며 살 며느리가 요즘 세상에는 없다. 잘못하다간 훗날의 거센 역풍(逆風)을 받아 눈물 짜는 일이 생길 것이다.

며느리가 잘못하면 손자까지 밉다는 말이 있다. 그들의 헌신적인 희생과 사랑은 자기 가정을 이 세상에서 가장 살기 좋은 곳으로 만든다.

광음 여류(光陰如流)라더니 어느덧 나도 인생 모년(人生暮年)에 이르렀다. 다른 큰 여망(餘望)은 없고 아들, 며느리, 손자, 손녀들과 지금처럼 잘 살았으면 한다. 사람은 누구나 한때 열혈을 뿜으며 살다가도 때가 되면 무대 뒤로 표표(飄飄)히 사라진다. 다른 것은 잘못이루고 간다 해도, 좋은 가정을 이루어 남기고 가면 이보다 더 잘한 일은 없을 것이다. 지금껏 그들과 화합하여 잘 산 것에 감사하며 이글을 이만 접는다.

모교 투어(母校 Tour)

전남대학교가 지방 명문대학교인 것은 만인이 다 아는 일이다. 앞으로 더 좋은 대학이 되려면 더 많은 분발을 해야 할 것이다. 학생 수가 28,000명이나 되고, 교수 수가 1,200명이나 되니 학교의 규모만으로도 명문의 반열에 오른 학교다.

내가 처음 들어갔을 때에는 5개 단과대학이었지만 지금은 17개 단과대학이나 된다. 표준 건물이 없어서 한 방적 공장의 건물을 빌려서 공부를 했지만, 지금은 하늘을 찌를 듯한 건물들이 우람하게 빽빽이 들어차 있다.

금년에 60주년의 기념행사를 치렀으니 반세기를 훨씬 넘는 세월이 흘렀다. 그 사이에 나는 이렇게 늙어 노구가 되었지만, 학교는 그지없이 큰 학교로 성장 발전했다. 그간 흐른 세월 속에서 상아의 대탑(大塔)을 쌓아올리려 분골 쇄신(粉骨碎身) 노력했고, 진리, 창조, 봉사의 정신으로 세상을 빛내는 데 기여했다.

강산을 여섯 번이나 변화시키면서 뜨거운 태양과 살을 에는 삭풍(朔風)을 이겨냈고, 세찬 격랑(激浪)과 각고(刻苦)를 몸으로 받아 물리쳤다.

이곳을 거쳐 간 사람들도 많아 그 숫자를 헤아릴 길이 없지만, 지구

촌 곳곳에서 자기의 사는 주변을 빛내는 동력(動力)이 되어 활기차게 살고 있을 것이다. 그간 타계(他界)한 사람들도 많고 지금 살아 있는 사람들 중에 나도 끼어 이렇게 살고 있다.

기념식에 초대되어 참석해 보니, 나와 같이 이곳 캠퍼스를 누볐던 사람은 눈을 씻고 봐도 찾을 길이 없고, 지금은 우리의 후예들이 무대를 독차지하여 무대를 빛내고 있다. "산천은 의구(依舊)하되 인걸은 간데 없네."라는 옛 글귀대로 한때 이곳을 빛냈던 사람들은 인생의 뒤안길로 사라져 불귀(不歸)의 객이 되었고, 지금 살아 있다 해도 나처럼 남은 숨길을 바삐 몰아쉬며 살고 있을 것이다. 지금 살아 있는 사람들 중에 유독 내가 끼어 이렇게 회고가(懷古歌)를 읊고 있으니 감회가 무량하다.

총장의 기념사 중에 "교육의 목표는 선생을 뛰어넘는 학생을 만드는 것입니다. 선생의 자기 복제가 우리가 지향해야 할 교육 목표는 결코 아닙니다."

익숙한 길이 좋다 하여 그 길만을 가기를 원하면 그 길에서 벗어나지 못한다. 새로운 길이 수없이 많은데도 그 길로 들어서지 못하면 편안한 것에 안주(安住)하는 타성(惰性)의 노예가 된다.

좌정 관천(坐井觀天)이라는 말이 있다. 개구리가 우물 안에 앉아 있으면 우물 밖의 세상은 보지 못하고 위로 뚫린 하늘만을 보게 된다. 좌정 관천이란 우물 안의 개구리처럼 우물 밖을 보지 못하는 것을 말한다. 새로운 길을 뚫어 걷지 못하면 새롭게 열리는 광활한 세상을 보지 못한다.

교수가 옛날에 작성한 강의 보따리를 들고 교실을 드나들면 교육은 썩어 침체하고, 학생들은 미래를 열어갈 아무 힘도 비전도 없는 무위한 사람이 된다.

강의실은 즐거운 교육의 메카가 되어야 한다. 교수의 강의가 독극물처럼 여겨져서, 의자에 앉자마자 졸음이 오는 곳이 되면 교육은 하나마나 무용한 것이 된다.

역사는 결승라인이 없다.(기념사) 쉼 없이 전진하는 자만이 결승라인에 이른다. 결승라인에 이르렀다 하여 인생이 끝난 것은 아니다. 또 다른 결승라인이 기다리고 있기 때문이다. 무한 질주와 무한 경쟁은 이 세상을 살아가는 모든 사람에게 주어지는 숙명이다. "새로워지지 않는 전통은 죽은 것과 같다."(처칠)와 같은 주옥같은 말들이 총장 기념사의 도처에 깔려 있어 읽는(듣는) 사람으로 하여금 정신을 바짝 차리게 했다.

대학은 뭐니 뭐니 해도 학문하는 곳이다. 학문의 세계는 무한히 깊고 넓다. 그 깊고 넓은 것 중에서 자기가 필요로 하는 것을 조금 배워가지고 나온다. 그렇게 배운 것을 주춧돌로 삼아 그 위에 새로운 자기의 돌을 하나씩 놓아 자기를 완성한다.

대학의 길은 명덕(明德)을 밝히고 지선(至善)에 이르는 데에 있다. 대학은 머리를 잘 굴려 잇속이나 챙기고, 진실이 무엇인지 모르고, 협잡에 밝으면 대학에서 빈 거죽만 만지다 온 것이다.

대인(大人)의 배움은 도(道)를 위한 것이고 소인(小人)의 배움은 이(利)를 위한 것이라고 한다. 의식주에 만족하는 생활이라면 많은 공부가 필요 없지만, 글을 많이 익혀놓으면 세상을 바르고 의롭게 살 수 있을 것이다.

밭이 있어도 갈지 않으면 곳간은 비게 되고, 책이 있어도 가르치지 않으면 자손을 우매(愚昧)케 한다. 곳간이 비면 세월 지내기가 구차하고, 자손이 우매해지면 예의에 성겨 불편해진다.(白樂天)

한우 충동(汗牛充棟)이라는 말이 있다. 짐으로 실으면 소가 땀을 흘릴 정도로 무겁고, 위로 쌓으면 대들보에 닿을 정도의 많은 책을 읽으라는 뜻이다. 남자는 모름지기 다섯 수레의 책을 읽으라는 뜻이나 비슷한 말이다.(男兒須讀五車書) 대학에서 공부하는 동안 쉼 없이 책 읽는 습성을 기르고, 대학을 나와서도 책이 손에서 떨어지지 않도록 해야 한다.(手不釋卷 常習學問)

대학은 그늘 속에 갇혀 책만 읽는 나약한 선비를 만들어내는 곳이 아니다. 풍부한 지식과 건전한 정신으로 이웃에 봉사하고, 왕성한 체력으로 국가의 동량(棟梁)이 되어 나라에 헌신하는 사람이 되어야 한다.

나는 그 당시 전남대학교 같은 좋은 대학에 들어가 수학(修學)하고 나왔지만 지금 하라 하면 해낼 것 같지가 않다. 어쭙잖은 실력이지만 잘 마치고 나와 후학들에게 강의를 했고, 지금은 글까지 쓸 수 있으니 이보다 더한 영광이 없다.

사각모자(四角帽子)를 쓰고 위아래 검정 유니폼을 입고 학교에 다녔다. 여름철에는 아래 검정 바지에 하얀 반소매 셔츠를 입고 다녔고, 모자는 계절 모가 따로 없어서 모자 하나로 4철을 쓰고 다녔다.

교복을 위반했다가 총장님(초대 최 상채)에게 들키기라도 하면 유기정학의 처벌을 받았고, 나도 하마터면 큰 변을 당할 뻔했다. 옅은 미색의 윗도리를 입고 나갔다가 걸리고 말았다. 차에서 내려 나를 유심히 보시더니, "이 정도는 괜찮을 것 같다."고 하는 것이었다.

지금 전남대학교 교정에 들어서면 총장님의 동상이 당당한 자세로 서 있다. 그 동상을 쳐다볼 때마다 하마터면 큰일이 날 뻔했던 그때 그 순간이 뇌리에 스친다. 어찌나 엄격하시던지 그분에게 걸렸다 하면 가차(假借)없이 당했다. 그 열혈(熱血)로 학교를 세워 오늘의 전남대학교를 있게 했다. 권위와 위엄의 상징인 그분의 검은 세단차가 교정에 나타났다 하면 교복 위반자들의 간담이 서늘해진다.

그간 세월은 많이 흘러서 금석지감(今昔之感)을 느끼게 한다. 세월유전(歲月流轉)에 인생도 유전한다. 세상 만사는 변전(變轉)을 거듭하며 흐른다. 세월 유장(歲月悠長)에 인생 유한(人生有限)이라더니 세월과 더불어 세상 모든 것은 흘러 변한다. 물도, 바람도, 구름도 흐르고, 돌도 흐르고 쇠붙이도 흐른다. 지금은 영원할 것 같던 쇠붙이도 언젠가는 부스러져 한 줌의 부토(腐土)로 사라진다. 그간 나도 흘러 이렇게 변했고, 얼마나 더 흐를지는 몰라도 그렇게 많지 않는 세월일 것이다.

스쿨버스가 몇 대 있었지만, 아예 나는 포기하고 걸어 다녔다. 집에서 학교까지는 꽤 먼 거리였지만 걸어 다니기로 마음먹으니 되레 편했다. 교수들도 차가 없는지라 스쿨버스에 의존해야 했다. 스쿨버스가 턱없이 모자라는지라 등·하교 시간이면 승·하차의 대란이 일어난다. 지금이야 버스 안에 빈자리가 많고, 또 학생들도 차를 가진 자가 많은지라 등·하교의 길이 옛날처럼 궁색(窮塞)하지가 않다. 세상 참 많이 변했다. 세상은 이렇게 변해 편리를 누리지만 마음의 평안까지 누리는 것은 아니다. 마음은 늘 불안하여 편안하지가 않다.

그때 내 반에 20명의 학생이 들어왔지만 각자 도생(各自圖生)으로 살길을 찾아간지라, 그들의 행적은 알 길이 없다. 세상사 아무리 답답하다고는 해도 이렇게 꽉 막혀 불통(不通)일 수가 없다. 지금은 모두가 죽을 나이에 이른지라 살아 있되 산 것 같지 않게 살고 있을 것이다. 가끔 눈을 감으면 그놈들의 얼굴이 뇌리에 스치지만 달리 어찌할 길이 없으니 답답하기 이를 데 없다.

우리 반에 여학생이 셋이 있었지만 단 한 차례의 말도 건네지 못하고 졸업했다. 세상의 숙맥이 중에 이런 숙맥이가 어디 있겠는가. 나만 그런 것이 아니고 다들 그렇게 지냈다.

지금쯤은 늙디 늙은 할망구가 되어, 설령 지금 앞에 나타난다 해도 알아보지도 못하고, 귀도 눈도 멀고 이빨도 다 나간 노구(老軀)가 되어, 어이없는 세상의 변화를 탄(嘆)하며 살고 있을 것이다. 그래도 가끔 머리에 떠올리며 한때의 인연을 추억으로 되새기며 살고 있을 것이다. 이

제라도 만나면 쏟아 놓을 회포가 크고, 그간 내가 낸 책도 자랑삼아 이야기하고 싶지만 그럴 길이 없으니 답답하기 그지없다.

해마다 피는 꽃은 비슷하게 피지만(年年歲 花相以) 해마다 사람 얼굴은 같지가 않다(年年歲 人不同)는 시구가 있지만, 그간 60여 년의 세월이 강물처럼 가로막아 흘렀다. 청춘, 인생이 일순(一瞬)으로 흘러가 버린 것 같아 외로움과 아쉬움을 느낀다.

대학교 다닐 때 열심히 탐독했던 것은 대학신문이었다. 가장 인상 깊었던 난(欄)은, 영문과 박 규환 교수님과 국문과의 고 재기 교수님이 번갈아가며 다투어 썼던 칼럼이다. 용호 상박(龍虎相搏)으로 두 분이 겨루어 썼던 글귀들이 어찌나 예리하고 우아하던지, 신문 나오기를 기다리며 탐독했다. 글 내용도 감히 범접(犯接)하기 어려웠지만, 글솜씨가 어찌나 기교적이었던지 늘 감탄하며 읽었다. 나는 언제 이런 글을 쓸 수 있을 것인가. 자탄(自嘆)을 거듭했지만 끝내는 미치지 못하고 지금에 이르렀다.

박 규환 교수님이 쓰신 파적담(破寂談: 적막을 깨뜨리는 이야기)이라는 책은 수없이 많이 읽었다. 그분의 학문적 깊이가 어찌나 깊던지 나의 천학(淺學)으로는 흉내조차 낼 길이 없다. 지금 내가 쓰고 있는 글은 글이 아니고 잘못 빼낸 세정(世情)의 나열이고, 공연히 지가(紙價)만 올려 세상의 경제를 어지럽히는 그런 것이다.

사람이 부족한 것이 있으면 분발하라 하였지만, 타고난 밑천이 약하면 아무리 해도 안되는 경우가 많다. 대학은 꿈을 키우는 곳이고 늘 꿈을 가꾸며 살게 한다. 남을 이기려는 꿈이 아니고 자기와의 싸움에서 이기는 꿈이다. 꿈을 가지면 아무리 어려운 일도 쉽게 풀리고, 꿈이 없으면 쉬운 일도 어려워진다. 내 인생 말년이지만 젊었을 때 대학에서 키웠던 꿈을 이루려고 노력하며 산 덕에, 지금도 글을 쓰며 살고 있다. 모교에서 키웠던 꿈이 헛되지 않아 오늘의 결실을 거두고 있는 것 같다.

평소 모교에 대해 무관심하게 지내다가 오랜만에 개교 기념식에 참석할 기회를 가졌다. 감회가 무량하여 지면으로 모교(母校) 투어(Tour)를 했다.

금년이 개교 60주년인데 인간으로는 이순(耳順)에 이른다. 귀가 순하여 궂은 소리도 순하게 소화하는 인간 원숙기에 이른다. 그간 학교는 일취월장(日就月將)의 기세로 발전하여 어느 곳에 가서도 자랑할만하다. 세계 속에 나래를 펴는 당당한 명문 대교가 되기를 기원하며 이만 줄인다.

자식 놈들이 알아서 할 일이다

이 세상에서 가장 행복한 사람은 평생을 공부하며 사는 사람이다. 그래서 옛 선인(先人)들은 공부하는 사람을 아주 좋아해서, 축문을 쓰거나 지방(紙榜)을 쓸 때 학생(學生)이라는 말을 넣어서 썼다.

지방을 쓸 때 현고(顯考)라는 말은 돌아가신 先親(아버지)을 말하고, 돌아가신 할아버지를 말할 때는 현조고(顯祖考)라 말한다. 증조할아버지를 말할 때는 현증조고(顯曾祖考)라 하고, 고조할아버지를 말할 때는 현고조고(顯考祖考)라고 말한다.

현고 학생(顯考學生)이라는 말은, 돌아가신 선친께서는 평생을 공부하며 사신 학생이라는 뜻이다. 남자의 지방을 쓸 때는 관직이 있었으면 관직(총리, 장관 등)을 쓰되, 그렇지 않으면 학생이라는 말을 써서, 평생을 공부하며 사신 것을 자랑스럽게 여기기도 한다.

저의 선친께서는 농부이셔서 학문을 익히면서 사신 학생은 아니셨지만, 평생을 농사일을 배우면서 사셨고, 늘 자연과 벗하여 사시면서 자연의 섭리와 천지 운행(天地運行)의 비법을 익히면서 사셨다. 그러고 보면 이 세상 모든 사람이 평생을 배우면서 살지 않는 사람은 없다. 가정의 일원으로 가정 운위(家庭運爲)를 배우고, 사회의 일원으로 서로 협동하며 사는 것을 배우면서 산다. 그러고 보면 이 세상에 학생이 아닌 사람은 없는 것 같다.

그러다가 나이가 들어 힘이 부치고 의욕이 떨어지면 배우는 일에서 점점 멀어진다. 무위 도식(無爲徒食)으로 그냥 생명만을 부지하며 살다가 간다. 노년의 어려움에도 공부의 끈을 놓지 않고 학문하기를 계속 즐기며 산다면 그보다 더 자랑스러운 일은 없을 것이다.

우리 모임에 심교수님이란 분이 계신다. 어느 날이었다. 그분이 들고 다니는 작은 손가방을 열어봤더니 책이 한 권 들어 있었다. 무슨 책이냐고 물었더니 한 달에 한 권씩 사서 읽는 책이라고 했다.

사람이 고희(古稀)를 넘기게 되면 세월에 몸을 맡긴 채 그냥 세월 따라 살기가 십상이다. 잘못하다가는 밥이나 축내며 사는 식충이 노릇 하기가 쉽고, 세상에서는 아무 쓸모없는 무용한 사람이 되기가 쉽다.

한 달에 한 권을 읽으면 1년이면 12권을 읽고, 10년이면 120권을 읽는다. 앞으로 20년 이상을 살 셈치면 240권을 읽으니 말년의 소득치고는 깐깐하기 이를 데 없다.

지분(知分), 지족(知足), 지지(知止)를 3知라 하거니와, 자기 분수를 알고, 어려운 가운데서도 만족할 줄 알고, 멈춰야 할 때 멈출 줄 알고 살면 번우(煩憂)한 세상의 질서에 참여하며 바르게 사는 길이 될 것이다.

매월 읽는 1권의 책에서 인생의 여유와 자족을 느끼고, 남을 받아들일 금도(襟度: 남을 용납할만한 도량)를 넓히며 살면, 인생 말년이 옹색(壅塞)하지 않고 탁 트인 화려한 대로(大路)가 열릴 것이다.

이제 익힐 만큼 익혔으니 더 이상의 것은 필요 없다는 자만은 인생 말년을 타락게 한다. 다른 사람이 써 놓은 글에서 세상 사는 법도를 익히고, 필요할 때 그칠 줄 아는 여유와 품격을 지키며 살면 이보다 더 아름다운 인생도 없을 것이다. 나이가 많으면 분수를 잃기가 쉽고, 좋은 말이라 하여 한없이 하려 하면 지지(知止)의 공덕이 얼마나 큰지를 모르게 될 것이다.

인생 말년에도 공부의 끈을 놓지 않고, 죽는 날까지 늘 부족함을 느끼고, 비어 있는 곳을 채우며 살면, 이보다 더 아름다운 인생 말년도 없을 것이다.

수시로 학문을 익히며 사니 기쁘기 그지없다(學而時習 不亦樂乎) 하였고, 더구나 나는 맹자삼락(孟子三樂)에 "천하의 영재들을 불러모아 가르쳤으니 이 어찌 기쁘지 않겠느냐"의 기쁨까지 누린 사람이다. 남은 삶만 잘하며 산다면 이 세상에 와서 살다가는 보람이 클 것이다.

지식이란 가두어 놓으면 불용(不用)의 퇴적물이 되지만, 세상에 내놓아 만인이 공유케 하면 어지러운 세인의 마음을 바로잡는 등불이 될 것이다.

Y교수님이 타계하셨다는 비보를 듣고 온 회원들이 다 같이 영안실에 들렀다. 마지막 가는 길을 편안케 하고자 함이었던지 거의 모든 회원이 참석했다. 불원한 세월에 모두가 가야 할 것을 의식한 탓인지 얼굴에 깊은 비애(悲哀)의 표정 같은 것은 없었다.

그런데 그때 좀 이상한 것을 발견했다. 그분의 영정 옆에 지방(紙榜)이 씌어 붙여져 있었다. 그런데 그 지방은 현고 학장 부군 신위(顯考學長 府君 神位)로 씌어져 있었다. 부군(府君)이라는 말은 돌아가신 분을 말하고, 다른 데는 이상한 것이 없었지만, 흔히 쓰는 학생(學生)이라는 말 대신에 학장(學長)이라는 말이 씌어져 있는 점이었다. 물론 관직이 있으면 관직명을 쓰는 것은 본인이나 유족의 자유다. 학생을 가르쳤던 교수인지라, 학생이라는 말이 아무리 좋은 말이라 해도 그렇게 쓰기가 사뭇 어려웠을 것이다.

아무리 대통령을 지낸 분이라 해도 학생이란 말을 더 좋아하면 현고 학생으로 쓸 수도 있을 것이다.

내가 죽었을 때는 어떻게 써야 할지, 교수, 교무처장, 문인, 학생 등 쓸 것이 몇 개 있다. 죽기 전에 결정을 해야 아들놈들이 혼란스러워하지 않을 것이다.

어떤 자리이든 배우지 않고 행하는 자리는 없다. 고관 대직(高官大職)의 자리는 더욱 그럴 것이다. 학생(學生)이라는 말은 학창시절을 상기케 하는 말이어서, 이들을 가르치며 산 사람은 이 말을 지방(紙榜)에 넣어 쓰고자 하는 사람은 없을 것이다.

교수직은 가르치는 자리이고 학문에 전심 전력(全心全力)을 기울이는 자리다. 학문하는 사람이 세상의 공명(公名)에 눈이 팔리면 깊은 학문을 하지 못한다. 책을 읽되 단순한 흥(興)의 음영(陰影)에 정신이 팔리면 책 속에 담긴 깊은 뜻을 이해하지 못하고 읽는다.

세상에 내놓을 만한 학문을 하지 못해 부끄럽기 그지없지만, 평생 열심히 하며 살았으니, 이를 자위(自慰)삼아 현고 교수(顯考教授)로 쓰고 싶은 생각이 크다. 내 뜻이 그렇다 하더라도 교수로서 마땅치 않게 살았으면 자식놈들이 다른 말을 선택하여 쓸 수도 있을 것이다.

죽은 뒤에 지방 쓰는 일까지 걱정하고 있으니 나도 참 부질없는 사람이다. 학생(學生)이라는 말을 넣어 쓰면 어떻고 교수(教授)라는 말을 넣어 쓰면 어떻겠는가. 자식놈들이 어련히 알아서 잘해주지 않겠는가. 세상이 야박(野薄)하다 보니 부모의 제사(祭祀) 같은 것은 염두(念頭)에도 없는 세상이 되었다. 기독교식의 추모가 이루어지면 일은 더욱 간소해져서 지방 쓰는 일에 고심할 필요가 없다. 꼭 그렇게 되었으면 좋겠다는 소망을 가지고 있다. 불원(不遠)한 세월에 부딪히는 일이어서 부질없는 허언(虛言)으로 몇 마디 했으니 너무 깊이 유념(留念)하지 말기 바란다.

사후(死後)에 자식놈들이 나에게 해야 할 일이 별로 없지만, 꼭 해주기를 원하면 꼭 그대로 이루어질 것이다. 그간 그들에게 잘했으면 그들 또한 잘하여 명부(冥府)로 가는 길을 편안케 할 것이다. 걱정하지 않아도 일은 잘 이루어지리라 믿으며 이만 줄인다.

이 세상에서 가장 소중하고 아름다운 곳

이 세상에서 가장 소중하고 아름다운 곳은 가정이다. 가정이 아름다운 것은 그 속에 가족이 있기 때문이요, 가족이 아름다운 것은 그들이 서로 사랑하며 살기 때문이다. 만약 가족이 서로 사랑하며 살지 않는다면 가정보다 더 살기 힘든 곳은 없을 것이다. 가족은 매일 만나는 사람들이고, 사랑 없이 매일 만나는 일보다 더 힘든 일은 없기 때문이다.

가족의 결합은 운명적 결합이요, 가정은 영원히 운명 지워진 단위이다. 가정은 세상의 단위 중에서 가장 작은 단위요 기본적이요 절대적 단위이다. 가정이 절대적 단위인 것은 가정에서 행하는 모든 일은 세상에서 행하는 모든 일의 본이 되기 때문이다. 가정에서 잘 배우고 행하면 세상에 나가서도 잘 행하며 살 수 있기 때문이다.

父母와 자식은 운명적 결합이요, 뗄레야 뗄 수 없는 영원한 운명적 관계다. 육신을 입고 가족의 일원으로 세상에 와서 가족을 구성하여 사는 것에 감사한다. 나는 세 아들의 아버지요, 세 며느리의 시아버지가 되고, 일곱 손자 손녀의 할아버지가 된 것에 감사한다.

지상 생활을 통해서 가족끼리 서로 사랑하는 것을 배우고, 그 속에서 기쁨과 행복을 누리며 사는 것이 얼마나 행복한 일인지 모른다.

자녀는 합법적으로 결혼한 부모 사이에서만 태어나야 하고. 출산의 신성함은 바르게 인정되어야 한다. 이것은 만고의 진리이고 이 진리는 어떤 이유로도 깨어져서는 안 된다.

부모는 자녀들을 사랑하고, 그들은 바르고 의롭게 양육되어야 한다. 형제들은 서로 사랑하고, 나라의 법을 준수하는 선량한 시민으로 양육되어야 한다.

생명은 존엄한 것이고 어떤 이유로도 손상되어서는 안 되고 보호되어야 한다. 부모는 가정이 안전한 곳이 되도록 노력해야 하며, 한 사람의 손실이나 이탈이 있어서도 안 된다. 자녀들은 마땅히 있어야 할 길에서 양육될 때 그 길에서 이탈하지 않는다.

양 100마리 중에서 99마리를 남겨놓고 한 마리를 찾아 나선 것은, 한 마리를 찾아 나선 것이 아니고 완전을 찾아 나선 것이다. 하나 없는 99마리는 아무런 의미가 없기 때문이다.(누가복음 15:3-7)

부모는 자식들을 양육하고, 가정을 잘 지키는 것을 최우선의 책무로 삼아야 한다. 어머니는 가정의 태양이다. 어머니가 집에 있으면 가정은 아무리 어두워도 대낮처럼 밝고, 밖에 나가 놀더라도 편안한 마음으로 논다. 자식들은 제아무리 멀리 떠나가 있더라도 구심력(求心力)으로 가정에 끌린다.

남편은 아내를 학대해서는 안 되고, 아내 또한 남편을 학대해서는 안 된다. 학대에는 언어적 학대도 있고 물리적 학대도 있다. 어느 쪽이나 화가 난다 하여 언어폭력을 쓰거나 물리적 폭력을 써서는 안 된다. 가정은 힘이나 세력이 지배하는 곳이어서는 안 되고, 사랑과 이해와 온유함으로 찰(滿) 때, 가정은 따듯한 곳이 된다.

매를 아끼면 자식을 버린다는 말이 있지만, 이 말을 믿고 매를 들고 다스리려 해서는 안 된다. 왜냐하면, 매는 화풀이의 수단이 되기 쉽고, 매가 화풀이의 수단이 되면 폭력이 되기 쉽다. 폭력은 제2의 폭력을 불러들여서, 잘못하다간 가정은 폭력이 난무하는 곳이 된다. 좀 더디더라도 좋으니 폭력은 절대로 안 된다. 자식들이 잘못하면 꾸짖을 수는 있으나, 꾸짖은 다음에는 더 큰 사랑으로 감싸서 그들이 부모의 진실한 사랑을 느낄 수 있도록 해야 한다. 잘못하여 원망한 마음을 가지면 안 되기 때문이다.

자식들은 부모에게서 양육 받을 권리가 있고, 또한 부모를 잘 부양할 의무가 있다. 그러나 부모가 늙으면 부모를 싫어하고, 부모가 장병(長病)에 걸리면 부모를 밀어내려 한다. 잘못하다간 비에 젖은 낙엽 신세가 된다. 마른 낙엽은 비로 쓸면 잘 쓸어지지만, 젖은 낙엽은 아무리 쓸어도 잘 쓸어지지 않는다. 쓸려고 하는 자식들과 밀려나지 않으려는 부모 사이에 실랑이가 벌어진다.

이 세상에 부모에게 효도 잘해서 잘못되는 사람은 없다. 부모에게 효도 잘하는 사람은 절대 잘 되고, 부모에게 효도 잘하지 못하는 사람은 절대 잘 되지 못한다.

부부는 가정의 중심이다. 부부가 가정의 중심에 확실하게 설 때 그 가정은 필연 행복한 가정이 된다. 부부가 이 세상에서 가장 친한 친구가 될 때, 자식들은 편안한 마음을 갖고 정서적으로 안정감을 갖는다.

경전에 이르기를, "무릇 지킬만한 것보다 네 마음을 지켜라. 생명의 근원이 이에서 남이니라."라고 하였다. 마음을 지키되 성곽처럼 튼튼한 가정이 되도록 지켜야 한다.

마음은 생명의 근원이다. 마음을 잃으면 생명을 잃는다. 마음을 잃으면 자식, 아내, 남편, 그리고 세상 모든 것을 잃는다. 부귀, 영화, 권세, 명예 등 모든 것이 물거품처럼 허망한 것이 된다.

마음이 없으면(心不在焉), 보아도 보지 못하고(視而不見), 들어도 듣지 못하고(聽而不聞), 음식을 먹어도 그 맛을 모른다(食而不知其味) 하였다. 마음이 바로 서면 보는 것, 듣는 것 등 세상 모든 것이 바르게 운위(運爲)되고, 가정 또한 바르게 운위되어, 이 세상에서 가장 아름답고 살기 좋은 곳이 된다.

끝으로 채근담(菜根譚)에 나와 있는 글귀를 소개하고 이 글을 끝낼까 한다.

“집안사람이 허물이 있다 하여 몹시 성내지 말 것이며, 또 가볍게 버리지도 말 것이니, 그 일을 말하기 어렵거든 다른 일을 빌려 은근히 교회(敎誨)하라. 오늘에 깨닫지 못하거든 내일을 기다려 두 번 경계하라. 봄바람이 언 것을 풀듯이, 화기가 얼음을 녹이듯이 하라. 이것이 바로 가정의 규범이니라.”

운명은 있는 것인가?

어느 날 초저녁에 한 독자로부터 전화가 걸려왔다. 목소리로는 40대 중후반의 여인으로 느껴졌다. 남편이 바람을 오래 피우는 바람에 무척 시달렸다고 했다. 그러다가 그 여인에게로 아주 가버렸다고 했다. 아이들이 둘이나 되고 그들과 같이 살 길이 막연하여 별의별 고생을 하며 살았다. 때로는 극단적인 생각까지도 하게 되었지만, 아이들 때문에 차마 그럴 수가 없었다. 그런 생활이 오래 계속되다 보니, 나중에는 우울증에 걸려 세상사는 의욕을 잃고 방황하기도 했다.

그러던 어느 날 마음을 달래보려고 도서관에 들르게 되었다. 한 권의 책을 골라 다 읽고 나니 마음이 안정되고, 꼭 살아야겠다는 강한 의욕을 느끼게 되었노라고 했다. 그 책의 저자인 나에게 감사의 마음을 전하고자 전화를 걸었노라고 했다.

그 외에 많은 이야기를 했지만, 대강의 줄거리는 그런 것이었다. 이런 이야기가 전화상으로 10여 분 이상 계속되었으니, 꽤 오랜 시간의 통화였다. 하염없이 울면서 그간에 쌓인 회포를 다 털어 내놓는 것이었다. 어찌나 서럽게 울던지 나는 그냥 다 듣고만 있었다. 그런 경험은 난생 처음으로 겪는 일이었다. 울음 섞인 말이라 다 알아들을 수는 없었지만, 대강의 줄거리는 용케도 다 이해할 수가 있었다.

저자라는 이유만으로 외간 남자인 나에게, 마치 구세주를 만난 듯 속 이야기를 다 쏟아 내놓는 것이었다. 울음이 거의 멎을 무렵에야, 읽은 책의 제목이 무엇이었냐고 물었더니, '인생연가'라는 책이라고 했다. 이 책은 문화체육관광부에서 양서로 선정되어 전국 도서관에 배포되어 있는 책이다.

하여튼 이 책에서 살아야겠다는 힘을 얻게 되었다니 더할 나위 없이 기쁜 일이다. 그간 많은 독자들로부터 전화나 서신을 받았지만, 이 여인의 경우와 같은 사례는 이번이 처음이다.

나의 작은 시도(試圖)가 한 영혼을 나락(奈落)에서 구해 올린 것 같은 기분이었다. 그간 책을 쓰느라 고생은 했지만, 그간의 고생이 춘산(春山)의 잔설(殘雪)처럼 녹아내리고, 되레 큰 보람 같은 것을 느끼게 되었다. 사람들이 그 많은 고생을 감내(堪耐)하며 책을 쓰는 이유도 그런 데에 있는 것이 아닌가 싶다.

그런데 마지막에 가서, "선생님, 운명이란 것이 있습니까?"라고 묻는 것이었다. 내 그간 운명에 관한 글을 많이 썼지만 이런 질문을 독자로부터 받아보기는 처음이다. 이 여인이 어찌하여 이런 질문을 했는지는 짐작이 간다. 그간 이 여인을 괴롭혔던 생활이 마치 운명의 가혹한 사슬처럼 느껴져서 그런 질문을 했었을 것이다.

전화상으로 장황한 설명을 할 수가 없어서 내 책 속에 답이 있고, 힘차게 사는 것만이 곧 운명과 싸워 이기는 것이라고 답을 했다.

옛날에 제논이라는 철학자가 있었다. 그런데 그에게는 노예가 하나 있었다. 그 노예는 주인에게서 늘 운명에 관한 이야기를 들으며 살았다. 그래서 그런지 운명에 관해서는 문외한(門外漢)은 아니었다.

그런데 어느 날이었다. 그 노예가 잘못을 저지르게 되자 제논이 그에게 체벌을 가했다. 그러자 그 노예는 제논에게, "저는 주인님에게서 늘 들었던 대로 옛날부터 이런 죄를 짓게끔 운명적으로 결정되어 있었습니다."라고 말했다. 그러자 주인이 "그래, 네 말이 옳다. 나도 그 운명에 의해서 너를 때리게끔 운명적으로 정해 있어서 때린 것이다."라고 말했다고 한다.

지금까지 내가 살아온 길도 운명적으로 정해 있어서, 정해진 길을 따라 산 것이고, 말년에 이렇게 글을 쓰며 사는 것도 운명적으로 정해진 길이어서 이렇게 글을 쓰며 사는 것 같다. 그러고 보면 이 세상에 운명이 아닌 것은 없는 것 같다.(莫非命也)

이상의 이야기는 꼭 기독교도들의 신의 운명론처럼 들린다. 그들은 이 우주는 신의 부동의 법칙이 지배한다고 믿는다. 이 세상 모든 것은 신의 섭리이고, 인간은 단지 인내와 체념으로 그 모든 것을 운명으로 여기고 받아들이며 산다. 지상에서 전개되는 모든 인간 역사는 신의 섭리대로 운영되는 신의 역사라고 한다. 인간이 역사의 주인공이 아니고 신이 역사의 주인공이라고 한다.

신의 명령을 어기고 금단의 열매를 따 먹은 아담과 이브는, 영원한 처벌을 받고 에덴동산에서 쫓겨난다. 여자는 평생을 남자를 섬기고, 애낳는 고통을 지니고 살아야 하고, 남자는 이마에 땀을 흘리며 노동의 소산으로 가족을 먹여 살려야 한다. 이것이 인간이 지은 원죄의 대가요, 이 원죄를 짊어진 채 평생을 살아야 한다. 사람이 죽은 뒤에 얻게 되는 구원(救援)도, 신이 정해 준 길을 따라 사는 자만이 구원을 받는다고 하는 숙명적인 구원관을 가지고 살아간다. 그들은 그런 가운데 세상을 지배하며 산다.

인간 생활에서 또 우연(偶然)이 인간을 지배하는 경우가 많다. 우연히 일어나는 일이 어찌나 많던지 사람들은 우연이 인간을 지배한다고 믿는다. 우리는 우연히 만난 사람과 친구가 되고, 우연히 만난 사람과 사랑하고 결혼도 한다. 하루에도 몇 차례씩 우연한 일이 일어나 시달리기도 하고 또 재미를 보며 산다. 우연은 인간의 의지와는 상관없이 일어나는 일이어서, 사람들은 이 우연을 운명이라고 말하기도 한다. 우연은 인간의 자유의지가 끼어들 여지가 없이 이루어진다.

내가 남자로 또는 여자로 태어나느냐는 내 맘대로 할 수 있는 일이 아니다. 어떤 부모 밑에서 태어나느냐도 나의 선택 사항이 아니고, 어떤 나라를 조국으로 삼고 태어나느냐도 나의 선택 사항이 아니다. 이런 것들은 어쩔 수 없이 받아들이지 않으면 안 되는 지극히 운명적인 것이다.

나에게 닥쳐오는 모든 일을 운명이라고 생각하면 운명이 된다. 그러나 운명이 아닌 것까지를 운명이라고 생각해서는 안 된다. 운명이 아닌 것을 운명이라고 생각하고, 자기 의지와는 상관없이 굽실거리며 살다가는 필연 운명의 노예가 된다.

세상을 살되 힘을 갖추어 살고, 어떤 일이 일어나더라도 당당하게 맞서 싸울 자세를 갖추어 살아야 한다. 무슨 일이 닥쳐오든 나약한 자세를 취하면, 그 일은 더 강한 힘으로 밀려와 우리를 덮쳐 무너뜨릴 것이다.

세상 모든 일이 운명이 아닌 것이 없다고 하면, 그저 주어지는 대로 받아 살면 편하여 좋을 것이다. 그러나 무슨 일이 닥쳐오더라도 싸워 이기는 것을 운명으로 생각하고 열심히 살면, 운명을 지배하는 당당한 자가 된다. 요망스럽기 그지없는 운명의 장난에 농락당하지 말고, 운명과 당당히 맞서 싸워야 한다. 그래도 그 운명이 불퇴전(不退戰)의 기세로 다가오면 그를 붙들고 한바탕 결투를 벌여 요절을 내야 한다.

러셀 경이 쓴 '행복론'에 의하면, 행복하려거든 체념(resignation)하라고 했다. 잊어야 할 것을 잊지 못하고 살면 필연 불행해진다. 지금껏 자기를 괴롭혔던 일들은 빨리 잊고, 새로운 길을 찾아 나서야 한다.

나에게 운명이 있느냐고 물었던 그 여인에게, 모든 것이 운명이라고 생각하면 필연 운명의 지배를 받게 되지만, 나에게 닥쳐오는 어떤 일과도 맞서 싸워 이기는 것을 운명이라 여기며 살면, 운명을 이기는 당당한 자가 될 것이라는 것을 답으로 드리면서 이만 줄인다.

신을 신고 발바닥 긁기

격화 소양(隔靴搔癢)

격화란 신을 신는 것을 말하고, 소양이란 가려운 데를 긁는 것을 말한다. 격화소양이란 신을 신고 가려운 데를 긁는 것을 말한다. 아무리 애써 일을 해도 요긴한 데를 찌르지 못하면 이르지 못한다 하여 하는 말이다. 비유적 표현치고는 비교적 잘 쓰이는 표현이다.

신을 신고 가려운 데를 긁으면 아무 효과가 없다. 격혜 소양(隔鞋搔癢)이라고 하기도 하고, 격화 파양(隔靴爬癢)이라고 해도 뜻은 똑같다.

구두를 신은 채 가려운 데를 아무리 긁어 봐도 소용이 없을 때에는, 구두를 벗고 긁어야 가려움증이 풀린다. 옷을 입고 긁으면 다른 부위의 가려움도 마찬가지일 것이다.

성공 무덕(聖供無德)이라는 말이 있다. 부처에게 공양(供養)을 많이 했지만 아무 공덕을 얻지 못할 때 쓰는 말이다. 아들 잘되기를 바라며 정화수(井華水)를 떠놓고 빌었지만 아무 소용이 없었고, 논밭까지 팔아가며 평생을 하루같이 뒷바라지를 했지만, 아무 소용이 없으면 성공 무덕한 일을 했다 할 것이다.

이 세상에는 되는 일도 있고 안 되는 일도 있다. 일이 안 된다 하여 의기 소침(意氣銷沈)하면 일은 더욱 안 된다. 아무리 긁어도 가렵거든 신을 벗고 긁어야 한다.

나무를 심으면 십 년을 돌봐야 그 나무가 죽지 않고 산다.(十年之計莫如樹木) 그런 공을 들여 키웠어도 하루아침의 일진 광풍이면 힘없이 무너진다. 누각(樓閣)을 세우려면 튼튼한 기초 위에 세워야 하지만, 허황된 꿈으로 공중에 세우면 공중 누각(空中樓閣)이 된다. 한강에 아무리 돌을 집어넣어도 한강이 메워지지 않으면 한강 투석격(漢江投石格)이 되었다 한다. 어느 것이나 다 격화 소양격이 된 것이다.

1년 농사를 잘 짓고자 하면 이른 봄부터 밭을 갈아 씨를 뿌려야 하고, 여름 내내 가꾸고 가을에 거두어야 다음 해에 먹을 곡식을 얻는다. 죽도록 땀 흘려 지어놓은 농사가 한 차례의 큰 비바람에 쓰러져 못쓰게 되면, 닭 쫓던 개가 하늘을 쳐다보는 격이 된다.

두루미는 아무리 목욕을 해도 더 희어지지 않고(鵠不日浴而白) 까마귀는 아무리 검게 먹칠을 해도 더 검어지지 않는다.(烏不日黔而黑) (A crow is never white though being washed several times.) 아무리 해도 안 되겠다 싶으면 일찍이 손을 놓는 것이 좋다. 부질없이 헛고생을 해서는 안 되기 때문이다.

산중(山中) 벌이하여 고라니 좋은 일 시킨다는 말이 있다. 죽도록 고생하여 곡식을 가꾸어 놨더니 고라니가 내려와서 다 먹어치우는 경우가 있다. 엉뚱한 놈이 와서 불로 소득(不勞所得)을 했지만, 인간 세상에도 이런 일이 종종 있다. 꼭 고라니가 아니어도, 다른 일도 이렇게 해서 일어난다.

자기의 마음은 자기가 고쳐야 한다. 서서히 고쳐야 완전하게 고쳐진다. 법으로 고칠 수도 있지만 그 효력이 끝나면 다시 또 저지른다. 고치는 일에 인색하지 않아야 바른 사람이 된다.(改過不吝)

수신(修身)보다 더 어려운 일은 없다. 수차례의 잘못을 거듭하다가 포기하는 수도 있다. 절망은 해도 포기해서는 안 된다고 한다. 왜냐하면 포기는 영원한 단절(斷絶)이기 때문이다. 다 틀렸다고 생각할 때가 가장 좋은 때 일 수도 있다. 제가(齊家) 역시 긴 세월을 통해서 이루어야 좋은 가정이 된다. 무슨 일이든 우여곡절(迂餘曲折)을 통해서 이루어져야 튼튼한 것이 된다. 가려움증이 안 풀리면 신발을 벗고 긁어야 한다.

사람의 지식(知識) 또한 하루아침에 쌓아지는 것이 아니다. 만약 어떤 사람이 무엇을 아는 줄로 자부하면, 마땅히 알아야 할 것을 알지 못하고 있는 것이다. 무엇을 조금 아는 것을 가지고 아는 체하면 그보다 더 큰 교만은 없다. 무엇이든 오랜 시간을 두고 거둔 것이 참으로 잘 거둔 것이 된다. 신 바닥을 오래 긁는다 해서 가려움이 해소되는 것은 아니다. 아무리 해도 안 되는 것은 안 되는 것이니, 할 수 있으면 다른 방편을 마련함이 좋다. 신을 벗고 긁어야 한다.

자식을 기르는 데 아무리 해도 안 되는 경우가 있다. 그렇다 해서 손을 놓으면 자식을 버린다. 자식은 내가 키우는 것이고, 나의 인격과 경륜(經綸)으로 키우는 것이다. 내 집 밖의 것에 너무 의존해서는 안 된다. 내 집 밖에는 도처가 지뢰밭이다. 내 집 밖의 것은 그를 타락시킬 요인이 많다. 사람은 열 번 된다고 한다. 자식 가르치는 일은 죽는 날까지 계속되어야 한다. 자식은 부모의 얼굴을 쳐다보며 자란다. 포기하면 누구의 얼굴을 쳐다보며 자랄 것인가. 우리 가족끼리 서로의 얼굴을 쳐다보고, 서로가 가는 길을 따라 살아야 안전하고 바른 길이 된다.

아무리 긁어도 가려움증이 풀리지 않으면 구두를 벗고 긁는 방편을 마련해야 한다.

잘못한 것을 뉘우치고 일깨워 사는 놈이 더 튼튼하고 좋은 놈이 된다. 늘 자식을 가르치되, 신발을 신고 가려운 데를 긁고 있지는 않은지 늘 경계하며 살기를 바란다.

격화 소양이란 말은, 일이 안되더라도 격식은 갖추어 사는 것을 말할 수도 있다.(내 생각) 미꾸라지는 못 잡더라도 개는 개 대로 쳐야 한다는 말이 있다. 결혼식에 손님은 없어도 격식은 다 갖추어 행하고, 장례식에 문상객은 없어도 장례의 예를 갖추어 행하면, 마지막 가는 길을 아름답게 할 수 있을 것이다. 여름철에는 나신(裸身)으로 다니는 것이 옳지만, 옷을 입고 다니고, 때로는 예를 갖춘다 하여 넥타이 정장으로 나가 그 고생을 하기도 한다. 그것이 곧 격식을 갖추기 위한 것이다. 아무 소용이 없는데도 신발 바닥을 긁어 직성이라도 푸는 경우가 있지 않을까 하여 몇 마디 덧붙였다.

눈물을 머금고 신하의 목을 벰

읍참마속(泣斬馬謖)

읍참이란 눈물을 머금고 목을 베는 것을 말하고, 마속이란 중국의 한 장수의 이름을 말한다. 읍참마속이란 다른 큰 목적을 위해, 자기가 아끼는 자(마속)의 목을 베는 것을 말한다.

중국의 삼국 시대에 촉한의 장수 중에 마속(馬謖)이라는 사람이 있었다. 재주와 병략(兵略)이 뛰어난지라, 제갈량의 중명(重命)을 받고, 일군(一軍)의 통수가 되었다. 촉한의 군사적 요충지(街亭)에서 위(魏)나라의 장수 장합(張部)에게 크게 패하자, 제갈량은 그를 애석히 여겼으나, 눈물을 머금고 그의 목을 베었다는 고사에서 나온 말이다.

목을 베기에는 너무 아까운 사람이었으나, 다음 사람들 중에 그런 실수를 범하는 일이 없도록, 그런 가혹한 일을 행하여 본을 보인 것이다. 그렇게 하지 않으면 그런 실수의 재현(再現)을 막을 수가 없기 때문이다.

이런 일은 세상 도처에서 자주 일어나는 일이어서, 세상을 살되 조심해서 살라 하여 하는 말이다. 말 한마디 잘못으로 목이 달아나고, 사소한 일의 실수에도 그런 가혹한 일을 결행하여 후환(后患)을 면코자 한다. 우리가 사는 세상은 이렇게 냉엄하고 무서우며 비정하기 그지없다.

백성은 곳간이 차야 배가 부르고, 의식(衣食)이 족해야 영욕(榮辱)을 안다 하였다. 어린 학생들이 배를 타고 수학여행을 가다가 300여 명이 무참히도 당했다. 학부모들의 슬픔이 구천(九天)에 사무쳤고, 온 국민의 분노 또한 하늘에 치달았다. 곳간을 채워야 하는 문제가 아니고, 어떤 이유로도 생명은 손상되어서는 안 된다는 문제였다.

일 처리에 기민하지 못한 장관들이 읍참마속의 비운을 겪었고, 그 외에 많은 고관 대작들이 세상을 우물쭈물 살다가 밥줄을 잃었다. 영원히 기억될 재앙 중의 대 재앙이다. 사람들은 당한 자에게는 잠시 눈길을 돌리지만, 곧 잊는다. 그래서 당한 자들만이 늘 서럽고 외로운 것이다.

정치인들 중에 거짓말을 하는 사람들이 많다. 시냇물이 없어도 다리를 놓겠다고 공약(空約)을 난발하다 나중에 들통이 난다. 당선만 되면 그만이라는 생각으로 그런 거짓말을 한다. 거짓말은 준족(駿足)처럼 빠르지만, 진실도 이를 좇아 빨리 따라 잡는다. 거짓말을 하는 자들을 그대로 놔두어서는 안 되고, 눈물을 머금고 족쇄(足鎖)를 채워 가두어야 한다.

나는 미련한 탓으로 이것도 저것도 아니게 살았다. 무엇 하나 내놓을 만한 것이 없이 살았다. 그저 편안하면 되고, 욕을 얻어먹지 않고 사는 것을 지복(至福)으로 여기며 살았다. 그러다 보니 남을 부려먹을 만한 높은 자리는 앉아보지 못했다. 눈물을 머금고 목을 잘라야 하는 읍참마속의 속앓이를 해본 적이 없다.

의사들은 몸에 썩은 데가 있으면 가차 없이 도려내고, 기업가들 역시 기업에 손실이 있으면 읍참마속의 메스질을 가한다. 경영의 귀재(鬼才)도 실수를 할 때가 있고, 원숭이도 나무에서 떨어질 때가 있다. 후환(後患)이 두려우면 아깝지만 가차없이 도려내서 이익을 도모한다. 가장 비정하고 냉정한 곳이 돈이 흐르는 곳이다. 돈이 투명하게 흘러야 세상은 맑고 바르게 흐르기 때문이다.

자식놈들이 죽는 소리 한다고 무한히 대주어서는 안 된다. 가르쳐서 짝 찾아 살게 했으면 그것으로 끝내야 한다. 그 이상 대주는 것은 독극물을 대주는 것이나 다름이 없다. 잘못하다간 부모에게만 의존하는 무기력한 자식이 된다. 눈물을 머금고 끊을 때 끊을 줄을 알아야 자립력이 강한 자식이 된다. 읍참마속의 결단력을 가져야 훌륭한 자식을 길러낸다.

자식을 기를 때 꼭 먹고 싶은 음식만 먹게 해서는 안 된다. 먹기 싫은 음식도 골고루 먹여야 튼튼한 자식이 된다. 먹고 싶은 음식만을 먹이다간 영양 결핍증에 걸리는 나약한 자식이 된다.

옛날 일본에서 있었던 일이다. 어느 날 어린 자식이 이 음식은 먹기 싫으니 다른 음식을 내놓으라고 했다. 그러나 부모는 이에 굴하지 않고 먹기 싫은 음식을 거두어들이지 않았다. 얼마간 이렇게 버티었더니 나중에는 먹기 싫은 음식도 잘 먹는 아이가 되었다. 눈물을 머금고 부모가 그들의 뜻을 결행한 것이 주효가 되어, 그 아들은 훗날에 이름난 장군이 되었다고 한다. 눈물을 머금고 자식의 뜻을 꺾어 튼튼하고 강한 자식이 되게 했다.(내목대장(內木大將))

눈물을 머금고 신하의 목을 베는 일은 다른 대의(大義)를 위하여 필요하고(大義滅親), 자식을 위해 눈물을 머금는 일도 자식을 잘 기르기 위해 필요한 일이다. 그런 결단이 없이 우유부단(優柔不斷)하게 일을 행하다간 자식놈들 다 반편(半偏)이를 만든다.

정치인을 비롯하여 세상의 많은 사람들 중에 훌륭한 분들이 많다. 한 마리의 물고기가 온 샘물을 흐리게 해서, 다른 착한 분들까지 억울한 희생양이 되게 한다.(一魚濁水) 온 물이 흐려지기 전에 눈물을 머금고, 그 한 마리의 고기를 잡아 올리는 결단은 꼭 필요한 일이다.

맨주먹으로 흐르는 강물을 어찌 막겠는가만 그래도 하는 일엔 최선을 다해야 한다. 일이 잘못되어 읍참마속의 분(忿)을 당하더라도 마음으로 잘 삭여야 한다. 애이 불상(哀而不傷)이라 하였으니 잠시 슬퍼할 수는 있어도, 마음까지 상해서는 안 된다. 마음이 상하면 잘못하다간 몸까지 상하기 때문이다. 그래도 분이 안 풀리거든 그 분을 호되게 꾸짖고, 다시 일어설 힘을 길러야 한다. 사람은 지금 잘 되어 있는 것을 평가하는 것이 아니고, 그간의 잘못을 얼마나 잘 극복하며 살았느냐를 맨 나중에 평가해야 하기 때문이다.

제4부

인일시지분(忍一時之忿) 면백일지우(免百日之憂)

(순간의 분을 참으면 평생의 근심을 면한다.)

화는 원래 순간적으로 폭발하는 경우가 많다. 그때만 참으면 되는 것을 그러지 못해서 일을 그르치는 경우가 많다. 노기(怒氣)는 일시적 광기(狂氣)라고도 한다. 만일 사람이 일시적으로 분노를 제압하지 못하면 분노가 사람을 제압한다. 그렇게 되면 분은 일을 그르치고 사람 간의 관계를 그르친다.

이 세상에 화를 내지 않는 사람은 없다. 화를 낼 줄 모르는 사람이 있다면 그 사람은 정말 바보다. 느린 소도 성을 낸다는 말이 있듯이, 성질이 온화하고 점잖은 사람이 성을 내면 더 무서울 때가 있다. 성내지 아니하는 사람이 있다면 정말 현인이다. 불뚝 낸 성이 살인한다 하였으니, 일시적 분을 이기지 못하여, 일생의 근심을 초래하는 일이 있으니, 조심하며 살자 하여 하는 말이다.

나무에 올라가서 고기를 구함

연목구어(緣木求魚)

연목이란 나무와 인연을 맺는다는 뜻이고, 구어란 고기를 구한다는 뜻이다. 나무에 올라가 고기를 구한다는 뜻으로, 전혀 불가능한 일을 행하는 것을 말한다.

그간 살아오면서 연목(緣木)을 녹목(綠木)으로 읽는 사람을 수없이 많이 보았다. 조심해서 읽어야 할 글자다. 나에게는 한학에 조예가 깊으셨던 백부님이 계셨다. 이미 고인이 되신 지 오래지만, 언젠가 저에게 연(緣)자를 써보이시며 읽어보라고 하셨다. 그래서 녹(綠: 푸를 록)이라고 읽었더니 록자가 아니고 연자라고 하시면서 이 연자의 뜻은 엮을 연이라고 하셨다.

나뭇가지로 발을 엮어 만들면 큰 구멍이 생겨 고기가 다 빠져나가 버린다고 하셨다. 그렇게 믿고 지금까지 살아왔지만, 이번에 이 글을 쓰면서 확인해보니 백부님이 잘못 가르쳤던 것을 알게 되었다. 나무에 올라가 고기를 구하니 고기를 구할 수가 없다는 뜻인 것을 알게 되었다.

세상에는 불가능한 일이 너무 많다. 사람은 어쩌면 불가능한 일을 피해서 사는 동물 같기도 한다. 불가능한 일을 다 피하고 가능한 일만 골라서 살다 보니 오늘까지의 그의 인생 여정이 된 것이라 할 수 있을 것이다. 다른 길을 택해서 살 수도 있었지만, 그 길이 힘들거나 불가능해서 하는 수 없이 지금까지의 길을 선택해서 산 것이라 할 수 있다. 물론 다른 길을 선택했더라면 더 잘할 수 있었을 것이지만 그때의 사정이 여의치 못해 부득이하게 그 길을 택한 것일 것이다.

고추나무에 그네를 매어 탄다는 말이 있지만 불가능한 일이고, 잣 껍데기로 배를 만들어 탄다는 말이 있지만 다 불가능한 일이다. 나뭇가지에 올라가 매미를 잡는 일은 가능하지만, 나무 위에 올라가 고기를 구하는 것은 전혀 불가능한 일이다. 나처럼 늙은 사람을 전쟁터로 내몰면 전쟁터에 이르기도 전에 죽을 것이고, 고봉 준령에 오르자고 해봤자 부질없는 망상일 것이다.

큰물이 넘치는 내(江)를 하나의 흙덩이로 막으라고 해봤자 안 되는 일이고, 전쟁이 일어났을 때 좋은 장비와 잘 훈련된 병사가 없이 막아보려 해봤자 되는 일이 아니다. 하늘에 오르려면 사닥다리가 있어야 하지만 사닥다리를 빼버리면 결코 이룰 수 없는 일이 된다.(釋階登天)

소나 말의 발자국에 고인 물에서는 교룡(蛟龍: 이무기나 용)이 생길 수 없다는 말이 있다. 물론 개천에서 용도 나오고 좁은 누옥(陋屋)에서 큰 인물이 나올 수도 있지만, 너무 좁으면 안 되는 것이라는 뜻이기도 하다.

토끼 머리에 뿔이 났다고 하면 곧이들을 사람은 없고, 거북이에게 털이 났다고 하면 곧이들을 사람이 없을 것이다.(兎角龜毛) 바람이나 그림자를 잡으려 해봐도(捕風捉影) 잡히는 것이 아니다. 아무리 해도 그런 일은 불가능한 일이어서 연목구어지격(緣木求魚之格)이 된다 할 것이다.

옛말에 단경 급심(短綆汲深)이라는 말이 있다. 단경이란 짧은 두레박줄을 말하고 급심이란 깊은 샘에서 물을 길어 올리는 것을 말한다. 두레박줄을 늘리지 않고서는 전혀 불가능한 일이다.

혀가 짧은 자가 침을 멀리 뱉으려 해 봤자 되는 것이 아니다. 언젠가 고향에 갔더니 선친께서 정치(政治)를 한번 해보는 것이 어떻겠느냐는 말씀을 하셨다. 금배지 달고 다니는 모습이 부러워서 그러셨던 것 같다. 아들놈들 중에 그런 놈이 하나라도 있었으면 해서 그런 말씀을 하셨던 것 같지만, 나는 그런 일을 할 재목이 못 된다. 옥도 갈면 좋은 그릇이 된다 하였지만(玉不琢 不成器) 나 같은 사람은 아무리 갈아도 그런 일을 할 수 있는 사람이 아니다.

내 일찍이 내 처지를 잘 알고 있었던지라, 그런 사람들 틈에 낄 생각조차 해본 적이 없다. 부질없는 생각으로 그런 곳에 발을 들여놓았더라면, 지금쯤은 알거지가 되어 문전 걸식(門前乞食)으로 호구(糊口)를 걱정해야 하는 처량한 신세가 되었을 것이다.

방안 어두운 곳이지만 생각을 굴려 글줄이라도 빼며 사니 지족 안분(知足安分)의 기쁨을 느낀다. 나는 이 일에 감사하고, 다른 어떤 빛나는 일도 싫으니 어찌할 도리가 없다. 책 한 권 내는 일이 쉬운 일이 아닌데도 10여 권의 책을 내서 독자들과 세상을 공유하며 사니 천하에 이보다 더 좋은 일은 없는 것 같다. 팔자치고는 상팔자를 누리는 것 같아 기분은 좋다.

버트런드 러셀경은 그의 '행복론'에서 행복해지려거든 체념(resignation)하라고 했다. 되지도 않는 일에 괜한 미련을 가졌다간 불행해진다 함이다. 불가능하다고 생각되거나 자기하고는 인연이 먼 일이라고 생각되면 빨리 체념해 버리고, 새로운 길을 찾아 나서는 것이 좋을 것이다.

내가 쓰고 있는 글들이 어찌 만인을 즐겁게 할 수 있겠는가만, 나의 마음에 부끄럼 없이 사니 그것은 내가 바라던 일이다(豈得無人悅之 但求無愧我心) 이런 길에 들어서서 조금은 모자라게 살아도, 마음에 기쁨을 얻어 사니 세상에 나와 살면서 적은 보람을 느끼며 산다.

사람은 밥을 먹되 늘 배부르기를 구하지 말고(君子食無求飽), 세상을 살되 편안을 구하지 말라 하였다.(君子居無求安) 주지육림(酒池肉林)으로 배가 넘치게 잘 먹는 것은 안 되고, 그저 평범한 소식(疏食)에 만족하며 살고, 겨우 궁색(窮塞)을 면하여 살아도 마음에 만족을 얻어 살면 그보다 더 기쁜 일이 없을 것이다.

자기가 하려고 하는 일이 아예 불가능하다고 생각하고, 시작도 하지 않으면 자기와 그 일과는 아무 인연이 없는 것이 된다. 어차피 불가능한 일이라고 생각되면 꿈이라도 찬란하게 꾸라고 하였다. 기왕 꿈을 꿀 바에는 청와대에 들어가서 천하를 호령하는 대몽(大夢)이나 꾸는 것이 좋을 듯하다. 그러나 청와대는 아름다운 지옥이어서, 하룻밤을 시달리고 나면 정나미가 떨어질 것이다. 그러나 비단옷을 입고 밤길을 걷는 격이 되어도 좋으니 하룻밤의 권세라도 누려봄이 어떨까 한다.

당장은 불가능하다고 생각했던 일도 후일에 생각하면 가능한 일도 있었을 것인즉, 일의 선택에는 신중을 기해서 할 일이다.

근면에 불가능은 없다(Nothing is impossible to industry.) 하였으니, 전심 전력을 기울여 행하면 안 될 일도 없을 것이다.

내 나이가 많은지라 회춘(回春)의 가능성은 없어 기대할 일도 아니지만, 그렇다 해서 지금 하고 있는 일까지 어렵다고 방기(放棄)해버리면 지금 하고 있는 일까지 놓치는 우를 범할 것이다.

이 세상에는 가능한 일도 무한히 많고, 불가능한 일도 무한히 많다. 사람들은 이 양자 사이에서 자기가 할 수 있는 일을 골라 산다. 괜한 욕심으로 불가능한 일까지 들추어 올려 행하려고 하다간 가능한 일까지 망치고 만다.

하고 싶지만 불가능한 일도 있고, 하기 싫지만 하면 할 수 있는 일도 있다. 잘 판단하여 행하고, 행하기로 결정한 일은 최선을 다하여 행하되 후회 없기를 바란다. 아무리 생각해봐도 불가능하다고 생각되면 단호하게 그 생각을 떨쳐버려야 한다. 한 치의 가능성도 없는 일을 공연한 욕심을 부려 행하다간 연목구어지격이 되어 괜한 마음의 시름만 크게 할 것이다.

죽음 단상(斷想) (1)

친구놈들이 하나 둘 떠나가고 후배놈들도 견디다 못해 간다. 올 때는 순서대로 왔지만 갈 때는 순서가 없다. 온 순서대로 가면 좋으련만 가는 순서는 정해 있지 않으니 어쩔 수가 없다. 요즘엔 험한 병도 많아서 잘못 걸렸다 하면 피할 수가 없다. 한 놈이 가면 다음은 내 차례가 아닌가 하는 생각을 할 때가 더러 있다.

내 나이가 그럴 나이가 되었다. 고희(古稀)를 넘어 산수(傘壽: 80세)에 이르렀으니 덤으로 사는 인생이 되었다. 덤으로 사는 주제에 무슨 할 말이 있겠는가만, 100세 200세를 넘겨 살아도 죽기는 싫고, 할 수만 있으면 영원히 살고 싶은 것이 솔직한 고백이다.

이 세상의 모든 공포 중에서 죽음보다 더 무서운 공포는 없다. 이를 초극(超克)해 보려는 노력은 무한하지만 아무 소용이 없다. 천하의 모든 군대를 동원해서 싸워도 한 인간에게 다가오는 죽음은 이기지 못한다. 죽음과의 어떤 대결도 부질없고 무의미한 대결이 된다.

에피쿠로스라는 철학자가 있었다. 그가 한 말이 좋아서 지금껏 기억하고 있다. "내가 살아 있을 동안에는 죽음은 오지 않는다. 또 내가 죽었을 때에는 나는 이미 살아 있지 않다. 그러므로 죽음은 나와는 아무런 관계가 없고, 또 두려워할 이유가 없다." 평범한 이야기 같아도 생각하기는 쉽지 않은 이야기다. 이런 생각을 한 그는 죽음의 공포에서 벗어나 살 수가 있었을까. 아무리 사생관(死生觀)에 달관(達觀)해 있다고 해도 죽음과의 대결에서 초연(超然)할 사람은 없다. 죽음의 공포와 허무를 떨쳐버릴 사람은 이 세상 어디를 뒤져봐도 없을 것이다.

천하를 호령하는 대장수(大將帥)도 자기의 몸에 다가오는 죽음은 어쩌지 못한다. 이 세상에서 가장 무서운 공포가 곧 죽음에 대한 공포다. 어떤 어려움이 있어도 자기만은 영원히 살 수 있을 것이라는 생각을 하며 산다. 모든 생물은 생명에 대한 무한한 애착을 갖는다. 만물의 영장(靈長)인 인간은 더 말할 나위가 없다. 죽음의 사자(使者)가 문밖에서 기다리며 어서 나오라고 재촉을 하면, 조금만 더 살다가게 해달라고 호들갑을 떨 것이다. 돈으로라도 어떻게 할 수 있으면 좋으련만, 만능적 기능을 가진 돈도 여기서는 아무 소용이 있다.

죽음이 왜 인생의 종장(終章)의 슬픔인지는 다 알고 있다. 첫째는 죽음이 무섭기 때문이요, 둘째는 돌아올 수 없는 별리(別離)의 비애감(悲哀感) 때문이요, 세 번째는 죽음으로 세상 모든 것이 종결되는 허무감 때문이다.

죽으면 지옥의 겁화(劫火)에 떨어진다는 두려움 같은 것은 나는 믿지 않는다. 그걸 믿는 종교인들이 있을는지 모르지만, 죽은 뒤의 일에 나는 그렇게 집착하지 않는다. 그러나 죽을 때의 단말마적(斷末魔的)인 고통은 생각만 해도 겁이 난다. 그 고통이 잠시로 끝나면 몰라도 오래 계속되면 우선은 내가 힘들고, 가족들에게 한없이 힘든 일이 된다.

평생을 착하게 산다고 살았지만, 은연중에 저지른 악행으로 유황불 속에 던져지는 일이 있을는지도 모른다. 뿌린 대로 거두는 것인즉, 달리 애걸할 생각은 없다. 악인 악보(惡因惡報), 선인 선보(善因善報)라 하지 않았던가. 단지 죽음을 싫어하는 것은, 이처럼 팔팔하게 살다가 흔적도 없이 영원 속으로 사라지는 것이고, 가족을 비롯하여 내가 알고 있는 많은 사람과 헤어지는 애별리고(愛別離苦) 때문이다.

죽음은 슬픈 것이고 슬픔 중에서도 가장 슬픈 것이다. 이처럼 아름다운 세상 모든 것과 헤어져야 하고, 특히 정든 가족과의 이별은 한없이 슬프다. 죽음은 우리에게서 모든 것을 빼앗아 가버린다. 아름다운 세상을 빼앗아 가버리고, 가족과 친지 그리고 그들과의 사랑을 다 빼앗아 가버린다. 그래서 죽음은 슬픈 것이고, 슬픔 중에서도 견딜 수 없는 슬픔이요 견딜 수 없는 괴로움이다.

때로는 살기가 힘들어 죽고 싶을 때가 있지만 죽지 못하는 것은, 아기자기하게 정들어 산 세상이 있기 때문이요, 사랑하는 가족이 있기 때문이다. 그들을 뒤로 남겨두고 영원한 별리(別離)로 들어가는 것은 견딜 수 없는 슬픔이다.

죽음이 슬픈 것은 나의 인생이 아무 흔적도 없는 무(無)로 화(化)하여 사라지는 것이다. 지금은 아름답고 빛나는 육체로 뻐기며 살아도, 언젠가는 죽음을 맞아 일분토(一墳土)가 되어 흔적도 없는 것이 된다. 지금 있는 것이 언젠가는 없는 것이 되고, 지금의 존재가 비존재화(非存在化)하는 것은, 인간 존재의 운명적 비극이다. 인간은 언젠가는 없어져야 할 무(無)에의 운명을 타고난 것이다.

수없이 많은 사람이 불의의 사고로 갔지만, 나는 이렇게 산수(傘壽)를 넘기며 끄떡없이 살고 있다. 요절사(夭折死)의 비운도 없었고, 이후에 별 탈이 없으면 명대로 살다가는 자연사(自然死)의 영광도 누리게 된다.

그간 죽음의 신이 몇 차례 내 집에까지 와서 나도 모르는 사이에 내 집 문을 노크했을는지도 모른다. 언젠가는 나를 유심히 바라보면서 나를 데려갈 날짜를 잡으려고 했을는지도 모른다. 아직은 아니라고 생각하였거나, 아니면 손을 내밀 생각을 했을는지도 모른다. 그러기를 몇 차례 반복하다가 결정적인 때가 오면 내 손을 단단히 휘어잡고, "할 수 없다. 이제는 네 차례가 됐다. 나를 따라 나서거라." 할 것이다. 불가항력적(不可抗力的)인 괴력으로 나를 옭아매서 데리고 가버릴 것이다.

죽음이 가끔 찾아와 손짓하면, 나의 시기는 다 되었나 보다 생각하고 갈 준비를 해야 한다. 이 세상과의 인연이 다 끝나가는 데도, 떼를 쓰며 조금만 더 살다 가게 해달라고 애원해봤자 아무 소용이 없다. 부질없는 저항이요 추태다. 체념하고 죽음의 신을 따라 나설 채비를 해야 한다. 그러려면 평소에 태연히 그리고 순순하게 죽음을 맞이할 준비를 하면, 그 무섭다는 죽음도 조금은 덜 무서울 것이 아닌가 싶다.

눈 밭에 난 기러기의 발자국

설니 홍조(雪泥鴻爪)

설니란 눈밭을 말하고, 홍조란 기러기의 발톱을 말한다. 설니 홍조란 눈밭에 찍힌 기러기의 발자국을 말한다. 눈 위에 찍힌 기러기의 발자국처럼, 언젠가는 인생의 발자취도 흔적도 없이 사라진다 하여 이를 비유하여 한 말이다.

기러기는 고니(백조)처럼 몸집이 큰 새로서 종종 사람들의 글 속에 오르내린다. 수명도 길어서 기러기나 고니처럼 오래 사는 수(壽)를 홍곡지수(鴻鵠之壽)라고도 한다. 고니는 죽을 때는 슬픈 소리로 운다 하여 이를 백조의 노래 또는 임종의 노래라고도 한다.

제비나 참새(연작: 燕雀)는 체구가 작은 새들이어서, 도량이 좁은 사람이나 작은 인물을 이야기할 때 쓴다. "연작이 어찌하여 홍곡의 깊은 뜻을 알 수 있겠느냐"고 하면, 도량이 좁은 사람이 어찌 도량이 큰 사람의 뜻을 알 수 있겠느냐는 뜻으로 쓰인다.

사람은 죽을 때 이름을 남기고(人死留名), 호랑이는 죽을 때 가죽을 남기며(虎死留皮), 기러기는 고향 땅 위를 지날 때 울음을 남긴다 하여 홍과 유성(鴻過留聲)이라고 한다.

기러기는 추운 가을 하늘을 가르며 북쪽에서 남쪽으로 왔다가 봄에 다시 북쪽으로 돌아가는 철새다. 그 우는 소리가 유별나게 처량하여, 많은 사람들이 그들의 글에 올려 외로운 정을 읊기도 한다. 이런 새들을 한낱 미물(微物)로 여겨 천하게 생각했다간 크게 부끄러워할 일이 생길 것이다.

"기러기가 펄펄 날아갔다."고 하면, "사람이 멀리 떠나갔음"을 비유하여 쓰기도 한다.

시조 한 수 읊고 가자.

기러기 다 날아가고 서리는 몇 번 오고 / 추야(秋夜)도 길고 길사 객수(客愁)도 하도 하다 / 밤중만 만정 명월(滿庭明月)이 고향인 듯하여라(趙明履)

기러기는 다 날아가고 서리도 몇 차례 내렸는데, 집 떠난 나그네가 추야장(秋夜長)의 객수를 달랠 길 없지만, 뜰에 가득한 명월만이 떠나온 고향인 듯하여 그 감회가 깊다는 시다.

가을밤이면 우리는 기러기의 처량한 소리를 한두 번은 들으며 산다. 사람들 중에 기러기를 미워하는 사람은 없고, 만리 장공(萬里長空)의 외로운 길을 택해 북에서 남으로, 남에서 북으로 살길을 찾아가는 새다. 그들의 대장정이 훌륭하고, 수천, 수만 년의 세월에도 굽힘없이 그 일을 계속하여 지금에 이른다.

북쪽 하늘에서 기러기가 울고 내려오면, 가을이 이미 깊을 대로 깊은 것을 느낀다. 은하수도 흐르고 수많은 별들도 긴 꼬리를 달고 흐르는 밤이면, 긴 밤을 지새우는 추객(秋客)의 외로움은 한없이 크다.

이곳이 남쪽이라 해서 눈이 없는 것은 아니고, 겨울에 눈이 내리면 눈을 후벼서 먹이를 찾아 먹는다. 밤새도록 눈이 수북이 내리면 온 천지는 하얗게 눈에 덮인다. 눈 덮인 길을 처음 걷는 사람의 발자국은 완연하고, 눈 위에 찍힌 기러기의 발자국 또한 완연하다.

눈은 내렸다 하면 녹기 시작하니 그것이 눈의 숙명이요, 사람 또한 사람으로 태어나니 사람으로 살다가 죽는 것이 사람의 숙명이다. 눈이 녹으면 기러기의 발자국은 눈따라 힘없이 사라진다. 이 세상에 영원히 남아 있는 것은 없으나 단지 세월만이 영원할 뿐이다. 유장(悠長)한 세월에 비하면 사람이 살다 가는 시간은 일순이다.

기러기의 발자국은 아무리 깊게 찍혀도, 잠깐 빛나는 햇살에 힘을 쓰지 못하고 사라진다. 인생 또한 영원히 살 것처럼 기염(氣焰)을 토해도 때가 되면 초로(草露)처럼 힘없이 사라진다. 하루에 아침이 있고, 낮이 있고, 일몰이 있듯, 인생 또한 세상에 나와 불꽃을 튀기며 살다가도, 해가 저물면 그간 불태우던 열정도 다 시들어 없어진다.

하늘은 한없이 높고, 땅도 유구(悠久)히 계속되지만, 그 속에서 사는 인생은 한 번 가면 다시 올 줄을 모른다. 돌아올 길이 없이 끝나버리니 슬프기 그지없다. 초로처럼 한 방울의 수포(水泡)가 되어 사라진다.

맨손으로 왔다가 빈손으로 가고, 지금의 나는 이전에 떴던 달을 보지 못하고 간다(今人不見古時月). 달은 영원히 떴다 지기를 계속하지만, 인생은 한 번 유명(幽明)을 달리하면 그것으로 끝난다.

어차피 인생의 종말은 죽음이다. 잘 살다 가나 못살다 가나 마찬가지고, 평화 속에서 살다 가나, 전쟁 속에서 살다가 가나 마찬가지다. 미인으로 살다 가나 추녀로 살다가 가나 어차피 죽은 뒤의 모습은 추하다. 어떻게 살다 가든 인생은 아무것도 아니다. 그렇다 해서 인생이 풀잎에 맺힌 이슬처럼 허망한 것은 아니다. 홀연히 나타났다 사라지는 꿈도 아니다. 사는 것도 아무렇게나 되라 하여 취생몽사(醉生夢死)로 속절없이 세월을 축내며 살 일도 아니다.

인생이 허망한 것이면 밭은 누가 갈아 곡식을 거두며, 신은 누가 만들어 신고 다니며, 옷은 또 누가 만들어 입고 다닐 것인가. 누가 차를 만들고, 누가 비행기를 만들어 먼 곳까지 날아가겠는가. 뭣 때문에 아내를 만나 살며, 뭣 때문에 아들딸들을 낳아 세상을 빛내는 자가 되라 하겠는가.

서로 사랑하고 서로 도우며 살고, 절망에서 희망으로 일어서고, 낙담에서 일어나 힘차게 사는 기쁨을 어떻게 얻을 것인가. 내일에 대한 꿈도 희망도 없고, 그저 오늘 하루 배불리 먹고 살다가 죽자 함인가.

살고 있는 자는 싸우고 있는 자라 하였고, 생존이란 승리를 쟁취하기 위한 투쟁이라 하였다. 목구멍이 포도청이라 하였으니, 굶주려도 먹고 살기 위해서는 범죄도 불사한다 할 만큼 생존은 엄숙하다. 가정 안에서 하나가 되어 살고, 이웃과 서로 어울려 사는 기쁨보다 더 큰 기쁨이 어디 있겠는가. 서로 도우며 학교를 만들어 아이들을 가르치고, 큰 공동체를 만들어 그 속에서 살고, 산을 타고, 파도를 넘고, 하늘을 날아 멀리에까지 가지 않는가.

잠시 왔다 간다고 하지만 8,90년은 살고, 요즘은 또 100세까지 산다고 하지 않는가. 사는 것에 감사하고 기쁜 마음으로 시간을 아끼며 열심히 살아야 한다. 눈에 패인 기러기의 발자국처럼 빨리 사라지는 것만을 생각할 것이 아니요, 다른 사람이 밟고 간 바른 눈길을 따라 바르게 살기를 기원하면서 옛사람이 쓴 시를 읊으며 이 글을 마치고자 한다.

눈 덮인 들판을 걸어가는 것은 (踏雪野中去)
결코 부질없는 헛된 걸음이 아니다. (不須胡亂行)
오늘 내가 남긴 발자취는 (今日我行跡)
뒤 따라 오는 이들의 길이 되리라. (遂行後人程)

– 서산대사 『踏雪野中去』 –

죽음 단상(2)

노년은 죽음의 그림자 밑에서 산다. 시시각각으로 밀려오는 죽음에 대한 의식은 무섭기도 하다. 데모클래스의 칼날이 언제 내려칠지는 아무도 모른다. 조금만 몸이 아파도 죽는 것이 아닌가 걱정을 한다. 그러기를 수없이 반복하다 보면, 죽음도 두렵지 않는 체념의 상태에 이른다. 죽음과 화친을 맺으면 즐거운 마음으로 죽음을 맞이할는지도 모른다.

그런데 죽음의 고통은 너무 커서 그 고통은 이 세상에서 가장 무서운 고통이다. 아무 고통 없이 죽기를 원하지만 바라는 대로 되는 것은 아니다. 그처럼 무서운 죽음을 오래 두고 생각하는 것보다 더 큰 고통은 없다. 말년 내내 죽음의 그림자에 묻혀 살다간 말년을 망친다. 늙어서 맞이하는 죽음은 어쩔 수 없는 일이지만, 젊어서 스스로 생명을 끊는 일은 참으로 불행한 일이다. 부모와 자식들에게 욕이 되고 이웃에게도 욕이 된다.(壽則多辱)

죽음은 누구에게나 평등이어서 찾아오지 않는 자는 없다. 부자에게도 찾아오고 가난한 자에게도 찾아온다. 어른에게도 찾아오고 아이들에게도 찾아온다. 똑똑한 자에게도 찾아오고 바보에게도 찾아온다. 죽음은 누구에게나 평등이고 특대를 받는 자는 아무도 없다.

죽음은 아무런 예고도 없이 홀연히 찾아온다. 지상의 온 인류가 분연히 일어서서 싸워도 이길 수 없는 상대요, 인류 영원(人類永遠)의 대적이다. 죽음은 인생 모두를 필멸케 하는 불가회피(不可回避)의 염라대국의 대제왕이다. 최상의 영웅주의를 발휘해서 맞서보려 해도, 죽음이 내리치는 칼날은 어찌나 무섭던지 당해낼 도리가 없다.

전쟁터에서 산화(散華)한 용사의 죽음이나, 기저귀에 쌓인 채 죽는 어린 생명의 죽음이나 헤아릴 수 없이 많은 유형의 죽음이 있다. 하지만 이 많은 유형의 죽음 중에 한결같은 사실은 예외 없이 모든 사람은 죽는다는 사실이다. 나도 지금은 살아남아 글도 쓰고 기함(氣含)도 토하지만, 불원한 세월에 생명이 다하면 다른 모두와 같이 죽어 영원 속에 묻힌다. 조금 더 살고 덜 살다 가는 차이일 뿐 언젠가는 다 간다.

행복한 사람은 가장 알맞을 때 죽는다 하였지만 그때가 어느 때인지는 아무도 모른다. 자식들에게 폐가 된다고 생각하거나, 본인이 생각하기에 이 정도 살았으면 여한이 없다고 생각되면, 그때가 바로 알맞은 때가 될 것이다. 그러나 월백(越百)의 노인이 삶의 고통을 견디지 못해 죽고 싶다고 말로는 뇌어도, 살려는 욕망은 더욱 간절하고, 이런 생각은 바로 모든 인간이 갖는 공통되는 염원이기도 하다.

오복이라는 것이 있다. 첫째가 적당한 수(壽)를 누리다 가는 것이요(壽), 둘째가 의식(衣食)에 궁(窮)하지 않고 사는 것이요(富), 셋째가 사는 동안 건강을 유지하며 사는 것이요(康寧), 넷째가 덕을 베풀며 사는 것이요(攸好德), 다섯째가 죽을 때 고생하지 않고 잘 죽는 일이다.(考終命)

아무리 부귀, 영화, 권세를 누리며 살았다 해도, 죽을 때 비참하게 죽으면 그간 누린 영화가 아무 소용없는 것이 된다. 죽을 복을 잘 타고나라는 말도 그래서 하는 말이다. 늘 선한 마음으로 바르게 살고, 남에게 많이 베풀고 살면, 필연 고종명의 복을 누리며 편안하게 최후를 마칠 수 있을 것이다. 꼭 그렇게 되기를 바란다.

사람이 늙으면 자식들에게나 이웃으로부터 밀린다. 안 밀려나려고 안간힘을 쓰며 버티는 모습은 마치 비에 젖은 낙엽과도 같다. 힘들더라도 운동 많이 하고, 섭생에 유의하며 건강하게 살다가, 죽을 때 고생하지 않고 편안하게 눈 감기를 간절히 기원한다.

말년의 이런 어려움을 조금이라도 면하고 싶으면 아내에게 잘하고, 자식들에게 잘하여 서로 화친을 유지하며 살아야 한다. 그러면 꼭 그렇게 되리라 믿는다. 가까운 사람들 간의 관계를 잘 유지며 사는 것이 인간 관계의 최상의 관계라고 한다. 이것이 곧 말년의 어려움과 고독을 이겨낼 수 있는 최상의 방법이기도 하다.

늙었다 하여 기가 죽어서는 안 된다. 기가 죽으면 힘이 빠지고, 힘이 빠지면 살 의욕이 없어진다. 숨이 다하는 그 순간까지 시종여일(始終如一) 숨길을 늦추지 않고, 가슴을 펴고 보폭을 넓혀 힘차고 당당하게 살아야 한다.

인생은 일생일사(一生一死)라 하지 않던가. 죽음은 누구에게나 오는 것인즉 겸허하게 맞이하여 깨끗하게 떠나야 한다. 꼴 보기 싫은 모습을 보여서는 안 된다.

모든 준비를 미리서 하고, 주변 정리를 잘하고 가면, 뒤가 시끄럽지 않아서 좋고, 마음 또한 편해서 좋을 것이다. 최후 순간까지 열심히 살다가, 황혼의 노을을 시뻘겋게 물들이고 가면, 그것이 곧 잘 살다 가는 길이고, 죽음을 이기는 길이기도 할 것이다.

풀린 줄을 조여서 긴장을 유지함

해현 경장(解弦更張)

해현이란 느슨해진 줄을 말하고, 경장이란 줄을 조여서 팽팽하게 하는 것을 말한다. 해현 경장이란 활이나 거문고 같은 악기의 줄이 느슨해지면 이를 조여서 팽팽해지도록 하는 것을 말한다.

활에는 줄이 있어 화살을 멀리 보내고, 악기에도 줄이 있어 좋은 음을 내게 한다. 활의 줄은 활의 생명이고 악기의 줄 역시 악기의 생명이다. 활이나 악기에 줄이 없으면 아무 쓸모없는 무위(無爲)한 것이 된다. 활이 구실을 다하고 악기가 구실을 다하기 위해서는 줄이 팽팽하게 조여져서 긴장을 유지해야 한다. 그렇다 해서 조여 있는 상태가 너무 오래 계속되면 줄은 탄력(彈力)의 한계를 잃어 끊어질 수도 있다.

사람의 몸도 일할 때는 일하고, 쉴 때는 쉬어서 다음에 쓸 힘을 축적해야 한다. 늘 쓰기만을 계속하다간 다음에 쓸 힘을 잃어버린다. 낮에는 일터에 나가 열심히 일하고, 밤에는 일한 만큼의 휴식을 충분히 취해야 다음날 가벼운 몸으로 일터로 나가게 된다.

가정의 불화가 오래 계속되면 살 수가 없고, 이웃이나 직장에서도 긴장이 오래 계속되면 살기가 힘들어진다. 전쟁이 오래 계속되면 백성들이 힘들어지고, 나라도 피폐(疲弊)하여져서 더 이상 지탱할 힘을 잃는다. 어쩔 수 없을 때의 전쟁은 해야 하지만, 전쟁은 파괴를 일으키는 것이어서, 잘못하다간 모든 것을 잃는다. "인류는 전쟁에 종지부를 찍지 않으면 안 된다. 그러지 않으면 전쟁이 인류에게 종지부를 찍을 것이다."(J.F.케네디) 이 세상에서 전쟁보다 더 우리를 긴장시키는 것은 없다.

우리의 생활은 늘 긴장의 연속이지만 중간 중간에 휴식을 취해 우리로 하여금 새로운 힘을 얻어 살게 한다. 날마다 무위 도식(無爲徒食)으로 힘없이 살면 주위의 눈총이 무섭고, 혹시 병에라도 걸리면 회복하지 못하고 간다.

노년에 이르면 3가지 고통이 있다. 이를 노년 삼고(老年三苦)라고 한다. 첫째는 빈곤이요, 둘째는 질병이요, 셋째는 고독이다. 노년은 죽음의 그림자 밑에서 죽음을 생각하며 산다. 그러나 노년은 노년대로 써야 할 힘이 없는 것은 아니다. 사는 날까지 없는 힘도 내서 힘차게 살면 하루가 의미 있는 하루가 된다. 주름살이 계곡처럼 패어 있어도 인생경륜의 아름다운 계곡으로 생각하면 품위 있고 존경받는 노년이 된다. 노년의 하루하루는 힘없이 사는 긴 하루지만, 그래도 힘차게 살면 행복의 여명(黎明)이 환하게 트이어 온다.

줄이 느슨하면 줄을 조이고, 옷매무새가 추래하면 화사한 옷으로 갈아입어야 한다. 수염이 길면 수염을 깎고, 머리가 길면 머리를 깎고, 신끈이 느슨하면 신끈을 조여매고 바람 속을 씽씽 치달아 보라. 그러면 하는 일에 힘이 붙고 보무도 당당하여질 것이다.

억지로라도 일찍 일어나 밖으로 나가면 새벽 공기의 상쾌함에 놀랄 것이다. 날마다 그렇게 하면 새 힘이 생기고 노익장(老益壯)의 활력을 얻어 살 것이다. 습관은 사람을 지배하고 사람을 독종(毒種)으로 만든다. 아무리 추워도 늘 그렇게 하며 살면 습관의 노예가 되어 힘 있게 산다.

편안한 것에 안주(安住)해서는 안 된다. 평안함이 좋다 하여 움직이지 않고 살면 몸은 점점 더 굳어진다. 나쁜 습관이다 싶으면 빨리 그 생활에서 벗어나야 한다.

지금이 제일 편하다고 느끼면 그때가 바로 빠꾸라는 신호다. 더 바랄 것이 없다 싶을 때가 가장 위험한 시기이다. 하기 싫더라도 일찍 일어나 밖으로 나와 활줄을 조여 매고 시(矢)를 당겨보라. 솟구치는 그 힘에 놀랄 것이다.

잘못하다가 매너리즘이나 관성에 빠진다. 줄이 풀렸다 싶으면 다시 조여 매서 긴장을 유지해야 한다. 몸이 고장이 나면 몸을 먼저 고치려 할 것이 아니요(先不治身), 마음을 먼저 고치라 하였다.(先治心) 마음 단단히 먹고 살아야 몸도 단단해진다.

"고요한 곳에서 고요한 마음을 지키는 것은 참다운 고요함이 아니다. 소란한 곳에서 고요함을 느낄 수 있을 때 마음의 참 경지를 얻는 것이다."(채근담) 평화로울 때가 가장 위험할 때요 평화로울 때 위기를 느끼며 살아야 한다. 평화로울 때가 가장 행복하다고 하지만 너무 평화에 탐닉(耽溺)하다간, 그 사이에 불행의 마수(魔手)가 뚫고 들어온다. 평화를 원하면 전쟁을 준비하라(If you wish for peace, prepare for war.) 하였다.

궁사(弓士)들이 활터에 나갈 때는 줄을 조여서 나가고, 악사(樂士)들이 연주장에 나갈 때는 악기의 줄을 조율하여 나간다. 가야금 12현(絃) 중 단 한 줄이라도 조율이 잘못되면 좋은 음색과 음량을 들을 수가 없다.

예술의 본질은 슬픔이라고 한다. 궁사가 시(矢)를 당겨 과녁에 맞추어 넣는 것도 예술이요, 악사가 악기를 잘 튀어 좋은 소리를 내는 것도 예술이다. 어느 것이든 잘하면 예술이고, 그 예술이 마음에 감동을 주면 눈물이 난다. 예술이 눈물이 나올 정도로 감동을 줄 때 위대한 예술이 된다.

줄을 잘 맞추는 일은 아무나 할 수 있는 일이 아니다. 궁사(弓士)나 악사(樂士)만이 할 수 있는 일이다. 줄이 잘못 맞추어지면 시(矢)는 과녁에서 벗어나게 되고, 악기는 좋은 소리를 내지 못한다. 그러다 보면 공연히 보는 이의 눈이나 듣는 이의 귀를 탓하게 된다.

계절이 변할 때마다 새로운 긴장이 나타난다. 봄에는 봄의 긴장이 나타나고, 겨울에는 겨울의 긴장이 나타난다. 그 긴장으로 봄의 꽃을 피워올리고, 겨울의 세찬 추위를 이겨낸다. 그 긴장으로 여름의 더위를 이겨내고, 가을의 아름다운 단풍과 서늘함을 맛보게 된다.

봄이 아무리 아름답다 해도 늘 봄이면 아름답지 않고, 가을이 아무리 서늘하다 해도 늘 서늘하면 서늘함을 느끼지 못한다. 무더운 여름 후에 맞이하는 가을은 정말 서늘한 가을이고, 추운 겨울 후에 맞이하는 봄은 정말 따뜻하고 아름다운 봄이다. 계절이 변할 때마다 새로운 긴장으로 새 계절을 맞는 기쁨이 크다.

줄이 낡아 오래되었으면 아예 풀어서 새 줄로 다시 매야 한다. 그러면 늘어지던 소리가 힘차게 들리고, 흐트러진 음이 제소리를 내어 아름답게 들린다. 이것이 곧 해현 경장의 기쁨이요 행복이다.

제5부

수오지심(羞惡之心)

(내 잘못을 부끄러워하고 남의 잘못을 미워하는 마음)

사람은 불완전한 존재여서 하루에도 몇 차례씩 잘못을 범하며 산다. 잘못을 저지르고도 뉘우치지 않고 살면 금수(禽獸)나 다름이 없다하여 호되게 질타(叱咤)를 당한다.

자기 허물이 큰데도 고치지 못하고 살고, 남의 허물이 작은데도 크게 헐뜯으며 사니, 그래서 세상은 잘못되어 겉돌고 있다. 할 수만 있으면 허물을 줄여서 살고, 허물을 고치는 일에 우유부단해서는 안 된다.(過卽勿憚改)

지식이 많은 자가 생각을 많이 하며 살아도 실수가 있고(千慮一失), 어리석은 자도 생각을 많이 하며 살면 일득(一得)이 있다 하였다. 우리들처럼 어리석은 자들이 어찌 지자(知者)의 흉내를 내며 살겠는가마는, 그저 조심하며 허물없이 살기를 기원하며 살아야 한다.

수오지심(羞惡之心)이란 사단(四端) 중의 하나다. 첫째가 측은지심(惻隱之心)이요, 둘째가 수오지심(羞惡之心), 셋째가 사양지심(辭讓之心), 그리고 넷째가 시비지심(是非之心)이다. 이 사단을 잘 지키며 살면 인의예지(仁義禮智)를 잘 알고 사는 사람이라 하여 크게 칭찬을 받는다. 남의 잘못을 미워하고, 내 잘못을 고치는 일에 단호해야 한다.(勿憚改過)

측은지심은 불쌍히 여기는 마음이요, 사양지심은 사양할 줄 아는 마음이며, 시비지심은 옳고 그름을 가릴 줄 아는 마음이다.

동주 공제(同舟共濟)의 기쁨

정월 초하룻날은 온 가족이 모여서 조상에게 차례를 올리고 웃어른에게 세배를 올린다. 건강을 기원하는 덕담도 하고, 세뱃돈을 주어 상하의 정을 잇기도 한다. 긴 이야기를 하려고 하면 세뱃돈을 먼저 주어서는 안 된다. 이야기의 효과를 내고자 하면 할 수 없는 일이다. 아이들은 원래 제사보다는 잿밥에 더 관심이 있기 때문이다.

선조(先祖)란 할아버지 이상의 분으로 이미 돌아가신 분을 말한다. 내가 지금 선조가 아닌 것은 아직 살아 있기 때문이다. 내가 만약 죽게 되면 바로 그 순간부터 손자놈들의 선조가 되고, 아들놈에게는 선친(先親) 또는 선인(先人)이 된다.

해가 바뀔 때마다 새 동물이 나타나 한 해를 지배하는 동물이 된다. 어떤 연유로 그렇게 되는 것인지 궁금하게 여기는 사람들이 많아 내 이를 여기에 적는다.

천간(天干)이라는 것이 있다. 하늘의 방패라는 뜻으로 하늘에는 10개의 방패가 있어서 땅으로 침투해 들어오는 하늘의 재앙을 막아 땅을 보호해준다. 이 열 개의 방패를 10간(干)이라고 한다. 이 10간을 표기하면, 갑(甲), 을(乙), 병(丙), 정(丁), 무(戊), 기(己), 경(庚), 신(辛), 임(壬), 계(癸)가 된다.

그런가 하면 땅에는 12지(支)가 있어서 이들이 땅을 받쳐주어 땅 위에서 살고 있는 모든 것에 재난이 없게 한다.

12지란 12동물을 말하는 것으로 이 열두 동물을 표기하면; 자(子: 쥐), 축(丑: 소), 인(寅: 호랑이), 묘(卯: 토끼), 진(辰: 용), 사(巳: 뱀), 오(午: 말), 미(未: 양), 신(申: 원숭이), 유(酉: 닭), 술(戌: 개), 해(亥: 돼지)가 된다. 이 순서는 12동물이 정초에 시합을 해서 결승지점에 들어온 순서를 말한다.

12동물 중에 체구가 제일 작은 동물이 쥐다, 아무리 생각해봐도 시합이 될 것 같지 않자, 하는 수 없이 쥐가 소에게 다가가서 자기를 등위에 태우고 가면 안 되겠느냐고 했다. 그러자 소가 그러라고 했다. 그러나 결승점에 이르러 자기보다 먼저 결승지점에 도달해서는 안 된다고 했다. 그러나 결승점이 가까워지자 쥐의 생각이 변해서, 약속을 어기고 소의 등에서 먼저 내려 결승점에 도달했다. 그렇게 해서 기라성처럼 크고 힘센 동물들을 모두 제치고 결승점에 도달했지만, 약속을 어기는 배신자가 되었다.

그러자 심판관이 쥐에게 3가지 벌을 내렸다. 첫째로 평생을 어둡고 습한 구멍에서 살아야 하고, 둘째로 밤에만 나와 먹이를 구해서 먹는 야식 동물이 되게 하고, 셋째로 평생을 새끼를 많이 낳는 고통을 겪으며 살아야 한다고 했다. 기록상으로 지금까지 1년에 가장 많이 낳은 쥐의 새끼의 수는 60여 마리가 된다고 하니 그 고통이 얼마나 큰지는 짐작이 간다.

하늘의 10간과 땅의 12지가 결합하여 육십 갑자(약하여 육갑)가 된다. 10간을 6번 순환시키면 60이 되고(10×6), 12지는 5번 순환시키면 60이 된다(12×5). 사람도 60세가 되면 인생의 1주기라 하여 회갑연(回甲宴)을 베풀어 축하해 준다. 이는 결합과 순환의 원리에 의하여 이루어지는 것으로 순서대로 양자를 결합하면 아래와 같다.

갑자, 을축, 병인, 정묘, 무진, 기사, 경오, 신미, 임신, 계유, 갑술, 을해, 병자, 정축, 무인, 기묘, 경진, 신사, 임오, 계미, 갑신, 을유, 병술, 정해, 무자, 기축, 경인, 신묘, 임진 ……, 2011년은 신묘년 토끼의 해가 된다. 작년은 경인년으로 호랑이해가 되고 명년은 임진년으로 용의 해가 된다.

그런데 토끼는 두 가지 좋은 속성을 가지고 있다. 첫째로 토끼는 순한 동물이다. 토끼의 순한 속성을 닮아 그해 한 해 동안 순하게 살기를 기원한다. 손자 손녀가 잘못해도 너무 심하게 꾸짖지 않고, 며느리가 잘못해도 너무 날을 세워 꾸짖지 말 일이다. 아내가 듣기 싫은 소리를 해도 순하게 받아들여야 한다.

아내를 이기려고 해서는 안 되고 아내에게 져야 한다. 지금은 져야 할 나이가 되었다. 누구에게 이기고서 쾌감을 느낄 나이는 결코 아니다. 아내에게 져줘야 밥상이 풍요롭고 말년이 편하다.

토끼의 두 번째 좋은 속성은 기민성이다. 토끼는 12동물 중에서 자, 축, 인, 묘, 진, 사, 오, 미, 신, 유, 술, 해, 네 번째로 호랑이 다음으로 결승지점에 들어온다. 개나 말이나 원숭이 같은 몸집이 크고 빠른 동물들을 다 제치고 네 번째로 결승점에 들어온다. 죽을 힘을 다하여 그의 기민성을 발휘해 그런 영광을 차지한다.

토끼의 속성을 닮아 죽을 힘을 다하여 한 해를 살면 아무 탈 없는 무사한 한 해가 될 것이다.

2014년은 청마(靑馬)의 해이지만 기실은 청마(푸른 말)가 있는 것은 아니다. 옛 선인들이 월력(月曆)을 만들 때 보통 말(馬)은 12년에 한 번 돌아오도록 했지만 청마는 60년 만에 돌아오도록 했다. 그런 청마는 힘이 세고 기운이 넘쳐서 이런 말을 닮아 살면 다음 60년을 힘차게 살 수 있다 하여 그렇게 한 것이다.

평생을 살면서 청마의 해를 한번 맞이하는 사람도 있고, 두 번 맞이

하여 사는 사람도 있다. 나는 80을 넘겨 사는지라 두 번을 맞이해 살고 있다. 처음에는 너무 젊은 나이에 맞이한지라 그 의미를 모르고 맞이했지만 이번에 맞이한 청마는 그 의미를 알고 맞이했다. 앞으로 60년이야 어찌 살겠는가만, 사는 날까지 청마처럼 씩씩하게 살다 갔으면 하는 바람이 크다.

모든 동물이 다 좋은 속성을 가지고 있어서 그 동물의 해가 되면 그 동물의 속성을 닮아 살기를 기원한다.

노년은 고통이지 축복은 결코 아니다. 젊은이들은 힘을 쓰지 않고서도 1년을 잘 넘기지만, 노년은 몸을 지탱하는 데에만 온 힘을 기울이지 않으면 안 된다. 잘못하다가 병이라도 걸리면 죽느냐 사느냐의 대결전을 치러야 한다.

하여튼 섭생(攝生)에 유의해야 한다. 섭생이란 세끼 밥 잘 먹고 충분한 휴식을 취하고, 많이 움직여 건강하게 살면 이것이 곧 섭생이다.

우리의 가슴 속에 늘 밝은 꽃이 피도록 하고, 우리의 가슴 속에 늘 푸른 꿈이 넘쳐 흐르게 해야 한다. 그러면 우리에게 온갖 새들과 봉접(蜂蝶)이 날아들어 즐거운 노래와 춤으로 우리를 기쁘게 할 것이다.

동주(同舟)란 같은 배를 타는 것을 말하고, 공제(共濟)란 같은 바다를 같이 건너는 것을 말한다. 한 가족은 물론이고 한 나라를 비롯하여 이 세상 모든 사람들이 같은 배를 타고 같이 건너는 한 해가 우리 앞에 펼쳐져 온다. 금년 한 해 동안 이 지상에 사는 모든 사람들이 같은 배를 타고 풍랑이 거친 파도를 아무 탈 없이 헤쳐 건너는 동주 공제(同舟共濟)의 기쁨과 영광을 누리기를 기원한다.

여름 나기

지금까지 많은 글을 썼지만 '여름'을 제목으로 해서 쓴 글은 거의 없다. 하지만, 여름에 관한 소묘(素描) 정도는 몇 줄의 글로 쓰기는 했다.

7월 중에 열리는 퇴직교수 월례 모임에 나갔더니 세 분이 병환 때문에 나오지 않았다. 한 달이란 기간은 노수(老壽)를 살고 있는 사람들에게는 변고(變苦)를 당할 수 있는 기간이다. 밤새 연고는 하룻밤 사이에 일어나는 병고(病苦)여서, 어제까지 성성하던 사람이 하룻밤 사이에 변을 당해 죽을 수도 있다.

옛날에는 70세까지 사는 사람이 드물다 하여 인간칠십고래희(人間七十古來稀)라는 말까지 나왔다. 그러나 지금은 세상이 많이 변해서 70에 죽는 사람은 거의 없고, 80, 90을 넘겨 100세까지 사는 사람이 많다. 그러다 보니, 100세 시대가 도래(到來)했다고들 한다.

전혀 불가능했던 일이 가능해지니 100세에 대한 기대감이 크다. 중병에 시달리는 사람일수록 생명에 대한 애착은 강하고, 한 줄기의 실낱 같은 희망에 자기의 모든 것을 걸기도 한다. 100세를 산다는데 싫어할 자는 없고, 자기가 생명의 주관자라면 200세 300세를 넘겨 무한히 살고 싶을 것이다. 스스로 생명을 내놓을 자는 없고 어쩔 수 없을 때 모든 걸 다 체념하고 내놓는다.

"여러분! 71세가 되면 80세도 바라볼 수 있다 하여 망팔(望八)이라 하고, 81세가 되면 90세를 바라볼 수 있다 하여 망구(望九)라고 합니다. 77세를 희수(喜壽)라 하고, 88세는 미수(米壽)라 하고, 99세를 백수(白壽)라 합니다. 또 99세까지 팔팔(八八)하게 살라 하여 9988이라는 말까지 나왔습니다. 이렇게 인간의 후반 생명을 단계별로 나누어 표현함은, 단계별로 잘 극복하며 살라 하여 그런 것입니다. 한 달과 일 년을 잘 극복하며 살고, 10년 극복을 얼마간 계속하며 살면 100세 극복도 어려운 일이 아닙니다. 지금은 100세의 시대입니다. 100세의 시대에 100세에 대한 기대와 희망을 가지며 삽시다. 평소 섭생에 유의하여 살면 꼭 그렇게 될 수 있을 것이고, 만약 100세를 못살면 그 밑에 나이라도 사는 날까지 건강하게 살다 가십시다. 희망은 어려운 일을 쉽게 만들지만, 희망이 없으면 쉬운 일도 어려워집니다. 희망을 가지고 삽시다." 내가 한 인사말이다.

100세의 이야기가 지금은 좀 생소하게 들릴지 모르지만, 조금만 시간이 흐르면 기대와 꿈이 생길 것이다. 옛날에는 꿈같은 이야기였지만 지금은 전혀 다른 이야기가 되었다.

오래 살다 가자는 나의 인사말에 아무 반응이 없었지만, 내심으로 싫어하는 자는 없었을 것이다. 100세를 넘겨 살되 건강하게 살고, 허리 단속 잘하여 불에 튀긴 새우처럼 굽지 않게 하고, 피부 단속도 잘하여 기름 빠진 가죽처럼 탄력 없는 피부가 되지 않게 해야 한다. 마음을 곱게 먹으면 몸도 곱게 늙을 수 있을 것이다. 해마다의 염제(炎帝)의 기염을 100세의 희망으로 날려 버리면, 여름을 덥지 않게 날 수 있을 것이다.

쉽다고 생각했던 일이 해보면 더 어렵고, 못할 것처럼 보이던 일도 해보면 의외로 쉬어진다. 쉽다고 얕볼 일이 아니요 어렵다고 방관만 하고 있을 일이 아니다. 세상의 모든 이치를 다 이해하기가 어려워 그간

대충대충 행하며 살았다. 피서법을 정확히 안 자가 피서를 잘하는 것은 아니고, 마음 단단히 먹고 많이 움직이며 살면 그것이 곧 좋은 피서법이 된다. 그 일이 제일 어려운 것 같아도 해보면 제일 쉬운 방법이다.

간밤에 엎치락뒤치락 하다가 잠을 설쳤다. 열대야의 열기 때문에 죽는 줄 알았지만, 용케도 잘 넘겼다. 문명의 이기(利器)들이 사력을 다해 돌아갔지만, 냉풍이 아니라 나중에는 온풍을 내놓고 있었다.

내리쬐는 햇살에 대지가 타들어 가니 이런 훈염(薰炎)을 견디어내기가 어렵다. 노인들은 숨을 헐떡이며 손바닥만 한 하선(夏扇)으로 더위를 쫓아보지만, 기별도 없다. 냉수를 끼얹어 보지만 겉만 식히는 것이지 속의 열기는 그대로다.

옛날에는 모기떼들이 많아 잠을 설쳤지만, 지금은 그런 일이 없으니 세상 참 많이 변했다. 어쩌다가 한두 마리가 들어와 귀찮게 하면 그냥 놔두지 않는다. 화풀이가 얼굴에서 이루어지면 얼굴은 온통 피범벅이 된다. 이놈들의 떼거리도 이제는 쫓기는 패잔병의 신세만큼이나 처량해졌다.

삼복(三伏)의 한가운데에 이르면 보양식을 먹는다 야단법석이다. 삼계탕은 3일간의 효험이 있고, 황구탕은 7일간의 효험이 있고, 쇠고기는 보름간의 효험이 있고, 가물치 같은 검은 물고기는 한 달간의 효험이 있다(鷄三狗七牛望黑月)는 기록이 있다. 삼복증염(三伏蒸炎)을 다스리는 데는 어느 것을 먹어도 효험이 있어 좋을 것이다.

여름은 노출의 계절이다. 젊은 여인들의 탐스런 몸매가 풍요로이 드러나는 계절이다. 꼭 감춘 부분만을 빼놓고는 나머지는 다 드러내 놓는다. 몸은 늙었지만 탐스러이 익어가는 청포도에 눈을 돌리지 않는 자는 없다. 좋은 것은 언제나 좋고 아름다운 것은 언제나 아름다운 것이다.

아무리 여름이 노출의 계절이라 해도 이런 노구(老軀)를 끌고 나가 몸매 자랑을 할 사람은 없다. "이빨 빠진 노장구 샘가에 가지 마라. 붕

어에게 뺨 맞고, 새우에게 침 맞는다."는 옛 노래가 있다. 이제 다소곳이 눈으로나 즐기고 마음으로 억제하며 살아야 할 일이다.

자연은 끊임없이 생성하고 끊임없이 소멸하며 그 현상을 유지한다. 자연은 인간으로서는 어떻게 할 수 없는 위대한 힘으로 우리를 지배한다. 이런 자연의 섭리에 순응하지 않을 자는 없다.

노장의 기개가 아무리 좋다 해도 하늘을 찌르지는 못한다. 노년의 힘이 아무리 크다 해도 대류(大流)를 역행(逆行)하지는 못한다. 없는 힘을 쓰려다가 되레 탈이 붙는다. 밀려나야 할 때 순순히 밀려나야 다음 놈들이 밀고 올라와 그 자리를 매울 것이다.

검소하되 추하지 않게(儉而不陋) 하고, 화려하되 사치스럽지 않게 해야 한다.(華而不侈) 자기의 처지를 알아차려 처신에 각별해야 한다.

흐르는 물이 썩지 않음은 계속해서 흐르기 때문이요,(流水不腐) 문턱이 좀이 슬지 않음은 계속해서 들락거리기 때문이다.(戶樞不蠹) 여름을 살되 움직이면서 살아야 한다. 움직이면 살고 누워 있으면 죽는다.

문명의 이기에 너무 의존하다간 냉병에 걸려 시달린다. 뭐니 뭐니 해도 식보가 좋다 하였은즉, 세끼의 밥에 감사하라. 식약동원(食藥同源)이라 하였으니, 밥과 약은 그 근원이 같다는 말이다. 밥을 잘 먹으면 약을 잘 먹는 것이 되니, 밥에서 힘을 얻어야 한다. 약에서 힘을 얻을 생각을 해서는 안 된다.

여름은 땀이 많이 나는 계절이다. 조금만 움직여도 땀이 나니 다들 움직이기를 싫어한다. 그래도 매일 움직이며 살기를 힘쓰면 필연 건강을 얻어 산다. 날로 굳어져 가는 몸을 펴려면 날마다 움직여 땀을 흘려야 한다. 날마다 움직여 흘리는 땀은 다이아몬드만큼이나 빛나는 보석이 된다.

힘이 없어 보이되 지치지 않게 살고, 어수룩해 보여도 마음에 중심을 잡아 살면 그것이 곧 노장불패가 된다. 죽는시늉 그만하고 늘 기를 펴고 활개 치며(揚眉吐氣) 살기를 기원한다. 여름을 잘 나는 자가 시원한 가을을 맞이할 은전을 누리게 될 것이다.

교모하게 재앙을 잘 피하며 산다

교토 삼굴(狡兎三窟)

교토란 말은 교활한 토끼라는 뜻이고, 삼굴이란 굴이 세 개라는 뜻이다. 교활한 토끼는 굴을 세 개나 가지고 있어서, 아무리 큰 재앙이 닥쳐와도 이를 잘 피하며 산다는 뜻이다.

토끼를 교활하다고 표현했지만, 원래 토끼는 여우처럼 간사하고 꾀가 많은 동물은 아니다. 순하고 체구마저 작아서 큰 동물의 침해를 받기가 쉽다. 원래 재앙은 예고 없이 오는 것이지만, 토끼 같은 작은 동물도 대비를 잘하여 살면 이를 막을 수 있다 하여 하는 말이다.

나는 생김새가 둔중하고 머리마저 우둔한지라 간사하다거나 꾀가 많은 사람이라고 생각하는 사람은 없는 것 같다. 그런데 요즘에 내가 좀 간사해졌다는 생각이 든다. 요즘이 선거철인지라 어떻게 처신해야 좋을지를 몰라 어려울 때가 많다. 지인(知人)들로부터 한 표 부탁하자는 요청이 들어오면 서슴없이 그러자고 해버린다. 이런 일은 하루에도 몇 차례씩 부딪치는 일이어서, 이렇게라도 해서 그들과의 관계를 유지하고 또 그렇게 해서 나의 체면을 유지하며 산다.

마음에 안 드는 사람이라 하여, "아, 안 된다, 찍을 사람이 이미 정해졌으니 다음에는 부탁하지 말라."고 하여 매정하게 잡아뗄 수가 없다.

그런 나의 처신이 교활하다고 할는지는 모르나, 기실은 딱 잡아뗄 용기나 배짱도 없어서 그냥 그러자고 해버린다.

지금껏 그렇게 하며 살았지만 나를 교활한 사람이라고 하는 사람은 없는 것 같고, 나 역시 양심에 좀 거리끼기는 해도, 세상을 타락시키는 악행으로는 생각하지 않는다. 간사한 꾀로 상대방을 속이며 살면 이를 백반 교사(百般巧邪)라 하거니와, 선거철에나 가끔 써먹는 것이지 다반사로 행하며 사는 것은 아니다. 만약 내가 지금껏 그렇게 살았더라면 지금은 다른 사람으로 크게 변해 있을 것이다. 선거철의 속성상 하는 수 없이 써먹는 궁여지책으로, 이런 경험은 누구나 다 가지고 있을 것이다.

언어는 연금술사(鍊金術師)와 같은 것이다. 칭찬 한마디에 듣는 사람의 얼굴이 펴지고, 말 한마디로 사람을 천국이나 지옥으로 보낸다. 하여튼 말처럼 무서운 힘을 가지고 있는 것은 없다. 교활한 말로 사람을 속이며 사는 사람들을 세상은 그대로 놔두지 않는다. 게다가 지옥과 법정은 언제나 열려 있어서(Hell and chancery are always open.) 그들이 들어오면 환영하여 모실 것이다.

이솝 우화집에 이런 이야기가 있다.

숲 속의 왕인 사자가 나이가 들어 병에 걸려 눕게 되었다. 여러 동물들이 와서 문병을 했지만 여우 혼자만 찾아오지 않았다. 그때 이리가 나서서 하는 말이, 여우는 왕을 좋아하지 않기 때문에 그러는 것이라고 거짓말을 한다. 그 말을 들은 사자는 화가 나서 당장에 여우를 잡아오라고 한다. 여우는 이미 사자 굴 앞에서 이리가 하는 말을 엿듣고 있었던지라, 사자 앞에 나타나 큰절을 하고, 왕의 병을 낫게 하는 처방을 의사에게서 얻어오느라고 늦었노라고 했다. 그 처방은 다름 아닌 이리의 가죽을 벗겨 그것으로 몸을 감싸고 있으면 병이 나을 것이라는 것이었다. 병이 낫는다는 말에 기분이 좋아진 사자는 바로 이리를 죽여 가

죽을 벗겼다. 이리가 여우를 해치려고 거짓말을 한 것이 되레 자기의 목숨을 잃는 화(禍)를 입게 되었다는 이야기다.

이리도 간사하지만, 여우는 더 간사하다. 게다가 늙은 여우는 자기의 덫을 알고 사는 동물이어서 함부로 건드려서는 안 된다.(An old fox understands a trap.) 자기의 덫을 알고 있는 자를 잡으려고 덫을 놔봤자 아무 소용이 없다. 잘못하다간 되레 자기가 잡히는 재앙을 입기 때문이다.

간계를 써서 남을 해치며 살려고 할 것이 아니요, 내가 나를 잘 갖추어 살면 남이 나를 함부로 범치 못할 것이다. 토끼처럼 굴을 세 개나 파서 사는 우직성(愚直性)을 발휘해서 살면 어떤 불시의 재해도 막으며 살 수 있을 것이다.

한때 세상을 크게 놀라게 했던 글귀가 있다. 신문에서 대서 특필(大書特筆)하여 사용했던 글귀다. 그 글귀가 바로 다름 아닌 양봉 음위(陽奉陰違)라는 글귀다. 앞에서는 잘하는 체 갖은 아양을 부리지만(陽奉), 뒤로 돌아가서는 온갖 간교한 짓을 행하며 산다(陰違) 하여 쓴 말이다.

일국의 제이인자(第二人者)라고 자처하며 살았던 자가 이렇게 표리(表裏)가 부동(不同)하게 처신하다가 무자비하게 가혹한 처단(處斷)을 당한 일이 있다. 그런 불행을 당하지 않으려면 앞에서도 잘해야 하지만 뒤에서는 더욱 잘해야 한다. 그런 일이 바로 이북(以北)에서 일어난 사건으로 한 때 세상을 크게 놀라게 했던 사건이다.

자기의 목적을 위해서는 정직(正直)과 같은 것은 헌신짝처럼 걷어차는 세상이 되었다. 부정한 수단으로 남을 짓밟고 입신 양명(立身揚名)을 누리며 사는 세상이다. 잔꾀를 부리며 사는 사람들이 많지만, 잔꾀는 결코 수명이 길지 않아 오래가지 못한다.

구밀 복검(口蜜腹劍)이라는 말이 있다. 구밀이라는 말은 입속에는 꿀이 있고(口蜜), 뱃속에는 칼이 들어 있다는 뜻이다.(腹劍) 입으로는 꿀처럼 단 말을 하지만, 속으로는 칼을 갈며 남을 해치려 드는 것을 비유적으로 표현한 말이다. 남의 비위를 맞추기 위해 달콤한 말을 서슴없이 하고, 이로운 조건으로 남을 꾀어서 해코지하는 것을 감언 이설(甘言利說)이라 하거니와, 이런 짓을 해서 자기만 잘 살아보려는 생각을 하며 사는 사람들이 많다.

앞에서는 굽실굽실 잘하는 척하지만, 돌아서서는 온갖 교언(巧言)으로 남을 모함하며 살면, 면종 후언(面從後言)이라 하거니와, 그러기를 계속하면 세상의 큰 악이 되어 나와 이웃을 어지럽게 한다.

토끼는 원래 양순하고 힘이 약한 동물이어서 힘센 동물의 침해를 받아 그들의 밥이 되기가 쉽다. 하지만 그가 가진 모든 재능을 발휘해서 굴을 세 개나 갖추어 살면, 어려울 때 그를 구하는 큰 방패(防牌)가 될 것이다. 사람은 누구나 다 어느 정도의 교활성을 가지고 있다. 나도 예외는 아니어서 필요하면 가끔 그 교활성을 발휘하며 산다. 어쩌다가 한두 번이면 몰라도 이를 다반사(茶飯事)로 행하며 살다간 대화(大禍)를 면치 못할 것이다.

얼굴의 표정만 보아서는 그 사람이 무슨 생각을 하며 사는지는 알기가 어렵다. 겉으로는 미소를 짓는 체해도 속으로는 칼을 갈며 남을 해칠 생각을 하는 경우가 많다.(笑中有劍) 나도 마음 단련이 덜 된 사람이어서, 하루에도 몇 차례씩 악의 침범을 받으며 사니 사람처럼 괴상한 동물도 없다.

사람은 누구나 그 마음속에 미치광이를 가지고 있다. 이 미치광이를 잘 다스려야 하지만 그 일이 결코 쉬운 일이 아니다. 신(神)과 악마가 부단히 싸우는 전쟁터가 곧 사람의 마음이다. 다른 것은 끝나는 날이 있지만, 마음 단련은 끝나는 날이 없다. 죽는 날까지 계속하며 살아야 할 것이 바로 이 마음의 단련이다.

행복한 마음을 가지면 아름다운 얼굴을 가진다 하였다. 남이 하는 일을 도와주고 남의 명예를 존중하며 살면 마음에 평정을 얻어 살 것이다. 남이 어떻게 해주기를 바라지 말고, 나 스스로 잘 갖추어 살면 남이 감히 나를 범치 못하게 될 것이다. 하나의 굴로 만족할 것이 아니요, 할 수만 있으면 많은 굴을 파서 살면 불시의 재해를 막고 마음도 편히 하여 살 수 있을 것이다.

성탄에 붙여

하늘의 옥좌(玉座)를 버리시고
이곳 지상(地上)에 내려와
우리 인간들과 함께 사시고자
베들레헴 누추한 마구간의 구유에서 태어나시니

밖에서는 목자(牧者)와 그의 양(羊)떼들이
소리내어 당신의 탄생을 기리고
하늘의 사자(使者)들이 내려와 당신의 영광을 노래하고
천군(天軍) 천사(天使)들이 내려와 당신을 찬송(讚頌)하여이다.

동방(東方)에 세 박사(博士)들이 하늘의 별빛을 따라
마구간에 들어와 아기에게 엎드려 경배(敬拜)하고
보배합을 열어 황금과 유향(乳香)과 몰약을 예물로 드렸으니
하늘로서 오신 독생자(獨生子)의 탄생을 기리고자 함이외다.

집집마다 거리마다 성탄 트리들이 눈부시게 빛나고
캐럴송이 하늘 높이 울려 퍼지고

루돌프 사슴코가 붉게 물들어 빛나고
산타 할아버지의 발걸음이 바쁜 것도 당신의 탄생을 기리고자 함이외다.

살아생전에 힘들게 사는 자들의 마음을 어루만져 주시고
고통받고 사는 자들의 눈물을 닦아 위로하여주시고
많은 이적(異蹟)을 베풀어 병들어 신음하는 자들을 고쳐주었나이다.

손 마른 병자들을 고쳐주시고
혈루병자들을 고쳐주시고
앉은뱅이를 일으켜 걷게 하시고
소경이 눈을 떠서 보게 하시고
귀먹은 자들의 귀를 트여 듣게 하시고
나병환자들을 고치시고
귀신들린자들을 고치시고
죽은 지 며칠이 된 나사로를 고쳐 살게 하시고
당신의 옷자락에 손을 대는 자마다 다 낫게 하셨더라.

삭개오야, 너는 돈 밖에 모르는 세리(稅吏)의 장(長)이 아니더냐
그런데도 오늘 어찌하여 나를 그리도 보고 싶어 하였더냐
예, 당신의 행적(行蹟)이 유별(有別)하여 당신을 보고자 하였지만
제 키가 너무 작은지라 뽕나무 가지에라도 올라가 당신을 보고자 하였나이다.
내 이제라도 당신의 뜻을 따라 제 재산(財産)을
반분(半分)하여 어려운 사람들을 도우며 살고자 하나이다.

니고데모야, 너는 원래 바리새인이 아니더냐
바리새인들은 그리스도의 탄생을 부인(否認)하던 사람들이 아니더냐
그런데도 오늘밤 네가 나를 은밀히 찾아온 것은 무슨 이유에서더냐
예, 당신은 인간으로 태어나 인간 속에 살지만
당신의 행적은 인간의 행적이 아니요
하늘의 행적이요 하늘의 표적(表迹)이외다.

당신의 말씀은 빛이 되어 세상 어두운 곳을 비추고
사람들의 마음속 깊은 곳까지 흘러서
행악(行惡)하는 자는 악에 머무르지 않고
진리의 빛을 좇아 선으로 나아오게 하시더이다.

당신이 만약 이 세상에 오시지 않았더라면
이 세상은 온통 어두운 암흑(暗黑)이 되어
온갖 거짓과 불신(不信)과 완악(頑惡)과 죄악으로 가득차서
사람들이 하루도 마음 놓고 살 수 없는 세상이 되었을 것이외다.

내 십자가(十字架)에 못박혀 죽음은
대속(代贖) 희생(犧牲)으로 영생의 영광을 얻게 함이라
내 너희를 위하여 고난(苦難)을 받은 것은 너희에게 본(本)을 보여
나의 발자취를 따라오게 하려 함이다.

당신은 평강(平康)의 왕이요
당신의 사랑과 은총(恩寵)으로
온 세상이 평화를 누리며 살고
이웃과 불화(不和)하지 않고 서로 사랑하며 살고

우리의 온 가정과 사람마다의 가슴 속에
사랑과 감사와 용서(容恕)와 온유(溫柔)함으로 위로를 받아
만세 무궁(萬歲無窮) 영원(永遠)토록 당신을 기리며 살게 하여이다.
아멘

얼굴이 두꺼워서 부끄러워할 줄 모름

후안 무치(厚顔無恥)

후안이란 낯가죽이 두껍다는 뜻이고, 무치란 부끄러워할 줄을 모른다는 뜻이다. 후안 무치란 낯가죽이 두껍고 뻔뻔스러워서 부끄러워할 줄을 모르는 것을 말한다.

늘 선한 마음으로 살아가는 분들에게는 미안한 말이지만, 사람은 원래부터 선과 악을 부단히 들락거리며 산다. 사람은 여러 사람들과의 관계를 통해서 살아가는 관계적 존재이다. 늘 좋은 사람만을 만나는 것이 아니고, 때로는 나쁜 사람을 만나기도 한다. 그러다 보면 그들로 인해 좋아졌던 마음이 곧 악해지기도 하고, 악해졌던 마음이 곧 선해지기도 한다.

양심에서 벗어나지 않게 하라는 말은 나쁜 일을 하지 말라는 뜻이다. 평소 자기의 양심을 잘 지키며 살다가도, 적은 유혹이 닥쳐오면 이를 이겨내지 못하고 곧 무너져서 나쁜 일을 저지른다. 이런 일을 하루에도 수없이 반복하며 사니 사람처럼 불완전한 동물도 없다. 곧 좋아졌다 곧 나빠지고, 곧 나빠졌다가 곧 좋아지기를 반복하며 산다. 이런 일들은 자기 마음속에서 은밀하게 일어나는 일들이어서, 자기 이외에는 아는 자가 아무도 없다. 이런 일련의 일들이 기록이 되어 세상에 나타난다면 사람보다 더 부끄러워해야 할 동물은 없을 것이다.

마음속에서 살인이나 도적질을 획책(劃策)해도 이를 아는 자는 자기 뿐이다. 그러다가도 시간이 지나면 아무 일도 없었던 것처럼 다 잊어버리고 산다. 마음속에서는 제아무리 음흉한 생각을 해도 그것이 밖으로 나타나지 않으면 세상의 어떤 법도 이에 관여하지 못한다.

마음속에서 일어나는 일은 양심만이 다 알고 있어서, 양심의 그물에 걸리지 않는 것은 없다. 마음속에서 아무리 은밀하게 이루어진다 해도 우리의 일거 일동(一擧一動)은 양심의 망에 다 걸린다.

양심의 망을 하늘의 망(天網)이라고도 한다. 그 천망은 성기게 짜여 있지만, 그 망의 어디에서도 빠져나갈 곳이란 없다.(天網恢恢疏而不漏邊)

양심은 우리가 저지르는 모든 죄를 고발하는 고발자이다. 세상의 법은 육법(六法), 칠법(七法)을 만들어 빠져나가지 못하게 철벽 방어를 해도 이를 빠져나가는 자가 수없이 많다. 하지만 양심의 망은 아무리 회회(恢恢)하게 짜여 있다 해도 아무리 작은 것도 그 망을 뚫고 빠져나가지 못한다.

양심은 우리의 마음속에서 일어나는 일을 재판하는 재판관이다. 신전(神殿)처럼 성스러운 곳에 앉아 우리의 죄를 재단(裁斷)하는 명재판관이고, 아주 공평 무사하게 한 치의 잘못도 없이 재판하는 왕 재판관이다.

평생을 살면서 한 번도 병에 걸려본 적이 없이 건강하게 산 사람은 없다. 아무리 써도 닳지 않고 무한히 쓸 수 있는 재물도 없다. 천하를 호령하며 영원히 누릴 수 있는 권력도 없다. 지금은 튼튼하게 보여도 언젠가는 다 무너진다. 육체는 썩어서 없어지고, 재물도 또한 소멸하여 없어지고, 권세도 10년을 버티지 못하고 무너진다. 하지만 우리의 양심은 잘만 지키면 난공 불락(難攻不落)의 튼튼한 요새(要塞)가 된다. 우리의 양심이 늘 바르기를 계속하는 한 외부의 어떠한 힘도 감히 침범하지 못한다.

우리가 늘 선한 생활을 하며 살면 지금은 잘못 이해되어 비방을 받으며 살아도 언젠가는 우리를 바르게 이해해 줄 것이다.

부앙무괴(俯仰無愧)라는 말이 있다. 하늘을 우러러보고, 땅을 굽어보아 양심에 부끄럼 없이 사는 것을 말한다. 맹자(孟子)는 그의 삼락(孟子三樂)에서 부끄럼 없이 사니 기쁘기 그지없다고 했다.(仰不愧於天 俯不怍於人) 세상을 이렇게 사는 사람들이 있으면 세상은 날로 밝아 좋아질 것이다.

나 자신을 돌아다 보니 잘못한 일이 너무 많다. 세상에 알려졌더라면 크게 부끄러울 일이 되었을 것이다. 그 일을 생각할 때마다 얼굴이 붉어져 화끈거리기도 한다. 내 그 일들을 반면 교사(反面教師)로 삼아 늘 경계하며 살고 있다.

낯가죽이 두꺼우면 별짓을 하고도 뻔뻔스럽게 활보하며 돌아다닌다. 얼굴은 사람의 얼굴을 가졌으되 마음은 짐승의 마음으로(人面獸心) 온갖 잔혹한 일을 저지르며 산다. 그러고도 부끄러워할 줄을 모르고 살면 이런 사람을 후안 무치한 사람이라 한다. 세상에 이런 사람들이 많아서 세상은 날로 흐려져 간다.

옛날 임금님들은 별짓을 다 해도 눈감아주며 이를 무치(無恥)라 하였거니와, 임금의 권위를 생각하여 그렇게 봐줬지만, 지금은 어림도 없는 세상이 되었다. 최고의 자리에서 최고의 수범(垂範)을 보이지 않으면 백성들로부터 호된 매를 맞는다.

자기의 잘못이나 결점을 부끄러워하고 남의 나쁜 점을 미워하는 것을 수오지심(羞惡之心)이라 한다. 사람이 나쁜 짓을 범하면 우선은 심장이 뛰고, 얼굴이 붉어진다. 이마에 땀이 나고, 부끄러움의 정도가 심하여 무서울 정도가 되면, 흐르는 땀이 등을 적시기도 한다.(汗出沾背)

이런 경험은 누구나 하며 살았을 것이고, 남들 앞에서 쩔쩔매며 서 있었던 경험은 다 가지고 있을 것이다. 나 역시 평생을 이러기를 반복하며 살았다. 그래도 그럴 때마다 뉘우치며 살았으니 큰 위안과 다행 대복을 느낀다.

수치심이 없는 사람은 양심이 없는 사람(He that has no shame has no conscience.)이라 하거니와, 세상을 살되 늘 뉘우쳐 고쳐 살기를 힘써야 한다. 부끄러워할 줄을 모르는 사람이 있다면 가장 잘못된 사람이고, 또 가장 잘못을 저지르기 쉬운 사람이다.

인간만이 얼굴이 붉어지는 동물이라 하였다. 그것이 인간의 수월성(秀越性)이요, 만물의 영장(靈長)이라 할 수 있는 연유(緣由)다.

선과 악을 구별하는 도덕적 척도가 곧 양심이라고 한다.(Moral sense of right and wrong.) 이 양심의 척도에 잘못 걸려 한쪽으로 잘못 기울어지는 일이 없기를 바란다. 잘못을 저질렀으면 이를 부끄러워하고, 이를 고치며 사는 생활이 이어지기를 바라고, 후안 무치한 사람이 되지 않기를 바라며 이만 줄인다.

Y 교수님의 서거에 붙여

Y 교수님은 병마를 이기지 못하고 마침내 가셨다. 봄이 오면 죽어 가던 것도 생명을 얻어 소생하는데 그러지 못하고 가셨다. 바깥 추위가 유별나다고는 해도 병실의 온도는 그런대로 견딜만하다. 밖에서는 봄이 오는 소리가 희미하게 들리고 여인들의 옷차림이 화사해졌다. 이 좋은 계절을 넘기지 못하고 끝내는 가셨다.

가시더라도 이처럼 좋은 화풍 난양(和風暖陽)의 계절을 넘기고 가실 일이지, 병마와의 싸움이 힘들어서 견딜 수 없으셨던 모양이다.

영안실 복도를 가득 메운 화환은 사후의 길이라도 편히 가시라 하여 만들어드린 꽃길 같다.

노년이 되면 사신(死神)의 음영(陰影)이 가끔씩 뇌리를 스치고, 병마에게 한번 걸렸다 하면 그 악력(握力)이 어찌나 강하던지 도저히 빠져나오기가 힘들다. 그놈과의 싸움은 그 고통이 어찌나 단말마적(斷末魔的)이던지 이겨낼 장사가 없다.

하룻밤 사이에 밤새 연고로 가는 사람이 있다면, 고종명(考終命)의 대복을 누리는 것이지만 대개는 한없이 시달리다 지쳐서 간다. "죽음 앞에 추태를 부리지 마라. 조금만 더 살다 가게 해달라고 애원하지 말라. 그것은 추태 중의 추태다. 이 세상에 영원히 살자는 없다. 사람은 조금 더 살고 조금 덜 살다가 간다. 더 오래 살지 못하는 것을 탄할 것이 아니요, 살아생전에 바르게 살지 못함을 탄할 일이다. 이만큼 살다 가는 것에 감사하라. 여기까지가 나의 몫이니 나의 몫을 다 살다 가는 것에 감사할 일이다." 이상의 글은 내가 쓴 책에서 썼던 것을 다시 여기에 인용했다.

이 세상과의 인연이 다하면 그 인연의 고리가 끊기고, 그 고리가 끊기면 저승의 업보(業報)에 매인다. 이승의 업보는 유한하지만, 저승의 업은 유명(幽明)을 달리한다고 하거니와, 살아보지 않는 저곳을 어찌 말해야 할지는 나도 모른다. 그저 선인(先人)들이 이야기했던 대로를 믿으며 살 수 밖에 없다.

한 직장에서 40여년을 같이 살았으니 인연 중에 큰 인연이다. 이젠 그 긴 인연도 이것으로 끝나고, 그분과 우리와는 영원한 별리로 갈라섰다.

모파상 같은 문인은 "우리들은 늘 죽음과 마주치면서도 그 얼굴을 본 적이 없다."고 했다. 죽음의 사자(使者)들이 검은 두루마기를 입고, 검은 갓을 쓰고, 온갖 차림을 검게 하여 문 앞에 서서 나오라고 손짓을 하면, 떼를 쓰며 안 가겠노라고 사력(死力)을 다 해도 아무 소용이 없다.

사람이 늙어 죽을 나이가 되면 하루에도 몇 번씩 죽음을 생각할 때도 있지만, 자기를 끌고 갈 죽음의 모습은 보지 못한다. 고작 생각한다는 게 검은 옷차림의 저승사자를 상상으로 그려볼 뿐이다. 죽음처럼 무서운 것은 없지만 이를 피하여 살 자도 없다. "영리한 자나 바보나, 가난한 자나 부자나, 죽음에 있어서는 모두 평등이다."(로레하겐/개구리와 쥐의 싸움)

이 세상에는 나를 영원히 살아있게 할 불로장생초(不老長生草)도 없다. 무소불위의 권력을 휘두른 자도, 부귀, 영화, 권세로 세상을 좌지우지하던 자도 죽음 앞에서는 한낱 초개(草芥)처럼 무력하기 그지없다.

옛말에 "대문 밖이 저승이다."라는 말이 있다. 대문 밖을 나서면 우리의 생명을 위협하는 것들이 도처에 도사리고 있어서, 언제 어떤 일을 당할지는 아무도 모른다. 죽음은 예고도 없이 홀연히 찾아온다. "한번 태어나는 자는 한번은 다 죽는다."(He that is once born must die.)라고 하였고, "죽음은 새끼 양도 잡아먹고 어미 양도 잡아먹는다."(Death devours lambs as well as sheep.)라고 하였다.

천하를 통일한 진시황제는 서복(徐福)이라는 사람을 시켜 15세 이하의 소년 소녀를 항주(恒州)의 섬에 보내, 불사 불로(不死不老)의 약초를 캐오라 하였지만, 그들은 돌아오지 않았고, 지금까지 그곳에서 선인(仙人)이 되어 살고 있다고 한다. 그들이 돌아오기를 싫어한 것은 영원한 젊음을 누리며 그곳에서 살고 싶기 때문일 것이다. 늙으나 젊으나 영생 불사에 대한 소망을 다 가지고 있다.

죽음은 어느 누구에게나 다가오는 불가회피의 필연의 것이다. 그러나 죽음이 다가올 때는 영웅주의를 발휘하여 용감한 각오로 맞이할 준비를 해야 한다. 비겁하게 살려달라고 애원해봤자 아무 소용이 없다. 기왕 가는 것 보기 좋게 가는 것이 좋다.

Y 교수님! 여기까지가 교수님이 이 세상과 맺은 인연의 전부입니다. 인연이 다 되면 누구나 다 이곳에서의 인연은 풀립니다. 그간 이승에서 맺은 가족들과 친지, 제자분들이 다 아쉽고 뒤돌아 봐지지만, 이젠 하늘나라의 새 인연이 기다리고 있습니다. 그곳에서 잘 사실 수 있도록 명복(冥福)을 빌어 마지 않습니다.

교수님은 평소에 자기에게는 추상같이 엄하고, 남에게는 봄바람처럼 부드러우셔서(持己秋霜 待人春風), 만인의 존경과 사랑을 받으며 사셨습니다.

내가 우리 모임의 회의를 처음으로 주재하게 된 후 돌아가신 분이

어서 감회가 유별나고, 교수님을 잃은 섭섭함을 글에 담아 영전에 바칩니다.

지금 이곳은 봄이 왔다고는 해도 찬기가 남아 있습니다. 꿩이 스스로 울음을 터뜨려(春雉自鳴) 봄을 즐길 정도의 봄기운은 아닙니다. 교수님이 가시는 그곳은 연중 꽃이 환하게 피어 있고, 꾀꼬리가 울음을 터뜨리는 백년 춘색(百年春色)이라고 합니다. 그 좋은 곳에서 영원한 安息과 기쁨을 누리시기를 기원하며 이만 줄입니다.

종교 산책

가톨릭 교회가 생긴 지 2000년이 넘는다. 가톨릭에서 제일 높은 지위는 교황이고, 그 다음이 추기경이다. 가톨릭 전 역사를 통해 지금의 프란치스코 교황은 266번째의 교황이고, 염 추기경은 한국에서 3번째로 탄생한 추기경이다.

그렇다면 첫 번째의 가톨릭 교황은 누구였는지 궁금하다. 예수의 12제자 중의 한 사람인 베드로가 초대 교황이다. 베드로는 야고보, 요한과 함께 예수의 3제자 중의 한 사람이다.

지금은 추기경들이 밀실에 모여 새 교황을 선출하지만, 그 당시에는 신자들이 한 데 모여 적합한 사람의 이름을 외치면, 여러 신자의 입에서 한 사람의 이름이 나오면, 그를 하늘의 뜻으로 여기고 교황으로 선정했다. 베드로 역시 그렇게 해서 선정된 교황이다.

로마 제국은 계속해서 그리스도교를 탄압했고, 폭군인 네로 황제는 그리스도교도들이 사는 곳에 휘발유를 뿌려 불을 질렀고, 그리스도교도들을 화제의 범인으로 몰아 수없이 많은 교도들을 무차별적으로 사형에 처해 죽였다.

쿠오바디스(Quo vadis)라는 작품이 있다. "주여 어디로 가시나이까." 라는 뜻의 작품이다. 폴란드 작가 시엔키에비치가 쓴 작품이다. 로마시가 불타고 있었을 때, 그 불을 피해 베드로가 로마시를 빠져나가 제 7 언덕을 넘고 있었을 때, 앞에서 예수님이 나타나 로마로 들어가고 있었다. 그때 베드로가 "주여, 어디로 가시나이까? 지금 로마시가 불타고 있나이다."라고 했다. 그때 예수께서 "너는 어찌하여 너 혼자만 살려고 그곳을 빠져나오느냐."라고 말하고 총총히 로마를 향해 걸어 들어갔다고 한다.(그리스도의 환영)

로마 제국에서는 그리스도교에 대한 탄압이 심하고, 그리스도교 자체에 대한 포교를 금지했다. 그러나 베드로는 이에 굴하지 않고 그리스도교의 가르침을 전했다. 그러다가 종래에는 십자가에 거꾸로 매달려 순교당했다.

가톨릭은 그리스도를 믿는 종교 중의 하나이고, 베드로가 순교한 것은 지금부터 약 2000년 전의 일이었다. 지금까지 266명의 교황이 탄생했으니, 교황 한 사람의 재위 수명은 평균 7년 남짓한 기간이 된다.

그로부터 얼마 되지 않아 북쪽에서 게르만 민족이 밀고 내려와 로마제국을 멸망시켰다. 그 후 게르만 민족은 그리스도교를 받아들였고, 이때 그들이 세운 나라들이 오늘날의 영국, 독일, 프랑스 등으로 이어졌다. 그래서 지금도 이 나라들은 그리스도교를 많이 믿는 나라가 되었다.

그런데 가톨릭교회는 서기 1000년쯤 되었을 때, 두 갈래로 나누어졌다. 로마를 중심으로 서로마제국과 동로마제국(콘스탄티노플: 지금의 터키 이스탄불)으로 갈라지면서 교회도 둘로 나누어졌다. 둘로 나뉜 후에는 두 교회는 서로를 혹독하게 비난하는 앙숙의 관계가 되었다.

이때 로마 교황이 이끄는 서쪽 교회는 가톨릭교회로, 동쪽교회는 정교회라는 이름으로 불렸다.

가톨릭이라는 말은 '보편'이라는 뜻으로, 우리나라에서는 천주교라고 하고, 성당을 천주교회라고 부르고 있다.

그 후 500년쯤 지나서 다시 둘로 나뉘었다. 가톨릭교회의 지도를 받지 않고도 그리스도를 믿을 수 있다고 주장하는 종교개혁가들이 나타났다. 왜냐하면, 그 당시 가톨릭교회의 폐해가 너무 심하여 신앙의 본질이 흐려지고 있었기 때문이다. 그것이 소위 말하는 돈만 많이 내면 죄가 면죄된다고 하는 면죄부(免罪符) 판매였다. 그때 종교개혁을 부르짖고 일어난 사람들이 마르틴 루터와 칼빈이라는 사람이었다.

루터(Luther Martin)는 독일의 종교학자로 로마 교황의 면죄부 판매에 분개하여, 이에 대한 항의서 95개조를 발표하여 파문(破門)을 당했으나, 이에 굴하지 않고 종교 개혁의 가치를 높이 세웠다.(1517)

칼빈(Jean Calvin)은 프랑스의 신학자로 스위스로 망명하여 제네바 교회의 개혁에 착수했다. 성서의 권위를 바탕으로 예정설과 신의 절대 주권을 강조하고, 극기 금욕주의의 엄한 규율을 만들었다.

루터와 칼빈의 종교개혁을 따르는 사람들은 가톨릭으로부터 떨어져 나와, 그들 나름의 교회를 세워 그리스도를 믿게 되었다. 이렇게 새로 나타난 교회를 프로테스탄트(Protestant)라고 한다.

프로테스탄트는 우리말로는 '개신교'라고 한다. 장로교, 감리교, 침례교…… 등 여러 교회가 여기에 속한다. 그리하여 이 세상에는 가톨릭, 정교회, 개신교 등의 그리스도교가 존재하게 되었다.

지금까지 종교 산책이라는 제하(題下)의 글을 썼다. 하나님은 한 분인데 어찌하여 이렇게 많은 교회들이 서로 다른 이름으로 세상에 난립하여 존재하게 되었는지는 많은 사람들의 관심사 중의 하나다.

그리스도교의 전 역사를 통해 그 근원으로부터 오늘날에 이르기까지 이를 정리해보는 것도 좋을 듯하여 이렇게 정리했다. 완전한 것은 아니지만, 평소 내가 알고 있었던 지식에, 다른 자료들을 들추어가며 정리를 했다. 이미 알고 있는 분들에게는 부질없는 짓이지만, 그렇지 않고 그리스도교에 대한 관심이 있는 분들에게는 다소의 도움이 되었으리라 믿는다.

제6부

여행은 독서요 교육이다

여행은 걸으며 하는 독서요,
독서는 앉아서 하는 여행이다.
여행은 나를 행복한 자유인이 되게 하고,
즐거운 여행은 여로(旅路)의 시간을 단축시킨다.
풀 한 포기 구름 한 점이,
여행자의 벗이 되고 안내자가 된다.
호기심은 사람을 움직이는 혼이고,
호기심으로 산을 넘고, 파도를 타고, 하늘을 난다.
호기심으로 새로운 것을 찾아 나서고,
호기심으로 미지의 것에 생명을 건다.
여행자의 보따리에는 먼 훗날까지 전할
추억의 이야기거리들이 가득하다.

여행 유감(旅行有感)

이번 여행은 아들 며느리가 초청하여 이루어진 여행이고, 여행지는 다름 아닌 미국이었다. 20여 년 전에 미국에 가서 1년여 동안 머문 적이 있는지라 그곳은 나에게 생소한 곳은 아니다.

여행이란 갈 때마다 감회가 새로워지는 것이어서 횟수(回數)에 상관없이 이루어진다. 거의 평생을 큰 여행을 해본 적이 없는지라 나보다는 집사람이 더 반색하는 눈치였다.

세계를 하나의 지구촌이라고 해도, 자기 나라를 벗어나면 모든 것이 서로 다른지라, 새로운 것을 접해보고 싶은 욕구는 여행자 누구에게나 있는 일이다.

세계를 한 권의 책이라고 하면 한 차례의 여행으로는 겨우 한두 페이지 정도를 읽고 온다고 할 수 있다. 한 차례의 여행으로는 그곳의 모든 것을 다 보고 오지는 못한다. 그저 주마간산(走馬看山)격으로 겉으로 나타나는 것 일부만을 보고 온다. 한 지역에서 오래 머물렀다 해도 그곳 생활의 깊숙한 곳까지를 다 보고 오지는 못한다.

여행은 지금까지의 힘든 생활에서 잠시 벗어나, 이국의 새로운 풍물(風物)에 대한 견문을 넓힐 좋은 기회다.

내 일찍이 미국의 브리검영 대학에서 1년여의 생활을 했고, 숙식은

학생 기숙사에서 한지라 그곳 생활에 생소하지는 않다. 도서관에 연구실을 하나 얻어 놓고, 낮에는 그곳에서 책을 읽고, 귀국 후에 제출해야 할 논문 준비를 하며 살았다. 그러다 보니 나의 행동 반경은 기숙사에서 식당, 식당에서 도서관으로 한정되어 있어서, 그곳 사람들과 폭넓게 접촉할 기회는 없었다.

여행자의 혼(魂)은 완전 자유여서 여행하는 사람을 완전히 자유인으로 만든다. 똑같은 곳을 같이 여행했다 해도 서로 다르게 느끼는 것은, 각자의 생각에 따라 느끼는 정도가 다르기 때문이다.

집안에 갇혀 살다가 다른 곳으로 여행을 하면 지금까지의 지루한 생각들이 새로운 모습을 갖추어 나타난다. 잠시 밖으로 나와 바깥세상을 호흡하게 되면 바깥세상이 무한량 넓은 것에 감탄한다.

인간 생활이 날로 좋아지는 것은 인간이 본래 가지고 있었던 호기심(好奇心) 때문이다. 인간에게 호기심이 없었다면 인간 생활은 참 진부(陳腐)하고 따분하기 그지없는 생활이 될 것이다. 인간에게 호기심이 없다면 새로운 것을 찾아 나서는 일도 없고, 그저 지금 하고 있는 일에 만족하며 살 것이다. 새로운 것이 나타나면 그것을 보지 않고서는 배길 수가 없는 것도 호기심 때문이다. 젊은 두 남녀가 상대방을 보고자 하는 것도 호기심 때문이고, 새로운 여행지를 찾아 여행하고자 하는 것도 호기심 때문이다. 여행에 목적지가 정해지면 잠을 설치며 기다리는 것도 호기심 때문이다.

목적지의 산야의 새로움이나, 도시 건물의 새로운 모습이나, 줄기차게 뻗은 도로와 그 위를 질주하는 차량들이며, 굽이굽이 감돌아 흐르는 하천이며, 기타 모든 것을 보고자 하는 호기심은 끝이 없다. 그곳에서 만나는 사람들의 모습은 어떠하며, 그들은 무슨 생각을 하고, 무슨 이야기를 하며 살아가는지 등등, 호기심은 꼬리에 꼬리를 물고 이어진다.

여행은 마냥 즐겁고 행복한 것은 아니다. 때로는 근심 걱정과 두려움에 휩싸인다. 무슨 옷을 입고 가고, 무슨 신을 신고 갈 것이며, 심지어는 어떤 모자를 쓰고 갈 것인지 등등, 갈피를 잡지 못한다. 비행기가 고공(高空)에서 추락이라도 하면 영원한 불귀(不歸)의 객(客)이 되고, 여행 중에 길을 잃기라도 하면 영원한 미아(迷兒)가 된다. 이런저런 생각에 여행 출발 전의 며칠간은 불안과 공포에 시달리며 잠을 이루지 못한다.

여행을 하고 싶은 생각보다는 때로는 포기하고 싶은 생각이 든다. 그래도 여행을 포기하지 않고 강행(强行)하는 것은 미지의 세계에 대한 동경(憧憬)과 호기심이 더 크기 때문이다. 하여튼 여행은 좋은 것이고 여행을 가기로 결정한 순간부터 불안과 호기심은 교차하여 가슴은 뛰고, 심장의 박동 또한 예전과는 다르다.

여행 중에 일어나는 여러 가지 새롭고 재미있는 일들은 여행 후에 오래 기억될 좋은 추억거리가 된다. 그래서 사람들은 여행을 이 세상에서 가장 재미있고 보람 있는 일 중의 하나로 여기고 만난(萬難)을 무릅쓰고 이를 결행한다.

여행을 할 때는 할 수만 있으면 마음에 맞는 사람과 하려고 한다. 이 세상에서 가장 좋은 여행의 상대자는 뭐니 뭐니 해도 아내다. 아내와 같이 여행을 하면 여행은 늘 즐겁고 편안하다. 여행도 인생 여정(人生旅程)의 하나여서 기간이 짧으면 짧은 여행이 되고, 기간이 길면 긴 인생 여정이 된다. 인생 여정에서 아내가 좋은 반려자가 되듯 여행에서도 아내가 좋은 동반자가 된다. 여행이나 인생 여정에서 아내보다 더 좋은 사람은 없다.

여행의 상대자는 나와 비슷한 사람이어야 한다. 아는 것이 나보다 월등해도 불편하고, 재력이 너무 월등하게 차이가 나도 불편하다. 모든 것이 나와 비슷하고, 평소 나와 친하게 지내는 사람이면 더욱 좋다. 여행 상대가 마음에 안 들면 그보다 더 불편하고 고통스러운 일은 없을 것이다.

역경(易經)에 이르기를 “세 사람이 같이 여행을 하면 그중 한 사람을 잃는다.”는 말이 있다. 두 사람보다는 세 사람이 뜻을 같이하기가 어렵다 하여 하는 말이다. 두 사람보다는 세 사람이 더 좋고 세 사람보다는 네 사람이 더 좋다는 생각을 하면 여행은 수와 관계없이 즐겁게 할 수 있을 것이다.

아는 것이 많은 사람과 여행을 하면 그 사람으로부터 많은 것을 배울 수 있고, 가진 것이 많은 사람과 여행을 하면 그 사람으로부터 많은 것을 얻어 쓸 수 있다는 생각을 하면, 여행에서 일거다득(一擧多得)의 효과를 얻을 수 있을 것이다. 마음먹기에 따라 세상 모든 일이 이렇게도 되고, 또 저렇게도 되는 것을 알면(一切唯心造) 세상 살기가 훨씬 수월할 것이다.

“여정(旅情)은 연정(戀情)과 같다”는 말이 있다. 여행을 하면 연인들 만큼이나 깊은 정이 든다 하여 하는 말이다. 하루하루를 같이 지내다 보면, 두 사람의 정은 남녀 간의 연정만큼이나 깊은 정이 든다. 허물없는 사이라 하여 너무 무례(無禮)히 행해서는 안 되고, 내가 더 많은 희생과 양보를 하면 두 사람 간의 간극(間隙)은 좁혀져서 훨씬 더 좋은 여행이 될 것이다. 그리고 여행지에서 보고 들었던 것이 오랜 추억으로 남는 것도 연정만큼이나 깊은 정이 들었기 때문이다.

여행길을 따라 전개되는 아름다움에 도취하면 여행의 희열(喜悅)은 한없이 크고, 지금껏 느껴보지 못했던 새로운 신비감에 젖을 것이다. 그래서 어떤 사람은 여행을 인생의 시(詩)라고 하고, 생활을 인생의 산문(散文)이라고 했다. 시가 산문의 압축이듯 여행 또한 생활의 압축이요 하이라이트가 된다.

여행하기에 좋은 계절이 따로 있는 것은 아니다. 요즘에는 맘만 먹으면 계절에 상관없이 어느 곳이고 쉽게 갈 수 있기 때문이다. 그러다 보니 움직이기에 좋은 봄이나 가을만을 골라서 여행하는 것은 아니다. 여름과 겨울을 두려워하지 않고, 여름의 더위와 겨울의 추위를 이겨내며 여행을 즐긴다. 무더운 여름과 추운 겨울이 되레 성수기(盛需期)가 되어 관광지는 여행객으로 붐빈다. 계절과 관계없이 아무리 먼 곳도 찾아가 여행을 즐기는 세상이 되었다.

옛날에는 걸어 다니거나 달구지를 타고 다녔지만, 지금은 하늘을 날아다니는 세상이 되었으니 참 좋은 세상이 되었다.

겨울이라 하여 그냥 놔두는 계절이 아니다. 백운설봉(白雲雪峰)을 찾아 나서고, 스키를 타러 나서고, 스케이트를 타러 나선다. 나무 끝에 와 닿는 삭풍(朔風)이나 추위도 조금도 상관하지 않는다. 초록은 실색(失色)하여 삭막하게 보이지만 이역(異域)의 따뜻한 아랫목은 아름다운 추억을 불러일으키기에 좋다. 유리창 이슬에 새긴 '사랑'이라는 글씨를 통해 보면 창밖의 세상은 더욱 따뜻하고 아름답게 보인다.

길을 떠나려거든 눈썹도 빼놓고 가라는 말이 있다. 짐이 무거우면 여행의 맛을 잃는다 하여 하는 말이다. 나처럼 우유부단(優柔不斷)한 사람은 짐이 무거워 늘 고생깨나 한다. 한 번도 써보지도 못하고 그대로 가지고 돌아오는 물건도 있기 때문이다. 성격이 단호하지 못한 소치인 것을 어찌하겠는가.

외국에 나가 특별히 살 물건이 없는 것은, 우리나라의 것이 훨씬 더 좋기 때문이다. 옷도 우리나라의 것이 좋고, 신발이나 기타 생활용품도 우리나라의 것이 더 좋다.

우리나라도 이제는 세계 어느 나라와 비교를 해도 조금도 꿀리지 않는 좋은 나라가 되었다. 조금만 더 노력하면 명(名)과 실(實)이 상부(相符)하는 선진대국(先秦大國)이 될 것이다.

객수(客愁)라는 말이 있다. 떠나온 집을 잊지 못하고 근심 걱정으로 그리는 것을 말한다. 집을 떠나면 누구에게나 있는 시름이다. 아무리 문단속을 잘하고 와도 이 시름은 끊임없이 이어진다. 거리의 원근(遠近)에는 상관이 없다. 고향을 떠나 있으면 향수(鄕愁)가 일고, 집을 떠나면 객수가 인다, 집을 떠나면 집이 그립고 고향을 떠나면 고향이 그립다. 사람이나 짐승이나 귀소 본능(歸巢本能)은 꼭 있는 것이어서, 집을 오래 비우면 집으로 돌아가고 싶어 잠시도 못 배긴다. 멀리서 보는 단풍이 더 붉고 아름답게 보이듯, 멀리 떠나 있으면 초가 누옥(草家陋屋)도 좋고 아름답게 느껴진다. 모든 것은 떠나봐야 그 소중함을 느낀다.

이번 여행이 나의 외국여행으로는 마지막이 될 것 같다. 내 나이도 찰(滿) 대로 차서 언제 또 이런 긴 여행을 하겠는가! 여행은 의지요 체력이다. 살다 보니 이젠 의지도 쇠(衰)하고 체력도 쇠해졌다, 언제 짬이 나면 못 가본 국내 명소들이나 둘러보며 살다가 가야겠다. 사람이 늙으면 뭣을 하고자 해도 맘대로 하지 못한다. 늙으면 마음뿐인 것은 이미 정해진 자연의 길에 들어서 있기 때문이다.(萬事分已定) 부질없이 머리를 굴려 바삐 서둘지만 소용없는 일이다.(浮生空自忙)

여행 중에 식사 때마다 가족이 함께 감사 기도를 했다. 기도를 하고 나면 우선 마음이 편해서 좋았다. 어제도 무사했고 또 오늘이 무사하기를 기원했다. 이 세상에 가족의 안위(安慰)보다 더 소중한 것은 없다. 가족이 하나가 되어 편안한 여행을 하면 이보다 더 감사할 일은 없을 것이다.

공항은 붐비는 곳

배를 타고 바다로 나가려면 항구를 통해 나가고, 바다로 나갔다가 다시 육지로 들어오려 하면 항구를 통해 들어온다. 만선의 희망을 안고 바다로 나가고, 만선의 기쁨을 안고 다시 들어온다.

공항도 이와 다를 바가 없어서 비행기를 타고 나갔다가 일을 보고 다시 공항을 통해 들어온다.

공항은 아침부터 저녁까지 붐비는 곳이고, 나가는 사람들과 들어오는 사람들로 북새통을 이룬다.

공항에 처음 온 사람들의 얼굴엔 긴장과 초조함이 흐르지만, 그렇지 않은 사람들에겐 여유와 활기가 넘쳐 흐른다. 외국에 사는 친지나 가족들을 만나 보고, 자기들이 하고자 하는 일을 잘 성취하고 돌아온다.

공항은 만나고 헤어짐이 이루어지는 곳이다. 그러다 보니 공항에는 늘 기쁨과 슬픔이 교차하여 흐른다. 떠나는 사람들과의 이별을 아쉬워하고, 먼 발치에 숨어서 떠나는 임을 지켜보기도 한다. 오랜만에 만나는 두 연인(戀人)들이 즐거운 해후(邂逅)를 하고, 부모 형제와 친지를 만나기도 한다.

공항에 나가 보면 사람들의 모습은 천인 천색(千人千色) 만인 만색(萬人萬色)이다. VIP 급으로 보이는 사람들은 넥타이 정장을 했지만,

대부분의 사람들은 평범한 것들을 입고 나왔다. 그중에 나만 새 옷을 입고 나온 것 같아 좀 촌스럽다는 생각이 들기도 했다. 옛날에 하와이 여행을 한 적이 있지만, 그때 새 구두를 신고 갔다가 혼쭐이 났다. 새 구두이다 보니 발뒤꿈치가 헐어 움직이는 데에 큰 고통을 겪었다.

× ×

인천 공항을 오전 10시 30분에 출발해서 일본 도쿄 요시다 공항에 2시간여의 비행 끝에 도착했다. 그곳에서 최종 목적지(미국 유타주 솔트레이크 공항)로 출발하는데 3시간여의 시간이 남아 있었다.

3시간여의 시간은 조금은 무료하고 길게 느껴지는 시간이다. 그때 그곳에서 로버트 할리 씨를 만났다. 여름 휴가차 미국에 사시는 부모님을 만나러 가는 중이고, 자기 부인과 두 아들을 데리고 간다고 했다.

할리 씨와 나와의 관계는 글로 쓰기에는 좀 길어서 간기(簡記)하려고 한다. 그분이 한국에서 선교 사업을 하려고 여수에까지 내려와 봉사한 적이 있다. 그때 나와는 유별난 관계를 유지하며 산지라 그것이 인연이 되어 지금까지의 교분을 유지하며 산다.

그때 그분에게 얽힌 로맨스가 있지만 30여 년의 세월이 흐른지라 지금은 다 잊고 살 것이다. 사람이 워낙 좋은지라 나 같은 사람도 호감을 갖지 않을 수가 없는 사람이다.

그분은 능력이 좋은 사람이고, 한국에서 선교 사업을 하고, 한국 부인을 얻어 산 때문인지 한국을 무척 좋아하는 사람이 되었다. 지금 한국에서는 로버트 할리씨를 모르는 사람이 없을 정도로 꽤 이름이 나 있는 사람이다.

부산에서 국제변호사를 개업하며 살다가 그 일을 다른 사람에게 맡기고, 지금은 광주광역시에서 외국인학교를 세워 그 학교를 운영하고 있다.

언젠가는 부산에서 우리 집까지 온 가족이 와서 놀다 간 적이 있고, 그분이 전남대학교(여수)에서 영어 특강을 할 때도 만나자는 전갈이 왔지만, 시간이 엇갈려 만나지 못했다.

지금 그분은 할 일이 너무 많아 좀처럼 만나기가 힘들다. 그때 공항에서 더 많은 이야기도 나눴어야 했지만, 싱거운 해후가 되어 못내 아쉽기만 하다.

언젠가 손녀딸이, "할아버지는 참 좋으시겠다."고 했다. "왜 그러느냐?"고 했더니 "로버트 할리씨와 같은 유명한 분을 알고 지내시니 그러시겠다."고 했다. 내가 할리씨를 좋아하는 것은 그분이 연예인이기 때문이 아니요, 그냥 옛날에 맺었던 순수한 인연 때문이다.

일본 요시다 공항에서 할리씨에 이어, 다른 미국인을 한 분 더 만났다. 할리씨가 앉았던 바로 그 자리에, 거의 나와 같은 또래의 미국인 남자가 와서 앉았다. 일면식도 없는 외국인과 바로 대화를 나누는 일은 그렇게 쉬운 일은 아니다. 한참을 기다리다가 준비해 온 쿠키를 몇 개 주며 먹어보라고 했더니 의외로 반색을 하며 받아먹었다. 아마도 배가 좀 출출했던 모양이었다.

자연스럽게 대화가 이루어져서 그분과 이야기를 나누게 되었다. 나이는 77세라고 했다. 왜 홀로 외국 여행을 하느냐고 물었더니, 1개월 전에 자기 아내가 세상을 떠났다고 했다.

그런데 어느 날 외출하고 들어온 자기에게 아내는 "도대체 당신은 누구냐?"고 하더라는 것이었다. 깜짝 놀라 병원에 가서 확인해 봤더니 치매 증상이라고 했다. 그 뒤 오랫동안 힘든 시간을 보냈지만, 1개월 전에 더 견디지 못하고 세상을 떠났다고 했다.

아내를 막상 잃고 나니 어찌나 마음이 허전하든지 그 외로움을 달랠 길이 없어서 유럽과 아시아를 여행하고 집으로 돌아가는 길이라고 했다. 아내 없는 집에 들어가기가 무섭고, 앞으로 어떻게 살아야 할지 걱정이라고 했다.

인생 모년(暮年)에 겪는 고통은 누구나의 고통이다. 이런 외로움과 고통없이 살 수 있으면 얼마나 좋으련만, 그러지 못하고 사는 것이 인생이다. 별리(別離)의 고통을 없애보려 하지만 누구나 겪어야 할 필연의 길인 것을 어찌하겠는가.

별리의 고통을 평소 조금씩이라도 연습하며 살면 조금은 수월하지 않을까 하여, 다음 시를 적으니 한 번 음미하여 보기 바란다.

어느 여행자의 독백

보이는 세상에서 보이지 않는 세상으로
걸쳐 열려져 있는 이 빛 벌판

제한된 목숨을 살며 항상 떠나는 생각
헤어지는 연습을 하며 낮과 밤을 산다

있는 것은 없는 거 없는 것은 있는 거
이 맑은 충만 이 순간

임재와 부재를 왕래하며 / 덧없이 떠날 생각
연습을 하며 연습을 하며 / 작별을 한다

사람은 누구나 생과 사 한 몸에 지녀
한 몸에서 삶은 죽음을 / 죽음은 삶을
서로 돕다 몸 허물어지면 그뿐

땅으로 하늘로 아, 이별
혼자서 보이지 않는 저 세상
그 곳으로 또 떠나는 거지

– 조병화 『어느 여행자의 독백』 –

사람은 이 세상을 살면서 크고 작은 이별 연습을 하며 산다. 이웃과 인사하며 헤어지고, 손자 손녀들이 왔다가 가고, 직장에서 근무하다 나오고, 형제 중에 먼저 가는 놈이 있고, 친구들 중에 먼저 가는 놈이 있고, 할리씨와 만났다 헤어지고, 부모님을 여의고, 같이 살던 아내를 떠나 보내고 등등. 헤아릴 수없이 많은 이별을 연습을 하며 산다. 이러다가 종래에는 힘이 다하여 세상을 등지고 하직한다.

내 지금 비행기를 타고 미국 공항에 도착하면 아들의 가족들과 즐거운 해후를 하겠지만, 그곳에서 얼마를 같이 지내다가 다시 그곳 공항에서 그들과 헤어지지 않으면 안 된다. 얼마 후면 다시 만날 수 있었으니까 망정이지 그렇지 않았더라면 가슴을 에는 별리가 될 것이다.

인생은 곧 만남과 헤어짐의 연속 속에서 이루어진다. 만남과 헤어짐을 거듭하다가 언젠가는 영원한 이별을 하지 않으면 안 된다.

있는 것은 없는 것이고 없는 것은 있는 것이다. 이것은 맑은 충만이라고 했다. 그냥 충만이 아니고 맑은 충만이라 했으니, 시인의 뜻이 너무 깊어 아는 듯 모르는 듯하다.

한 몸에는 삶과 죽음이 같이 살고 있다고 했다. 삶은 죽음을 죽음은 삶을 도와 공존하다가 몸이 허물어지면 그만 땅으로 하늘로 이별하며 사라진다. 그리하여 혼자서 보이지 않는 저세상으로 떠나는 것이 인생이다.

누가 뭐래도 공항은 즐겁고 희망이 넘치는 곳이다. 하늘로의 길이 트인 곳이고, 가고 싶은 곳까지 가서 하고 싶은 일을 성취하고 돌아오는 곳이다.

공항에 모인 사람들은 희망과 앞날에 대한 열정이 넘치는 사람들이다. 만선의 희망으로 나갔다가 만선의 기쁨으로 돌아오는 사람들이다. 아무리 생각해봐도 공항은 붐비는 곳이고 희로 애락이 겹쳐 흐르는 곳이기도 하다.

시차극복(時差克服)

어제(28일) 한국에서 오전 10시 30분에 인천공항을 출발하여, 2시간여의 비행(飛行) 끝에 일본 도쿄 요시다 공항에 도착했다. 그곳에서 3시간여의 중간 휴식을 취한 것을 고려하면, 목적지인 미국의 솔트레이크시까지 17시간이 걸리는 긴 여행이다.

계산상으로는 29일 새벽 3시경에 미국의 유타주 솔트레이크 공항에 도착해야 한다. 그런데 기실 그곳에 도착한 시간은 28일 오전 11시경이었다. 그런 시차가 생긴 것은 태평양 중간에 일부변경선(日附變更線 동경180°)이라는 것이 있어서 그런 것이다.

동서(東西)의 날짜를 일치시키기 위해 동경(東經) 또는 서경(西經) 180°의 자오선(子午線)을 기준으로 해서, 이 선을 동에서 서로 넘으면 하루를 뛰고(보내고), 서에서 동으로 넘으면 같은 날을 되풀이하게 된다. 우리가 탄 비행기는 서에서 동으로 이 선을 넘은지라 다시 28일이 반복된 것이다.

그러다 보니 밤에 비행기 안에서 한숨을 자지 못하고, 그곳에 가서 다시 낮을 맞이하게 된 것이다. 이런 시차의 변화를 극복하지 못하면 오래 시달리는 사람이 되고, 잘 극복하면 별다른 어려움 없이 잘 넘기는 사람이 된다. 이런 시차는 자연이 주는 변화의 하나이고, 이런 변화에 잘 순응하게 되면 그 뒤에 이어지는 시간 변화에도 아무 차질없이 잘 순응하게 된다.

28일 밤을 미국의 아들 집에서 아주 편안하게 잠을 잔 때문인지, 그 다음 날의 첫 여행 일정에도 별 탈 없이 잘 참여했다. 새로 보게 될 관광지에 대해 기대감이 컸던 탓인지 어제의 비행기 여독(旅毒)도 잘 이겨낼 수 있었다. 시간이 계속 흐르면서 몸은 정상으로 회복되고, 계속되는 여행에도 별 탈이 없었다.

"하늘엔 사복(私腹)이 없고, 땅에 사재(私載)가 없고, 일월(日月)엔 사조(私照)가 없다."(禮記)는 말이 있다.

사복이란 사사로운 배(腹: 배복)라는 뜻으로 사리 사욕을 뜻하는 말이다. 하늘에 사복이 없다는 뜻은, 하늘이 사사로이 취하는 뜻이 없어 하늘 일엔 공평 무사하다는 뜻이다. 땅에 사재가 없다는 뜻은 땅에는 사사로이 쌓아놓은 재물이 없다는 뜻으로, 모든 일을 행사함에 어느 쪽으로 치우침이 없이 공평하게 행한다는 뜻이다. 비가 내리되 공평하게 내리고, 가뭄이 내리되 공평하게 내린다. 일월(日月)에 사조가 없다는 뜻은, 해와 달이 그 빛을 비추되 누구에게는 더 따뜻하게 비추고, 누구에게는 덜 따뜻하게 비추는 일이 없이 만인에게 골고루 비춘다는 뜻이다.

천지인(天地人) 삼계(三界)가 있어, 하늘과 땅과 해와 달이 사람에게 작용하되 균등하게 작용하는 것이지, 어느 특정인에게 혜택을 주어 그 사람만을 잘살게 하는 것은 아니다.

여행 시에 우리가 겪는 시차의 어려움은 만인에게 고루 작용하는 것이지, 어느 특정인에게 혜택을 주어, 그 사람만이 시차를 극복하는 데에 수월하게 하는 것은 아니다. 다만 그 사람이 가지고 있는 그 당시의 여러 조건이나 그것을 극복하려는 의지의 강약에 따라 다소의 차이가 있을 뿐이다.

“자연은 신(神)의 예술이다.”라고 하거니와 신이 창조한 것들은 모두가 선(善) 그대로이지만, 인간이 어떻게 사용하느냐에 따라 선도되고 악도 된다.

자연 그 자체는 어찌나 크고 방대하든지 인간이 자연의 힘을 변화시켜 지배할 수는 없다. 우리는 자연의 흐름에 순응하고, 그 질서에 어긋나지 않게 살아야 자연으로부터 생명을 보존 받고, 큰 재액(災厄)도 피해 살 수 있다. 시차의 질서에 순응하고 이를 극복하려는 인간의 노력이 가하여질 때 시차는 잘 극복될 수 있다.

폭풍이 제아무리 큰 힘으로 땅을 휩쓸어도 들에는 다시 꽃이 피고, 대 지진으로 땅이 갈라져 초토화 되어도, 그 땅에서는 샘물이 다시 솟아오른다.

자연 속에 사는 우리 인간은 새로운 생명력으로 일어나 부서진 곳을 새로 고쳐 다시 일어선다. 늘 사랑과 생명과 빛으로 가득 찬, 대 자연의 질서에 순응하며 살 때, 자연의 질서에 참여하며 사는 기쁨을 누리게 된다.

신은 시련을 주어 우리를 단련시킨다. 신은 일어서는 것을 가르치기 위해 다시 무너뜨리기도 한다.

시차는 자연이 주는 시련이요 질서다. 시차의 시련이 우리를 힘들게 해도, 시차 때문에 목숨을 잃는 자는 없다. 시차를 통해 우리가 단련되면 자연의 질서에 새로이 순응하는 기쁨을 누리게 될 것이다.

기내(機內)에서 느낀 이모저모

누구나 비행기를 처음 탈 때는 두려움에 사로잡힌다. 비행 중에 당할 변고(變故)에 많은 회의(懷疑)와 두려움에 휩싸인다.

육상에서 교통 사고를 당하면 시체라도 찾을 수 있지만, 공중에서 어떤 변을 당하면 이 세상에 온 흔적마저 없어진다. 그러다 보니 여행을 앞둔 사람들은 이런 저런 생각에 잠을 설치기도 한다. 이 세상과의 모든 인연도 이것으로 끝난다는 극단적인 생각을 하기도 한다.

공항에 처음 나온 사람들은 내심으로는 무척 긴장을 하며 비행기에 오른다. 도대체 이렇게 큰 쇳덩어리가 어떻게 공중에 뜨고 5, 6백 명이나 되는 많은 사람들과 그들이 가지고 온 짐을 싣고 어떻게 공중을 날아 목적지까지 갈 수 있을 것인지, 아무리 생각을 거듭해도 의문의 꼬리는 풀리지 않는다.

처음 비행기가 이륙(離陸)할 때는 처음 당하는 일이라 무사 이륙을 기원하는 기도를 올린다. 눈을 지그시 감고 입술로 무엇인가를 뇌이며 중얼거리기도 한다. 하지만 비행기는 아무 탈 없이 이륙하고, 한참 후에는 수만 미터의 고공(高空)에 진입하여 목적지를 향해 간다.

사람처럼 간사한 동물은 없다. 얼마 전까지만 해도 하나님까지 찾던 사람이, 그 사실은 까마득하게 잊고, 다시 또 태평 무사한 생각으로 되돌아간다.

그러다가도 조금만 무서운 증후가 나타나면 다시 또 무서운 생각에 사로잡힌다. 난기류 현상이 나타나 기체가 심히 흔들린다든지, 방송을 통해 그런 것이 방송되기라도 하면, 또 이전과 같은 불안한 상태에 빠진다. 생명을 가지고 있는 모든 것 중에 죽음을 두려워하지 않는 것은 아무 것도 없다.

옛말에 수악한(手握汗)이라는 말이 있다. 손에 땀을 쥔다는 뜻으로 몹시 놀라거나 두려워할 때 쓰는 말이다. 사람이 두려움에 빠지면 자기도 모르는 사이에 손에 땀이 쥐어져 있는 것을 발견하게 된다. 이 세상에 생명을 위협하는 것보다 더 무서운 것은 없기 때문이다.

처음 비행기를 탑승했을 때 이런 경험은 누구나 했을 터이지만, 탑승시간이 늘어나면 어지간한 기체의 요동에는 미동(微動)도 하지 않는다.

대담한 사람은 위험이 지나간 후에야 두려워하지만, 소심한 사람은 위험이 오기도 전에 두려워한다. 나도 소심한 사람이고 위험을 두려워하며 사는지라, 오늘에 이르기까지 별 탈 없이 잘 대비하며 산다.

하늘이 높은데도 머리가 닿을까 두려워하고, 땅이 두꺼운데도 꺼질까 두려워하며 사는 사람이 있다면 그런 사람은 결코 비행기를 타려 하지 않을 것이다. 만약 그런 사람이 잘못하여 비행기를 탔다간 내려 달라고 생떼를 부리는 소동이 벌어질 것이다.

인천 공항에서 미국의 목적지까지는 비행시간이 장장(長長) 14시간이나 걸린다. 나처럼 나이 든 사람이 붙박이로 앉아 14시간을 견디어내는 일은 참으로 어려운 일이다. 나의 허리는 기내에서 14시간을 견디어 낼 수 있을만큼 튼튼한 지렛대가 아니다.

하도 견디기가 힘들어서 자리에서 잠시 일어났다. 기내를 한 바퀴 빙 돌다 보니 맨 앞쪽 칸에 일등석 코너가 있었다. 보아하니 일등석은 역시 일등석이었다. 의자 자체가 자유자재로 젖힐 수 있도록 되어 있었다. 그래서 하는 수 없이 비어 있는 자리를 택해 잠시 앉아 있었더니, 공안원(公安員)인가가 와서, 삼엄한 말투로 "당신 자리로 돌아가시오." 라고 말하는 것이었다. 잠시만 쉬었다 가겠노라고 했더니 안 된다고 했다. 기내의 질서를 위해 그러는 것이니 협조해 달라고 했다. 하는 수 없이 다시 내 붙박이 자리로 돌아와 앉아야 했다.

선진국이 되는 첫째가 청결이요, 둘째가 질서이며, 셋째가 독서라고 했다.

질서란 있어야 할 곳에 어떤 것이 있을 때 질서라고 한다. 내가 있어야 할 자리는 일등석이 아니요, 붙박이 자리다. 수만 미터의 고공에서 만인의 생명을 위해 질서는 꼭 지켜져야 하고, 한 사람의 편의를 위해 만인의 질서가 무너져서는 안 된다. 휴지가 휴지통에 있고 담배꽁초가 꽁초 함에 있어야 하듯 모든 사람이 자기의 자리에 있어야 한다. 그래야 선진국으로 진입하는 영광을 누리게 된다.

버스를 타든 비행기를 타든 창가의 자리는 그렇게 좋은 자리는 아니다. 사고가 나면 제일 먼저 충격을 받는 자리이기 때문이다. 그런데 기내의 모든 자리는 내가 원한다고 주어지는 것이 결코 아니다.

어쩌다가 창가의 자리가 주어지면 나에게는 기상천외(奇想天外)의 자리여서 기쁘기 이를 데 없다. 창문을 통해 바깥을 내다볼 수 있고, 창밖에 펼쳐지는 조망(眺望)들을 즐길 수 있기 때문이다. 위로는 눈부신 태양의 찬란한 빛을 볼 수 있고, 아래로는 편린(片鱗)처럼 펼쳐진 하얀 구름을 볼 수 있다. 땅 위에 소복이 내린 설야(雪野) 위를 걷고 싶은 충동을 느끼기도 한다. 그 경관(景觀)이 어찌나 아름답던지 필설(筆舌)로는 형언(形言)하기가 어렵다.

그런데 창문을 닫고 기내에 앉아 있으면, 비행기는 그냥 제 자리에 멈춰 서 있는 것 같다. 버스를 타고 가면서 창밖을 내다보면, 차는 전봇대를 지나고, 아파트 건물과 다리를 지나서 달리지만, 다시 눈을 차 안으로 돌리면 차는 전혀 움직이지 않고 멈춰 서 있는 것 같이 느껴진다.

이런 현상을 과학적으로 어떻게 설명하는지, 한참을 생각하던 끝에 "상대성의 원리"라고 하면 어떨까 하는 생각이 들었다. 왜냐하면, 밖에 있는 상대를 보아야 내가 움직이는 것을 알 수가 있기 때문이다.

거창하게 아인슈타인 박사의 상대성의 원리가 바로 이런 것이 아닌가 하는 생각을 한다. 왜냐하면, 원자탄을 투하하면 다른 쪽의 열을 끌어들여 와 이쪽의 것을 태워버리기 때문이다. 이쪽과 저쪽의 상대적 존재가 서로의 존재를 변화시키기 때문이다. 나의 이 무식한 폭로를 탓한들 아무 소용이 없다. 답답한 기내의 공기 속에서 부질없이 머리를 굴리다가, 한바탕의 홍소(哄笑) 거리라도 만들어 봐야 하지 않을까 하여, 이 엉뚱한 생각을 한 것이다. 전적으로 한바탕 웃고 넘기자 하여 한 것이니 오해 없기 바란다.

시간이 흐를수록 요부의 감각이 점점 무디어져서, 이제는 모든 것을 체념하고 목적지에 도달하기만을 기다릴 뿐이다. 술이라도 한 잔 해서 요부의 통증을 없애봄직도 하지만, 술이라고는 한 모금도 못 하니 이를 어찌하겠는가. 이래저래 인내심을 발휘하여 버틴다고는 하지만 세상에 이보다 더 어려운 일은 없다.

그래도 유일한 숨통은 기내식이다. 한국에서 일본 동경까지 한 차례 나오고, 동경에서 미국의 솔트레이크 공항까지는 두 차례 나온다.

5, 6시간 만에 나오는 것을 보면 그간의 시장기를 고려하여 나오는 것 같다. 식사가 나올 무렵이 되면, 그간에 소화도 잘되어서 기내식은 그런대로 잘 먹었다.

기내의 탑승자의 분포는 어린 꼬마로부터 나처럼 나이 많은 사람에 이르기까지 여러 층이다. 나보다 나이가 더 많은 극노인이 없는 것은 잘못 왔다간 생고생을 할 것을 미리 생각했기 때문일 것이다. 여행도 체력으로 한다는 말이 맞는 말이고, 몸을 비비꼬면서 견디어내는 모습은 가관(可觀)이기도 하다.

기내에 있는 모든 사람들의 모습은 천태만상(千態萬象)이다. T.V.를 보는 사람, 옆 사람과 이야기 하는 사람, 책 읽는 사람, 명상에 잠겨 있는 사람, 지쳐서 잠자는 사람, 그냥 멍하니 앉아 있는 사람 등등.

기내의 모든 사람들은 여러 나라에서 온 사람들이고, 언어와 문화도 다르고, 옷 입음새도 다르고, 생각과 행동도 다르다. 이렇게 서로 다른 사람들이 한 비행기를 타고 공동 운명체 의식으로 기내의 질서에 순응하며 여행을 한다. 기내에 무슨 변고라도 일어나면 다 같이 감내해야 할 공동 운명체들이다.

안전 여행을 위해 똑같은 염원으로 기원하고, 이번 여행이 즐겁고 보람있는 여행이 되기를 기원했던 탓에, 모두가 아무 탈이 없는 무사 여행을 했다.

여행과 독서

나는 여행 시에 책을 가지고 가서 읽는 일은 거의 없다. 지금껏 한 번도 그래 본 적이 없다. 책을 읽는 부담도 커서 그런 부담으로부터 잠시나마 해방을 얻고자 함이다.

여행 시에는 책이고 뭐고 다 팽개치고 홀가분한 마음으로 여행하고자 하고, 지금의 잡다한 생각들로부터 잠시 벗어나 마음껏 자유를 누려 보고자 한다.

그런데 이상하게도 이번 여행에 책 한 권을 가지고 갔으니 나도 모를 일이다. 그 책이 다름 아닌 조 병화 시인이 쓴 "헤어지는 연습을 하며"라는 시집이다.

여행지에 도착해서 틈나는 대로 읽기 시작한 것이 한 권을 다 읽었다. 어떤 시는 거의 외울 정도로 많이 읽었으니, 여행을 통해 거둔 소득 중에 가장 큰 소득이다.

시는 영혼의 음악이라고 한다. 사람들의 마음을 뒤흔들고 듣는 이의 영혼을 이끌어간다. 다음 시 한 편을 읽고 그분이 체험했던 "황혼의 노래 73"을 감상하기로 하자.

황혼의 노래 73

헤어진다는 것은
세상의 이치이며
사랑하면서 헤어진다는 것도
세상의 이치이며
헤어지지 않으려 하면서도 헤어지는 것도
세상의 이치이며
사랑하며 사랑하며 헤어져야 하는 것도
세상의 이치이란다.

– 조병화 시선집 –

황혼의 노래를 수도 없이 많이 썼고 그 후 계속해서 번호를 붙여가며 쓴 것을 보면 이런 제목의 시를 무척 많이 쓴 것 같다. 평범한 생각도 이렇게 정리해서 시로 쓰면 삶이 멋있고 아름답다는 생각이 든다.

그래서 시인은 언어의 지배자이고 체험의 지배자라고 한다. 시는 억지로 만들어내는 것이 아니고, 체험에 의해서 우러나오는 것이라고 한다.(The poem is born, not made.) 언어의 지배자가 아니고서는 이렇게 좋은 시를 빼낼 수가 없기 때문이다.

내친김에 시 한 편을 더 감상해 보자. 마음이 편해지는 것을 느낄 것이다. 아무나 쓸 것 같은 생각이 들지만, 그 일이 결코 그렇게 쉬운 일이 아니다.

노변의 꽃들

저들에게도 분명 무슨 말들이 있을 거다
그렇지 않고선 어찌
저렇게 온종일
바람과 낄낄 거린다는 말인가

저것들에게도 분명 무슨 사연들이 있을 거다
그렇지 않고선 어찌
저렇게 밤을 새워 기다린다는 말인가

저들에게도 분명 무슨 사랑들이 있을 거다
그렇지 않고선 어찌
저렇게 곱게 몸단장을 한다는 말인가

그리고 저것들에게도 분명 무슨 미련이 있을 거다
그렇지 않고선 어찌
저렇게도 해마다 해마다 그 자리
그곳에 다시 피어난다는 말인가
그러나 나의 길은 가면 못 오는 길
한번 지나갈 뿐
이제 그 길을 나는 지금 고속으로
너를 보며보며 지나가고 있는 거다

– 조병화 시선집 –

하찮은 풀 한 포기도 사연 없이 존재하는 것은 없다. 만상이 다 피고 지고를 계속하지만, 인생길은 한 번 가면 못 온다. 얼마 남지 않은 길을 초고속으로 달려가다가 끝나면 그게 곧 영원한 별리(別離)다.

평범한 것을 사랑하며 살라 하였다. 평범한 이야기를 이렇게 멋있는 시로 옮기기는 어렵다. 읽고 나니 마음이 편하고 세상의 무슨 이치를 터득한 것 같은 생각이 든다. 언어의 지배자가 아니면 결코 이렇게 좋은 시를 쓸 수가 없을 것이다.

기내(機內)나 차내(車內)에서 짬짬하게 독서를 즐기는 사람들이 많다. 답답한 공간에서 그냥 무료(無聊)하게 앉아 있는 것보다는 훨씬 더 좋을 것이다. 읽을거리를 꺼내서 읽다가 기창(機窓)이나 차창(車窓) 밖으로 눈을 돌려, 밀려오는 조망(眺望)을 즐기는 것은 더욱 좋다.

어떤 시인은 시상(詩想)이 떠오르면 놓치지 않고 메모지를 꺼내 적기도 한다. 그렇지 않으면 다음에 글을 쓸 때 미간(眉間)을 찌푸리는 고통을 겪게 될 것이기 때문이다.

남이 써놓은 글을 읽기도 힘들지만, 글을 손수 쓰는 일은 더더욱 힘들다. 두 가지 다 힘들지만, 잘만 하고 나면 큰 수확을 거둔 것 같아 기분이 좋다.

이번 미국 여행은 20여 일에 이르는 긴 여행이었다. 갔다 온 것만으로 만족해버리면 뒤에 남는 것이 없어 허전한 생각이 들 것이다. 이렇게라도 지면(紙面)을 할애(割愛)하여 글로 남기면 훗날의 좋은 읽을거리가 된다.

이번 여행에서 3박 4일의 일정이 끝나면 거소(居所)로 돌아와 며칠간의 휴식을 취하고, 그 다음에 또 3박 4일의 일정으로 새로운 관광지를 찾아 여행했다. 거소에서 쉬는 동안은 참 행복한 시간이었다. 이번에 가지고 간 시집을 탐독하며 보냈기 때문이다.

그 시집을 정독으로 독파(讀破)했으니 큰 소득이 아닐 수 없다. 뭐니 뭐니 해도 독서보다 좋은 것은 없다. 읽기는 힘들어도 읽고 난 뒤의 기쁨은 다른 무엇으로도 비교할 수가 없다.

어떤 시인은 "시는 여자와 같은 것이다. 여자는 아이를 낳을 때 이제는 두 번 다시 남자에게 가까이하지 않으리라고 결심하지만, 어느 틈에 다시 몸을 안기는 것이다."라고 하였다. 시는 쓰기 쉬운 것이 아니고 산고(産苦)만큼이나 큰 고통이 수반된다. 하지만 지금껏 해온 버릇을 버리지 못해 또다시 덤벼들어 그 고생을 한다.

시의 으뜸가는 목적은 즐거움을 주는 것이라 하였다. 깎고 다듬어 만들어 놓은 도기(陶器)가 기쁨을 주는 것이 아니면 무용한 것이 되듯, 기쁨을 주지 못하는 시 또한 무용한 것이 된다.

옛날 사람들은 날씨의 맑고 흐림에 상관하지 않고 늘 독서를 했다.(淸雨通讀) 날씨가 좋으면 밭에 나가 밭을 갈고, 비가 오면 방에 들어앉아 독서를 했다.(淸耕雨讀)

사람의 마음을 트이게 하는 것이 독서다. 만약 사람들이 책이 없어 읽지 못하고 살았다면 오늘날의 트인 문명도 없었을 것이고, 사람들이 몽매(蒙昧)해져서 어두운 밤길을 걷는 것이나 다름이 없을 것이다.(冥冥夜行) 기왕 읽은 김에 시 한 편 더 읽고 가자.

타향에 핀 작은 꽃씨 41

사랑하는 작은 꽃들아
나는 어느 날 네가 우는 것을 보았단다
보면서
너 같이 곱고 아름다운 작은 꽃들에도
슬픈 눈물이 있는가 생각하면서
나의 가슴이 으스러지는 것을 느꼈단다

사랑스런 작은 꽃들아
곱고 자랑스러운 작은 너의 가슴 안에도
누구에게도 이야기할 수 없는 슬픈 사연이
있었구나
깊고 깊은 비밀이 있었구나

하기야 이 세상에 눈물 아닌게 어디 있겠니
살아 있는 것들이 다 눈물이지
살아 있는 것들은 다 자기 나름대로의
자비로운 하나님의 눈물이란다

가진 사람도 눈물이요
갖지 않은 사람도 눈물이요
불우하지 않은 사람도 눈물이요
행복한 사람도 눈물이요
행복하지 않은 사람도 눈물이요

너와 같이 곱고 아름다운 꽃들아
슬프고 외롭고 곱고 쓸쓸한 것은
살아 있는 모든 것의 어쩔 수 없는
숙명이란다

이런 피할 수 없는 숙명을 참으며
참으며 살아야 하는 것이
너와 나의 이승이란다

- 조병화 시선집 -

아름답다 하여 눈물이 없는 것이 아니요, 행복하다 하여 눈물이 없는 것도 아니다. 슬프고 외롭고 그럽고 쓸쓸한 것은 살아 있는 모든 것의 숙명이다.

몸을 움직이면 그건 운동이 되고, 그걸 잘하면 몸이 튼튼해진다. 책을 벗하여 읽으면, 그건 독서가 되고, 그걸 많이 하면 우리의 마음이 트여 밝게 된다.

옛말에 "사대부(士大夫)는 3일을 책을 읽지 않으면 무미하고, 거울에 비친 자기 얼굴을 바라보기가 또한 가증하다." 하였다(黃峪)

책 읽기를 거듭하면 그 뜻이 저절로 우러난다 하였고, 아무리 어려운 글귀도 읽고 또 읽으면 그 뜻이 저절로 살아난다 하였다.

장소의 좋고 나쁨에 상관하지 않고, 시간의 있고 없음에 상관하지 않고, 늘 책과 벗하여 살면 평생 공부하는 사람이 된다.(學生) 뭐니 뭐니 해도 평생을 공부하며 사는 사람보다 더 행복한 사람은 없을 것이다.

시집을 열어 읽으면 주옥같은 시구에 놀랄 것이다. 평범한 것 같아도 결코 평범한 것이 아니다. 그 평범하게 보이는 것들이 내 마음속 깊은 곳에서 나의 진실치 못한 것들과 만나 나를 깨우쳐 흔들 것이다.

많이 생각하고 적게 말하고 더 적게 쓰라 하였다. 많이 생각지 않고 말하면 좋은 말이 못되고, 많이 생각지 않고 쓰면 그 글 또한 좋은 글이 못 된다.

사람이 홀로 있다 해서 그 시간이 꼭 외로운 시간은 아니다. 조용한 시간에 홀로 앉으면 생각은 마음속 깊은 곳으로 흘러 잠든 내 영혼을 깨우쳐 흔들 것이다.

어떤 사람은 "시는 우리들을 데리고 지상을 걸어가는 보행자이고, 산문은 우리를 목적지로 운반하는 열차다."라고 하였다.

시는 길이가 짧지만, 그 속에 많은 의미가 함축되어 있다. 함축된 의미를 잘 이해하기 위해서는 보행자처럼 서서히 읽어야 한다. 긴 산문을 읽듯 빨리 읽으면 깊이 숨겨놓은 의미를 놓치기가 쉽기 때문이다.

여행과 독서는 서로 걸맞지 않은 주제 같지만, 잘만하면 되레 여행의 효과를 내는 데 크게 도움이 될 것이다. 여행지에서의 가끔의 독서가 여행을 더욱 기름지고 풍요롭게 할 것인즉 꼭 그렇게 한 번 해보기 바란다.

편안한 숙식

일정한 거소(居所)를 두고 그곳을 중심으로 며칠간 여행에 나섰다가, 다시 돌아와 며칠을 쉬고, 다시 또 여행을 시작하곤 했다. 그러다 보니 어떻게 자고 어떻게 먹었는지는 필히 써야 할 것 같아 붓을 들었다.

김삿갓처럼 삿갓을 둘러쓰고 망혜(芒鞋)를 신고 이곳저곳을 돌아다니는 낭인(浪人)이었다면, 낭만적이기는 해도 숙식 걱정은 컸을 것이고, 외로움 또한 컸을 것이다.

처음부터 끝까지 아들 식구들과 같이 숙식을 하면서 이번 여행을 했다. 여행을 통해 가족이 하나가 될 수 있었으니, 참으로 즐겁고 행복한 시간이었다.

예부터 사는 곳의 산과 물이 좋으면 그곳에 사는 사람들의 마음도 순하고 선한 법이다. 이곳 린던(Lindon)이라는 곳을 둘러싸고 있는 산과 물 그리고 공기가 좋아 미국에서도 빼어나게 살기 좋은 곳이다. 둘러싸고 있는 자연은 그곳에 사는 사람들의 생명의 원천이다.

그래서 사람들은 그런 곳을 골라 거소로 삼고자 한다. 자기가 사는 곳의 자연이 살기에 좋지 않으면 그런 곳을 거소로 삼아 살지 않을 것이다.

높은 산이 북으로 병풍처럼 둘러싸여 있고, 산정(山頂)에는 그때가 여름인데도 백설(白雪)이 만년설(萬年雪)처럼 남아 쌓여 있었다, 이곳의 산기(山氣)가 좋은 탓인지 이곳 사람들은 산들을 방패로 삼아 평화롭게 잘들 살아간다.

미국은 땅이 넓다 보니 아파트와 같은 공동 주택은 거의 없고, 개인 주택을 넓게 지어 편리하게 산다. 아들 식구가 살았던 집은 2층집으로 지하실은 없지만, 전형적인 미국인들의 집이다.

미국 문화는 카펫 문화여서 온 집안의 바닥에는 카펫이 깔려 있어서, 한국의 장판이나 목조 마루와는 비교가 된다.

나와 집사람은 2층의 한쪽 방을 사용했다. 그 방이 어찌나 좋던지 아주 편안하게 지냈다. 2층의 창문을 통해 그날의 천기를 살피고, 푸른 하늘과 흐르는 구름을 보고, 앞집 사람들이 사는 모습이며, 그곳에 사는 사람들의 오고 가는 모습을 볼 수가 있었다.

앞집 사람들이 자기 집 내부를 어떻게 가꾸고 사는지는 알 길이 없으나, 자기 집 주변의 도로며 잔디와 화초를 잘 가꾸며 산다. 도로에는 휴지 한 장 없고, 담배꽁초나 쓰레기 같은 것은 눈을 비비고 찾아봐도 볼 수가 없다. 이곳에는 각 집마다 쓰레기통이 있어서 집 앞의 도로변에 내놓으면, 쓰레기 차가 와서 그 통을 차에 비워 싣고 간다.

선진국으로 가는 조건 중에 첫째가 청결이라고 하거니와, 적어도 이 정도가 되어야 선진국이라 하는가 할 것이다.

중국의 원자바오 총리가 한국에 왔을 때의 일이다. 한국의 기자들이 중국이 선진국이 되는 데에 얼마의 시간이 걸릴 것 같으냐고 물었더니, 앞으로 100년 정도는 걸릴 것이라고 했다. 물량적으로 풍부해야만 선진국이 되는 것은 아니다. 온 국민의 의식이 그런 수준에 이르러야 선진국이 되기 때문이다.

우리나라에서는 아직도 공공 도로에서 운전 중에 담배꽁초를 버리고, 공원이나 운동장에서 쓰레기나 담배꽁초를 버리는 사람들이 많다.

이런 것들이 잘 다스려지는 날 우리나라도 선진국에 진입하게 된다. 그렇게 되기까지 얼마만큼의 시간이 걸릴지는 아무도 모른다.

아들 집에 머무는 동안은 그런대로 잘 얻어먹었다. 며느리가 식사때마다 식단을 바꾸어 한국 음식과 미국 음식을 고루 갖추어 내놓는 바람에 조금의 불편도 없이 잘 먹고 지냈다.

그곳에도 한인 점포가 있어서 며느리가 부지런히 들락거리며 사 날랐고, 언젠가는 나도 따라가 점포 구경도 하고 그 점포를 운영하는 부부와 이야기도 했다. 떠나 오면서 부자가 되라고 했더니 좋아하는 것 같았다.

물을 바꾸어 먹고 음식을 바꾸어 먹어도 아무 탈이 없었던 것은 며느리의 각별한 배려가 숨어 있었기 때문이다.

미국 음식의 5대 요소는 첫째가 육류, 둘째 우유, 셋째 밀가루, 넷째 설탕, 다섯째가 감자라고 한다. 이런 식사를 분별없이 많이 먹다 보면 몸은 비대해져서 움직이기 힘들어진다. 나도 과체중에 속하지만 나 정도는 그곳에 내놓으면 지극히 표준에 속한다. 저렇게 비대해지도록 그냥 놔뒀는지 안타깝게 느껴질 정도의 사람들이 많다. 백발이 지름길로 오는 것을 막을 수가 없듯이 그들 역시 어쩔 수가 없어서 그렇게 되었을 것이다.

나는 원래 무소 부식(無所不食)이어서 못 먹는 음식이 없지만, 그 많은 음식 중에 별로 좋아하지 않는 음식이 하나 있다. 그것이 바로 다름 아닌 마른오징어다. 생오징어는 그런대로 잘 먹지만 마른오징어는 잘 먹지 못하니 이상하기 그지없는 별종이다. 미국에는 마른오징어가 없는 것 같았고, 설령 있다고 해도 안 먹으면 되니 걱정할 필요는 조금도 없다.

미국 음식 중에 먹지 못할 음식은 없고, 그런대로 잘 먹는다. 미국에 1년간 체재하는 동안에도 아무 탈 없이 잘 지낸 것은 평소의 좋은 식성 때문이었다.

어디로 가든 음식을 잘 먹는 것 보다 행복한 것은 없다. 그래서 예부터 의식족이예지(衣食足而禮知)라는 말이 나왔다. 우선은 옷으로 몸을 가려야 하고, 밥으로 배를 채워야 예의를 안다는 뜻이다. 배 속에서 쪼르륵 소리가 나는데도 예의와 체면을 지키라고 해봤자 아무 소용이 없다.

식사를 즐겁게 하는 것은 고기(肉)가 아니고 식욕이라 하였으니, 식욕은 그냥 생기는 것이 아니고 부지런히 움직이고 활동을 많이 해야 좋은 식욕이 생긴다.

식사 때마다 식사 기도를 하고, 이런 식사를 주신 것에 감사하고, 오늘 하루도 무사한 하루가 되기를 기원하며 여행을 했다.

영국의 청교도 혁명가인 크롬웰(Cromwell Oliver) 장군은 언제나 식사를 할 때 이렇게 기도했다고 한다. “사람들 중에는 먹을 것은 있어도 식욕이 없는 자가 있습니다. 또한, 사람들 중에는 식욕은 있어도 먹을 것이 없는 자가 있습니다. 저희에게 먹을 음식과 식욕을 함께 주신 하나님 감사합니다.”

날마다 좋은 음식을 좋은 식욕으로 먹고 건강한 몸으로 여행 일정에 참여하고, 가족이 하나가 되어 서로 사랑하고 의지하며 즐겁게 여행할 수 있었던 것에 깊은 감사를 드린다.

옛말에 “비지 먹은 배는 연약과(軟藥果)도 싫어한다.”는 말이 있다. 비지는 두부를 짜낸 찌꺼기를 말하고, 연약과는 연하고 부드러워 먹기 좋은 약과를 말한다. 아무런 영양가가 없는 비지도 많이 먹으면, 연약과 같이 좋은 것도 더 당기지 아니함을 말한다.

그곳에서도 한국의 전통음식인 쌀밥에 된장, 고추장, 생선, 삼겹살, 깻잎, 김치 등 없는 것이 없어서 마음만 먹으면 언제든지 먹을 수 있었고, 필요하면 미국 음식도 곁들여 먹을 수 있어서, 비지와 같은 것으로 배를 채워 억지로 시장기를 달래는 일은 없었다.

우리 가족이 관광 현지로 떠날 때에는 3박 4일의 일정으로 떠났고 그러기를 2번이나 계속했다. 숙소는 인터넷으로 예약한 모텔에서 잠을 잤고, 모텔에서 잠을 자보니 그런대로 좋았다. 방마다 2대의 넓은 침대에 냉온 시설은 별로지만, 그런대로 잘만했고, 우선은 가격이 저렴하여 돈을 많이 쓰는 여행이 아니었던 것에 큰 기쁨을 느낀다.

잠잘 때는 큰 손자 창우는 내 옆에서 잤고, 큰 손녀인 지윤이는 할머니 옆에서 잤다. 막내 손자인 상진이는 저의 엄마 아빠의 틈에서 끼어 잤으니 서로의 체온을 느끼면서 자는 잠자리였다.

아침 저녁 식사는 준비해 간 재료로 모텔 안에서 만들어 먹고, 필요하면 간단한 샌드위치, 우유, 아이스크림, 버터, 치즈, 빵 등으로 때우고, 점심식사는 관광 현지 식당에서 사서 그곳에 모인 관광객들과 어울려 식사를 했다.

이번 여행의 모든 식단은 아들과 며느리가 상의하여 짠 것으로 우리 부부는 그냥 따라다니며 얻어먹기만 했고, 값은 쌌지만, 영양에는 아무 이상이 없는 것이어서, 아주 이상적이고 좋은 식사였다.

관광지에 가서 돈을 너무 많이 쓰면 돌아올 때 지갑이 비어 마음이 허전하고 쓸쓸해지는 것을 느낀다.

옛말에 검자 석복(儉者惜福)이라 하였으니, 절약하며 사는 자는 들어 온 복도 아끼며 산다 하였다. 검약이 성가지본(成家之本)이라는 옛 글귀를 귀감삼아 이번 여행을 한 것 같아, 기쁜 마음 이루 헤아릴 수가 없다.

국립공원 그랜드 캐니언
(National Park Grand Canyon)

그랜드(Grand)라는 말은 크다는 뜻이고, 캐니언(Canyon)이라는 말은 계곡이라는 뜻이다. 두 말을 합치면 큰 계곡이라는 뜻이 된다.

보통 계곡은 산과 산 사이에 이루어진 골짜기를 말하지만, 이곳 미국의 애리조나주의 북서부에 위치한 그랜드 캐니언은 평지가 강물에 침식을 당해 이루어진 세계에서 제일 깊은 장대한 계곡이다.

그 크기가 얼마나 큰지는 필설(筆舌)로 형언하기가 어렵다, 하는 수 없이 자료를 들추어 봤더니 생각했던 대로 대단한 것이었다.

길이가 349Km이고, 폭이 6.5~28.8Km이며, 깊이가 1,600m에 이른다. 그랜드 캐니언은 전에도 한 번 가봤지만, 기록상으로 이렇게 큰 줄이야 생각지도 못했다.

이런 대 계곡이 어떻게 해서 형성되었으며, 도대체 그 형성 원인은 무엇인지, 그곳에서 얻어온 자료에는 이렇게 기록되어 있었다.

"5, 6백만 년 전에 로키산맥으로부터 콜로라도 강이 흐르기 시작하여, 콜로라도 고원을 지나 캘리포니아만으로 흘러들어 갔다. 비가 올 때마다 사막의 흙이 조금씩 강으로 씻겨 들어갔다. 일이 이렇게 되자 경사가 서서히 생기고, 침전물이 물속에 쌓이자 그 무거운 침전물이 이 계곡의 침식을 이루는 데에 큰 역할을 했다. 강의 수량은 계절에 따라 다르고 그런 강의 흐름은 오랜 세월에 걸쳐 계속되었다.

12000년 전에 마지막 빙하시대가 끝났을 때에는, 강의 유량은 오늘날의 유량보다 10배나 더 컸을 것으로 보고 있다.

강이 점점 밑으로 깎이면서 계곡은 점점 더 깊어지게 되었다. 강의 지류들이 침식해 들어와 계곡의 면을 깎다 보니 계곡은 점점 더 넓어졌다.

침식이 표면의 견고한 암반층에 일어나자, 유연한 암반층의 침식은 더 빨리 이루어졌다. 더 버틸 힘이 없는 이런 암반층은 드디어 붕괴하기 시작해서, 오늘날 보여주는 계곡의 깎인 단면과 경사가 나타나게 되었다. 계곡의 벽은 지층별로 선명한 색채가 나타나 서로가 다른 빛나는 대조를 이룬다."

이상의 기록은 그곳에서 얻어온 자료를 읽고 정리한 것이다. 지질학자들이 연구해서 내놓은 기록이라 믿어야 하겠지만, 침식이 이렇게 멋있고 웅장한 계곡을 만든 데에는 좀처럼 믿음이 가지 않는다.

아무리 생각해 봐도 시간과 강물에 의해 만들어진 조화가 이렇게 멋있고 아름다운 것이 된 것이라고는 아무도 생각하기가 어렵다.

나의 필력이 제아무리 좋다고 해도, 또 미사 여구(美辭麗句)를 제아무리 많이 동원한다 해도, 우리들의 눈앞에 전개되는 저 멋있고 아름다운 신비의 비경을 표현할 길이 없다.

이런 자연의 묘취(妙趣)에 취하지 않을 자는 없을 것이고, 칼로 베어냈다고 해도 누가 이렇게 베어내며, 도공(陶工)이 깎아냈다고 해도 어찌 저렇게 절묘하게 깎아낼 수 있겠는가?

W.워즈워스가 말하기를, "우리가 이 지상에서 사는 동안 / 기쁨에서 기쁨으로 인도하는 것은 자연이 주는 은혜다."라고 했다. 자연만큼 우

리를 기쁘게 하고 편안하게 해주는 것은 없는 것 같다.

아무리 해도 자연의 신비는 알 길이 없다. 아무리 자연의 품에 안겨 살아도 그 비오(秘奧)의 신비는 알 길이 없다. 우리 인간은 때로는 자연에 대들며 살아도 자연을 지배할 힘은 없다.

자연은 생명 순환의 법칙이어서 자연에 거슬러 살다간 살아남지 못한다. 자연에 순응하는 자만이 살아남아 자연을 즐기고 호흡할 것이다. 자연은 신이 만든 작품이어서, 신공(神功)이 물물(物物)에 미치지 않는 것은 없다. 그랜드 캐니언이 하도 신비하고 오묘해서 이상과 같이 예찬해 봤다.

도처에 각(角)을 달리하여 보도록 관망 지점을 만들어 놨다. 여기서 보면 이렇게 보이고 저기서 보면 또 저렇게 보인다. 형형(形形)이 다르고 색색(色色)이 달라 아름다운 스펙트럼을 이룬다.

몸집이 크면 어떤 것은 볼품이 없지만, 이 큰 몸집은 아무리 봐도 기기 묘묘(奇奇妙妙)해서 이 세상에 이렇게 멋있고 잘 생긴 것은 없는 것 같다. 그래서 세계 도처의 사람들이 이곳에 와서 심장의 흥분을 억제치 못하고, 큰 탄성(歎聲)을 질러 기쁨을 터뜨리고 간다.

지금은 이렇게 굳어져 있지만, 앞으로 닥쳐올 억겁의 세월에는 어떻게 변하려는지, 끊임없이 이어지는 풍상우(風霜雨)와 한서(寒暑)의 차가 이어지면, 언젠가는 이 신비한 절경도 추한 모습으로 변해 사람들의 발길을 돌려세울지 누가 알겠는가.

계곡의 밑바닥에는 콜로라도 강의 한 지류가 새파랗게 흐른다. 발을 잘못 디뎠다간 천길만길의 가파른 단애(斷崖)에 떨어진다.

언젠가 브리검영 대학에 머물고 있을 때의 일이다. 크리스마스를 자기 집에서 보내자며 나를 초대한 학생이 있었다. 그 애의 집은 워싱턴 D.C.여서, 미국의 서부에서 동부까지 며칠간에 걸쳐 여행한 적이 있다.

가는 도중에 콜로라도 강을 가로지른 다리를 건너게 되었다. 노변에는 아메리카 인디언들이 조개껍질로 장신구를 만들어 팔고 있었다. 한 때는 기세 당당하게 살았지만, 지금은 문명의 이단자로 전락하여 초라하게 살고 있었다. 현대 문명의 물결에서 밀려나 지금은 조개껍데기 나부랭이로 연명하는 신세가 되었으니, 처량하기 그지없다.

그들을 노래한 것은 아니지만 콜로라도 강을 건넜던 감회를 억제할 길이 없어 여기에 노래 한 곡을 뽑아 읊는다.

달빛 어린 강변 콜로라도
한이 없이 그리웁고나
지나간 옛날 아 그리워
헤어져 흘러간 옛터야
애달픈 그대는 어데로
이 몸은 있지 않아
고요히 잠들은 콜로라도
그대야 잊지마라 그 옛날

달빛은 콜로라도 강상(江上)에 교교(皎皎)한데, 사랑하는 이는 어디론가 가고 없고, 강가에 외로이 서서 옛 임을 그리는 애달픈 노래다.

콜로라도 강의 도도한 흐름이 그랜드 캐니언을 깎아서 이 큰 계곡을 만들었다. 콜로라도 강이 조화(調和)를 부려 이 큰 그랜드 캐니언을 만들었다니 강의 부리는 요술(妖術)에 감탄하지 않을 수 없다.

그랜드 캐니언은 하늘이 미국에 내린 천혜(天惠)의 선물이다. 미국의 명품이요 미국의 브랜드다. 그랜드 캐니언이 없었더라면, 미국은 싱거운 나라가 되고 맛도 없는 평범한 나라가 됐을 것이다. 그랜드 캐니언은 평범한 캐니언이 아니다. 평범한 것은 사람들의 마음을 결코 오래 사로잡지 못한다.

그랜드 캐니언이 만인의 사랑을 받는 것은, 오랜 시간에 걸쳐 이루어진 화학적 침식 작용 때문만은 아니다. 보이지 않는 크고 신비한 신의 손이 닿아 만들어 낸 자연 속의 대역사(大役事)이기 때문이다.

여행 중 어느 하루의 한상(閑想)

하늘에는 구름 한 점 없고 비행기가 은빛을 발하며 북쪽으로 날아간다. 한여름인지라 여기나 저기나 덥기는 마찬가지다. 그곳 날씨는 건조성 날씨여서 끈적끈적하지는 않다. 공기 중에 습기가 별로 없는지라 그늘 속으로 들어가면 견딜만하다.

늘 하던 대로 오늘 아침에도 일찍 일어났다. 일어나면 밖으로 나와 산책에 나서고, 내 뒤에는 으레 손자 창우가 따라 붙는다. 창우는 나의 유일 무이(唯一無二)한 길동무이고 좋은 대화의 상대다.

말을 해보니 창우의 영어가 부쩍 늘었다. 언어 구사(驅使)가 자유롭고 의사 표현에 불편함이 없다. 이제는 창우가 나는 놈이 되고 내가 기는 놈이 되었다. 기는 놈은 아무리 기를 써도 나는 놈을 따라 잡을 수가 없다.

상진이 또한 창우와 같은 수준으로 영어를 잘한다. 그들이 싸우면서 하는 영어는 내 귀에 잘 들어오지 않는다. 크는 애들은 정말 무섭고 일취 월장(日就月將)이란 말이 무색할 정도로 잘한다.

아침에 집을 나서 보면 이곳 도로는 깨끗하기 그지없다. 집의 앞 뒤 공간은 잔디로 깔려있고, 스프링클러들은 힘차게 돌아 미국의 새 아침을 연다.

차량 행렬도 뜸하고 공기도 맑아 산책하기에 좋다. 이곳 중심을 흐르는 강물에는 물고기들이 물길을 따라 힘차게 차고 오른다.

늘 창우가 옆에 있는지라 어지간히 멀리 가도 길을 잃을 걱정은 없다. 창우와 말을 주고받으며 걸으니 먼 길도 멀지 않고 가깝다. 한 시간 여의 산책은 즐겁고 유익한 시간이다.

창우는 보이스카우트 회원이고 지윤이는 걸스카우트 회원이다. 보이스카우 맹세(Boy Scout Oath)를 막힘없이 외우는 것을 보니 꽤 열심인 것 같다. 그 맹세가 하도 좋아서 여기에 적으니 새겨보기 바란다.

보이스카우트 명세

나는 나의 명예를 걸고 하나님과 나의 조국에 나의 의무를 다하고, 보이스카우트 규칙을 준수하고, 다른 사람들을 도와주고, 내 몸을 건강하게 유지하고, 마음은 늘 깨어 있고, 도덕적으로 바르게 사는 데 최선을 다한다.

○ 하나님과 조국에 대한 의무

○ 다른 사람들에 대한 의무

○ 나 자신에 대한 의무(를 다 한다)

보이스카우트는 신뢰, 충성, 도움, 다정, 정중, 친절, 복종, 명랑, 절검, 용기, 청결, 겸손해야 한다.

보이스카우트 모토는 “준비하라.”

보이스카우트 슬로건은 “날마다 선한 변화를 하라.”

이 보이스카우트 활동은 청소년들을 나라의 위대한 동량(棟樑)으로 키우는 데에 그지없이 좋은 조직체이다.

Boy Scout Oath

On my honor, I will do my best to do my duty to God and my country and to obey the Scout Law

To help other people at all my times

To keep myself physically strong, mentally awake and morally straight

○ Duty to God and country

○ Duty to other people, and

○ Duty to self

A Scout is Trustworthy · Loyal · Helpful · Friendly · Courteous · Kind · Obedient · Cheerful · Thrifty · Brave and Reverent

Scout Motto "Be Prepared".

Scout Slogan "Do a good turn daily".

이상의 영문은 창우와 상의해서 쓴 것이어서 잘못이 있을는지도 모른다.

하늘을 아무리 쳐다봐도 한줄기의 소나기도 쏟아질 가망은 없다. 소나기는 불시에 쏟아지는 것이어서 알 수 없는 일이지만 그럴 기미는 지금은 보이지 않는다.

오전은 그럭저럭 별다른 생각 없이 보내고, 점심은 스파게티를 모처럼 만에 먹었다. 무엇이든 모처럼 만에 먹으면 별미처럼 느껴진다. 빵 하나를 더 곁들여 먹고 오렌지 주스까지 마시고 나니 만사가 형통 된 듯한 느낌이다. 의식(衣食)이 족(足)해야 예의를 안다는 옛 글귀가 새삼 그럴 듯하게 느껴진다. 이렇게 배가 부르면 식곤증(食困症)이 오고 식곤증이 오면 필연 오수(午睡)에 빠져든다. 원래 잠은 밤에 자는 것이

지만 낮에 자면 변칙(變則)이다. 그래도 이런 변칙의 쾌락은 아무리 해도 좋은 것 같다,

옛날 공자님은 자기의 제자 재여(宰予)가 침실에 들어가 자는 것을 보고 괘씸한 생각이 들었다. 학문에 뜻을 둔 자면 촌각(寸刻)이 아쉬운데 어찌하여 저렇게 대낮에 잠을 자느냐. 본심이 게을러빠져 그런다고 역정을 부린 글귀가 있다.

"썩은 나무는 조각을 못 한다. 헐린 담은 회칠을 못 한다. 여(予)를 두고 무엇을 원망할 것이냐?"(朽木不可雕也 糞土之牆 不可杇也, 於予與何誅: 논어 공야장편)

너덜너덜 헐린 토담에 어찌 미장이가 회칠을 하겠는가? 하는 이야기다. 꼭 내 이야기 같아서 이 글귀에 관심이 끌린다. 너덜너덜해진 탓인지 무슨 일에 의욕도 별로 없고, 앉으면 잠이 온다. 깊은 잠도 아니고 오매간(寤寐間)의 어설픈 잠이니, 자도 잔 것 같지 않은 그저 그런 잠이다.

오수를 잠시 즐기고 나니 오후 2시는 넘은 것 같았다. 창우가 미국 친구들을 서너 명 데리고 2층 내 방으로 들어왔다. 학교에 갔다 왔느냐고 물었더니 그렇다고 했다. 미국 애들에게 나는 창우 할아버지이고 한국에서 왔다고 했더니, 창우가 말해주어서 다 알고 있다고 했다. 창우가 좋으냐고 했더니 그렇다고 했고, 교회에 다니느냐고 했더니 다 그렇다고 했다. 하나님이 계시느냐고 물었더니 그렇다고 했다. 그러면 하나님이 어디에 계시느냐고 했더니, 하늘에 계신다고 했다. 하늘에 계신 것을 보았느냐고 했더니 보지 않았다고 했다. 보지 않고도 어떻게 믿을 수 있느냐고 했더니, 보지 않고 믿는 것이 신앙이 아니냐고 했다.

어느 일요일 오후였다. "창우 너는 점심 먹고 어데 갔다 왔느냐"고 했더니, "교회에서 금식 헌금을 걷어오라고 해서 그것을 걷어다가 교회에 바치고 왔노라"고 했다. 얼마나 걷었느냐고 했더니, "하나님께 드리는

헌금인데 내가 어떻게 감히 뜯어 볼 수 있겠습니까?"라고 했다. "야! 창우 너 참 멋지다 멋져! 참 잘했다!"

창우가 참 신실하고 정직하게 자라고 있는 것에 큰 기쁨을 느낀다. 청소년 캠프에서 창우를 지도했던 한 미국인 교사는 "그 애는 참 착한 애다.(He is a good boy.)"라고 했던 말이 기억이 난다.

"창우, 너 선교 사업은 하려고 하느냐?"라고 했더니 서슴없이 그렇다고 했다. "그렇다면 선교 사업은 언제 하려고 하느냐?"고 했더니, 그것은 모른다고 했다. 왜 모르느냐고 했더니, 엄마, 아빠하고 상의해야 한다고 했다.

언젠가 창우에게, "할아버지는 나이가 많아서 창우 네가 장가가서 잘 사는 것을 볼 수가 없을 것 같다."라고 했더니, "걱정 마십시오, 제가 장가를 좀 당겨서 가면 될 것 아닙니까"라고 했다.

"창우, 너는 장차 어떤 사람이 되고 싶으냐?"고 했더니 의사가 되고 싶다고 했다. 무슨 의사가 되고 싶으냐고 했더니 정신과 의사가 되고 싶다고 했다. "하고 많은 의사 중에 하필이면 왜 정신과 의사냐?"고 했더니, "다른 병은 약 먹고 째고 하면 되지만 정신병은 고치기가 어렵잖아요. 정신병을 앓는 사람들은 정신적으로 방황하는 사람들 이어서 안타깝고 불쌍한 사람들 같아요. 이 분야의 공부를 많이 해서 이들을 도와주는 좋은 의사가 되고 싶어요."라고 했다. 창우는 아직 어린 꼬마지만 어른이 다 된 것 같은 느낌이 든다.

이날 오후에는 주로 창우와 나 사이에 일어났던 그간의 이야기를 중심으로 많은 생각을 하게 되었다. 현재대로만 잘 커 준다면 필연 좋은 놈이 될 것 같은 느낌이 든다. 꼭 그렇게 그의 꿈이 이루어지기를 기원하면서, 조 병화 시인의 시 한 수를 읊으면서 잠시의 시름을 잊는 것도 좋을 듯하다.

그 얼굴, 그 이름

바닷물이 밀려들면서
모래사장에 남은 물새 발자국들이
지워져 가듯이

피가 말라들면서
하나 하나 지워져가는 이름들
그 이름 속에
너의 이름이 지워져 간다

아, 뜨거웠던 나의 피에
섞이면서 더욱 뜨거웠던 그 이름
지워져 가면서
공백해지는 차디찬 세월

무심코 떠오르는
하얀 얼굴,
너는 누구던가
가물 가물
영원 속으로 웃으며 꺼진다

조 병화 시인은 이미 작고하셨지만, 돌아가시기 전에 헤아릴 수 없을 만큼 많은 시적 체험을 그의 시집(헤어지는 연습을 하며)에 실었다.

× ×

이승에서 익혔던 이름들이 하나 둘 지워져 가면서 세월은 점점 차디차지고, 채워졌던 공간도 공백으로 지워지는 허망함을 느낀다. 무심코 떠오르는 하얀 얼굴은 누군지 모르지만, 가물가물 영원 속으로 사라져 간다.

미국은 카펫 문화이고 방도 거실도 카펫으로 덮였다. 내 방 카펫 위에 요를 한 장 깔고 드러누워서 이런저런 생각에 젖었다. 아무리 머리를 굴려봐도 나올 것이라고는 없다. 창우와 상진이도 어디로 가고 지금은 내 옆에 없다. 이 무더운 여름철에 할애비 옆에 앉아 시시콜콜한 이야기에 흥미를 느낄 리가 없다. 그놈들은 땀을 뻘뻘 흘리며 그들의 일을 좇아 어디선가 신나게 놀고 있을 것이다.

내 이곳 미국 타역(他域)에 와 누워 있지만, 부귀 공명(富貴功名)을 떨친 지 오래여서 마음은 편하다. 그러나 세상의 번우(煩憂)한 일이 가끔 달려들어 귀찮게 한다.

이 한가한 시간에 다음 시를 읊으며 번뇌에 찬 세상일을 잠시 잊어볼까 한다.

공명을 즐겨 마라 영욕(榮辱)이 반이로다
부귀를 탐치 마라 위기를 밟느니라
우리의 일신이 한가커니 두려운 일 없애라.

- 김삼현 -

부귀와 공명은 만인이 누리고 싶어하는 이상이다. 그러나 공명에는 영광과 욕됨이 따른다. 그런 부질없는 것에 탐심을 품지 말고 그런 것을 경계하며 살면 마음이 편하고 홀가분하여 좋을 것이다.

이런저런 생각을 하다 보니 더위를 잊은 채 7월 11일 오후 한나절이다 갔다. 아래층 부엌에서는 저녁을 준비하느라 덜그럭 소리가 들린다. 며느리의 고민이 시작되는 시간이다. 그 소리만 들어도 며느리의 기분을 알 것 같다. 며느리란 자리는 아무리 잘해도 빛이 나지 않는 자리다.

식사 때마다 머리를 비상(非常)히 굴려보아도 좋은 생각이 떠오르지 않으면 라면을 끓이면 된다. 하지만 저녁에 라면을 먹고 잘 수가 없으니, 이래저래 저녁은 잘 먹는 시간이다. 아무리 무소 부식(無所不食)의 식성(食性)이라도 라면은 한두 끼니가 좋다.

밤에라도 소나기가 한줄기 내려준다면 땅과 대기가 식어 시원한 잠을 이룰 수가 있을 것이다. 모처럼 만에 숙면(熟眠)의 기쁨을 기대해 보지만 꿈같은 이야기여서 그만 접는 것이 좋을 듯하다. 외국에 나와서 모처럼 만에 좋은 한상에 젖었다. 나를 비우고 나를 채우는 좋은 시간이다. 낡은 것은 다 비워내고 새로운 것으로 채워넣으면 좋으련만 그게 그렇게 쉬운 일은 아니다.

모압땅의 국립공원 아치
(Arches National Park)

모압(Moab)이라는 곳은 미국 서부에서는 이름난 관광 명소로 꼽힌다. 그 관광 명소가 바로 다름 아닌 "국립공원 아치"다. 이 국립공원 아치에는 다른 곳에서는 볼 수 없는 유별난 아치들이 있고, 또 공원 전역에는 천연적(天然的)으로 형성된 웅장한 조형물(造型物)들이 산재해 있어서 사람들의 마음을 끈다.

아치의 모습은 궁형(弓形) 이상의 모습은 아니지만, 볼수록 멋이 있고 신묘해서 한번 보면 눈을 떼기가 힘들다. 아치와 다른 조형물들은 아주 오랜 옛날에 형성되어 오늘에 이르렀고, 빈약한 곳은 조금만 건들어도 무너져 내릴 것 같지만, 저렇게 수천 년을 버티며 서 있다. 눈, 비, 바람에 씻기면 씻기지 않는 것이 없는데도 아무런 변화도 없이 저렇게 서 있다.

오늘 여정(旅程)이 이번 여행의 첫날인지라 시차(時差)의 피곤함에도 즐거운 마음으로 참여했다. 아들 가족의 숙소가 있는 린던(Lindon)에서 이곳 모압까지는 승용차로 5시간여의 시간이 걸리는 거리다. 여행을 시작하면서 손자인 창우가 차 안에서 무사 여행을 기원하는 기도를 했다.

"하나님 아버지, 오늘 우리 가족이 이렇게 할아버지 할머니를 멀리 한국에서 모시고 여행을 할 수 있도록 하여주신 것을 감사합니다. 이번 여행이 당신의 은혜와 사랑 속에서 이루어지고, 여행기간 동안 우리 가족에게 건강하고 즐거운 여행이 될 수 있도록 하여 주시기를 기원합니다. 특히, 운전을 맡으신 아버님을 축복하사 지치지 않도록 하여 주시기를 간절히 기원하면서 예수님의 이름으로 기도드립니다."

큰손자인 창우가 길고도 간절한 기도를 했다. 제법이다. 지금껏 어린 애인 줄만 알았지만, 창우는 이제는 어린애가 아니다. 중학교 1학년 치고는 속이 꽉 차 있는 당당하고 자랑스러운 아이이다.

예약했던 모텔에 도착하여 모텔 식당에서 점심을 먹고, 쉴 틈도 없이 모압의 명소인 국립공원 아치에 대한 구경에 나섰다.

일정한 지점까지는 차로 올라가 이동하고, 길이 좁아지는 곳에서는 걸어서 구경을 하고, 절기상으로는 한여름인지라 땀을 뻘뻘 흘리며 구경을 했다.

막내 손자인 상진이는 금년 나이 10세인지라, 아직은 어리광기가 남아 있었다. 평소 몸 단련에는 이상이 없는 줄 알았지만, 모처럼의 이런 여행이 좀 버거운 모양이었다. 생떼를 부리는 바람에 저의 아빠가 생고생을 했다. 하는 수 없이 등에 업고 가기도 하고, 때로는 창우가 달려들어 부추기기도 했다. 하지만 어린 애는 지치는 데도 빠르지만 회복하는 데도 빨라서, 잠시 시간이 지나자 언제 그랬냐는 듯 팔팔 날았다.

옛말에 지어지앙(池魚之殃)이라는 말이 있다. "성문(城門)에 불이 나면 연못의 물이 말라 고기가 죽게 된다."는 뜻이다. 손자에게 무슨 변이 생기면 우선은 저의 엄마, 아빠가 고생이겠지만, 그렇다 해서 할애비인 내가 무심할 수는 없다.

모압 땅은 얼른 보기에는 척박하게 보이는 땅이고, 누런 황토의 땅에 수목이 잘 자랄 것 같아 보이는 땅은 아니다. 그러다 보니 그 광활한 땅을 건기(乾期)에는 잘 자랄 수 있는 히즈(Heath)라는 수종을 심어놓았다.

미국에는 헛되이 비워 놓은 땅이라고는 없고, 빈 땅은 모두 히즈라는 관목(灌木)을 심어 국토를 정리했다. 미국 어디를 가도 히즈라는 나무가 뒤덮고 있어서, 아무리 건기가 심하고 바람이 세어도 모래가 공중에 나는 일은 없다.

모압 공원은 아무리 봐도 끝이라고는 보이지 않은 광대 무변(廣大無邊)의 땅이다. 이처럼 광활한 평지에 주황토(朱黃土)의 천연 조형물들이 무한량 형성되어, 어떤 것은 웅대 무비(雄大無比)한 자태로 서서 관광객들의 눈을 끈다.

조형물들은 주황토라기보다는 주황석(朱黃石)이라 함이 옳은 것 같다. 이들이 형성된 지 수천 년에 이르지만 풍상우(風霜雨)에 씻기거나 부서진 채 그대로 서 있다. 수많은 세월에 걸쳐 천연적으로 형성된 것이지만 정교하기 이를 데 없는 조형물들이다. 사람이 만든 것에는 허위가 많지만, 이곳 조형물에서는 허위나 흠 같은 것은 찾을 길이 없다.

김 차봉 교수님은 "모압 아치 공원"이라는 그의 시에서 황토색의 조형물들이 늘어서 있는 것을 보고, "타오른 태양에 달군 붉은 빛깔이 / 온 산에 붓질하여 영혼의 항구 만들고"라고 썼다.

또 그처럼 많은 조형물들을 "금발을 느리고 무희들이 춤을 추듯 고운 사암의 행렬 / 관능적으로 몸을 일으켜 붉은 산바다에 / 분홍 아치 / 다홍 부릿지 진홍 부릿지"라고 묘사했다.

늘어선 조형물들을 "무희들이 춤을 추듯" 한다고 했고, 벌거벗은 채 몸을 일으켜 세운 것"들이라 했고, 그 넓은 공원을 "산(山)바다"에 비유해서 표현했다.

자연은 신이 창조한 걸작품이어서 신만이 그 비밀을 안다. 어떻게 해서 이런 것들이 형성되었는지 그 비밀을 물어봐도 신은 아무 대답도 하지 않는다. 아무리 봐도 신비의 극치이고, 그 천연의 묘취(妙趣)에 감탄하지 않을 수 없다.

신이 만든 것은 모두가 선이지만 인간의 손이 닿으면 모두가 악이 된다. 그곳 간판에는 썩은 나무토막 하나도 손대지 못하게 하여(Don't move the dead woods.) 그대로 놔두고 보게 한다. 인간이 손을 대기 시작하면 다른 악이 생기기 때문이다.

이런 조형물들은 땅에서 융기(隆起)하여 이렇게 되었는지, 아니면 끝없는 침식과 침강이 이루어져 이렇게 되었는지는 알 길이 없다.

이 공원에 있는 몇 개의 아치는 고생 끝에 겨우 보았지만, 이 공원의 백미(白眉)라 할 수 있는 나머지 하나는 힘이 부쳐 보지 못하고 돌아왔다.

지금은 저렇게 버티고 서 있는 아치도 어느 순간을 넘으면 모래알처럼 부서져내릴 날이 올는지도 모른다. 지나온 세월만큼이나 긴 세월을 더 버티고 서 있을 것인지, 세월이 흐르면 흐를수록 그 강도(强度)를 더하여 영원 무궁토록 그 아련한 자태를 유지하여 서 있을 것인지, 누가 이 비오(秘奧)의 신비를 안다 할 것인가.

예부터 자연은 신의 묵시(默示)요, 예술은 인간의 묵시라 하였다. 신이 자연을 아무렇게나 만든 것이 아니요, 몇 차례의 자기 계시로 만들어 냈다. 인간이 예술품을 만들 때에도 그냥 만든 것이 아니요, 깎고, 다듬고, 계시에 계시를 더하여 만들어낸다.

어제의 구경이 좀 힘들었는지라 모압의 첫날밤은 곤한 탓인지 편안하게 푹 잤다. 아침 일찍 일어나니 아들과 손자가 와서 어제 보지 못한 아치를 보러 가지고 했다. 진짜 이름난 백미(白眉)의 아치를 보러 가자는 것이었다.

가고 오는데 1시간 반여의 시간이 걸리는 거리라고 했다. 경사진 곳이 몇 군데 있기는 했어도 올라가는 데에 큰 어려움은 없었다.

창우는 슬리퍼 차림이었지만, 어떤 곳에서는 슬리퍼를 벗어들고 비호(飛虎)처럼 날았다.

드디어 그곳 산정에 자리 잡은 아치에 도달했을 때엔 감회가 무량했다. 그 아치 밑에까지 기어들어가 그 아치 밑에 서는 기쁨을 누렸다. 바람이 세차게 불었던지라 발을 잘못 디뎠다간 천길만길의 단애에 떨어진다. 간신히 아치 밑에 서서 아치를 부여잡고 잠시 깊은 상념에 젖었다. 이미 고인이 된 김 차봉 교수님의 생각이 났기 때문이다.

그분도 나처럼 그 아치 밑에 서서, 평소 시인다운 시상(詩想)으로 시를 읊어 그의 시집 “영혼의 뜨락”에 게재했다. 그 당시에는 그의 시를 무심하게 읽었지만, 이번에 다시 읽어보니 그분의 뛰어난 시상에 놀라지 않을 수 없었다.

그분과 나의 교분은 좀 긴 이야기여서 이곳에 다 쓸 수가 없다. 그분은 고인이 된 지 오래고, 평생을 고향과 고향에 계신 모친에 대한 흠모의 정으로 사셨다. 그분에 대한 나의 글은 이미 그분의 추모집에 기고하여 발간하였으므로 여기서는 이 정도로 그치겠다.

이것으로 모압 아치의 기행을 마치려고 하니 어쩐지 아쉬움이 남는다. 내 필력의 한계성 때문에 아무리 발버둥을 쳐도 이 정도 이상의 글은 쓸 수가 없기 때문이다. 국립공원 모압 아치들이여! 그곳에 그대로 영원히 서서 그곳을 찾는 만인의 사랑과 박수를 받기를 기원한다.

국립공원 옐로스톤

(National Park Yellowstone)

국립공원 옐로스톤은 미국이 자랑하는 대공원이다. 세계적으로도 이름난 공원이어서 세계 도처로부터 많은 관광객들이 이곳으로 몰려든다.

이 공원은 아이다호주, 와이오밍주, 몬태나주 등 3개 주에 걸쳐있는 대공원이어서 보기에 따라서는 1달 이상 구경을 해야 다 볼 수 있는 공원이다. 하지만 우리는 그럴 수가 없어서 2박 3일의 일정으로 그곳을 구경했다.

전적으로 주마간산격(走馬看山格)으로 본 것이어서 대강의 느낌만을 적을 수밖에 없다.

옐로스톤에는 동, 서, 남, 북의 4입구가 있을 만큼 큰 공원이다. 우리의 숙소인 유타주 린던(Lindon)에서 그곳까지 가는데도 7, 8시간의 긴 시간이 걸렸다. 집에서 마련해 온 점심을 계곡 물이 흐르는 한 간이 공원에서 때우고, 예약된 모텔에 도달하니 그날 하루도 거의 다 된 시간이었다. 모텔에 수영장이 있는지라, 상진, 창우, 지윤이는 도착하자마자 뛰어들어 직성을 풀었다.

그곳 모텔에서 1박을 하고 그 다음 날 아침에 남쪽 입구를 통해 옐로스톤으로 들어갔다. 하루 동안에 구경을 마치고 서(西)옐로스톤 시(市)

의 한 모텔에서 잠을 자고 집으로 돌아왔다. 2박 3일의 여정(旅程)이었지만, 오고 가는 데에 이틀을 소모하고 나니 정작 구경은 하루밖에 할 수가 없었다.

옐로스톤에 구경거리가 많지만, 그중에 가장 백미(白眉)가 되는 것은 다름 아닌 간헐 온천(間歇溫泉) 가이사(geyser)이다. 이 온천이 생긴 지 얼마나 됐는지는 모르지만, 아마도 수천 수백만 년은 됐을 것이다. 그처럼 오래도록 변함없이 솟아오른다 하여 이 온천의 이름을 Old Faithful Geyser라고 부른다. 글자 그대로 해석한다면 "예부터 변함없이 솟아오르는 충실한 간헐 온천"이라는 뜻이다. 간헐 온천이란 일정한 간격으로 솟아오르는 온천을 말한다.

이 온천이 생긴 지 그렇게 오래되었는데도 지금까지 변함없이 1시간의 간격을 유지하여 솟아오르고 있다.

그날도 분출 시간에 맞추어 갔지만, 어찌나 많은 사람들이 와 있었든지 주차 공간이 없었다. 하는 수 없이 1시간을 더 기다렸다가 겨우 주차 공간을 찾아 들어갈 수가 있었다.

이 온천은 힘이 좋아 100m 정도의 높이까지 온천수를 밀어 올리는 것으로 유명하다. 지금껏 이런 온천은 세계 어느 곳에도 없는지라, 너도나도 다투어 세계 도처로부터 모여든다. 빙 둘러앉을 수 있도록 자리를 마련해 놓은 지라, 그 자리 위에 앉아서 그 시간을 기다렸다가 본다.

드디어 온천수가 솟아오를 기미를 보이기 시작하면, 가슴을 조이고 큰 기대감으로 솟구쳐 오르는 물기둥을 보게 된다. 처음에는 10m, 그 다음에는 20m, 점점 높이를 달리하여 솟아오르다가 100m 정도에서 정점을 이룬다.

온천수가 꺼질 때에도 점점 세(勢)를 달리하여 다시 원상으로 되돌아가 사라지는 그런 온천수이다. 그런데 이상하게도 이제는 그런 힘센 물줄기를 볼 수가 없고 겨우 3,40m 정도밖에 볼 수가 없다. 실망이 컸지만 하는 수가 없다. 그럴 힘밖에 없어서 그러는 것을 어찌하겠는가. 세상 모든 것이 늙으면 다 저렇게 힘을 쓰지 못하고 간다.

언젠가는 다른 온천들처럼 지면에서 부글부글 끓다가 사라지는 그런 온천수가 될 것이다. Old Faithful Geyser라는 이름을 떼야 할 날이 올는지도 모른다.

하지만 옐로스톤에는 아직도 힘차게 일을 하는 온천수가 부지기수여서 그것만으로도 꽤 좋은 관광 투어가 된다.

옐로스톤에는 무한량(無限量)의 관광 자원이 있다. 그중에 입추의 여지없이 빼곡히 들어서 있는 삼나무(杉-shan)라는 수종(樹種)이다. 평범한 수종이기는 해도 하늘을 향해 뻗어 올라간 모습이 단연 압권(壓卷)이다.

삼나무 수가 하도 많아서 하나님에게 물어봤지만 허사였다. "하나님, 이 공원에서 자라고 있는 삼나무 수가 몇 그루나 되는지 당신은 아실 것 아닙니까? 궁금하기 이를 데 없어서 물어보오니 좀 가르쳐 주시지 않겠습니까?" "내가 우주 만물의 모든 것은 다 꿰뚫어보아 알 수 있지만 이것만은 안 되니, 어찌하겠느냐. 나를 좀 이해해 주면 안 되겠느냐."라고 하시는 것이었다.

차도(車道)는 삼나무 숲을 뚫어서 낸 삼나무 터널과 같은 것이었다. 차도에 즐비하게 늘어서 있는 나무들과 공원 전역에 빽빽이 들어선 나무들의 위용(偉容)은 필설로 형언키가 어렵다. 가도 가도 끝없이 이어지는 나무들의 행렬에 감탄하지 않을 수가 없다. 사방 어느 쪽을 둘러봐도 나무뿐이고 이 경이로운 경관에 압도당하지 않을 자는 없을 것이다.

이 위대한 자연의 숭엄(崇嚴)함에 머리가 숙여진다. 자연은 신(神)의 영원한 장식이다. 인간이 저렇게 아름답고 장엄한 것을 어떻게 만들어 낼 수 있을 것인가. 신과 자연은 서로 똑같은 두 개의 위대한 힘이다.

우리는 자연 속에 살면서 자연을 따라 배운다. 자연이 가르치는 길을 따라 살면 우리는 한 없이 단련되고, 한없이 겸허해진다.

자연은 끊임없이 건설되고 끊임없이 파괴되며 형성된다. 이 아름다운 곳에 얼마 전에 화마(火魔)가 들어와 이곳을 파괴했다. 파죽지세(破竹之勢)로 타들어 가는 불길은 몇 달이 계속되었지만, 인간의 힘으로는 막을 수가 없었다. 하지만 단 한 차례의 하늘이 내린 비로 그 큰 불길은 잡히고 말았다. 자연의 큰 재앙은 자연이 막는 것이지 사람이 막는 것이 아니다. 하나님도 불에 탄 나무의 수를 모른다고 하셨으니, 얼마나 많은 나무들이 불에 탔는지는 아무도 모른다.

자연에는 생명이 있다. 그 생명의 힘으로 자연은 다시 건설된다. 불에 탄 나무들은 흑기사들처럼 시커먼 잔해(殘骸)로 하늘을 향해 서 있지만, 벌써 생명의 싹은 불탄 자리에서 솟아오르고 있었다. 흉물스럽게 타버린 나무뿌리에서는 새로운 생명들이 용트림을 하며 솟아오른다.

예술에는 오류가 있을지 모르지만, 자연의 일에는 오류가 없다. 자연은 신이 쓴 위대한 책이요 위대한 작품이다.

자연의 힘은 위대하지만 자연 속의 생명의 힘은 더 위대하다. 지금 옐로스톤에서 폐허(廢墟)의 잔해를 뚫고 일어서는 힘찬 생명의 소리가 들리는 것 같다.

× ×

돌아가는 길에 노상에서 들소 한 마리를 만났다. 갑작스런 이놈의 출현에 가던 차들이 모두 멈춰 섰다. 그냥 놔둘 수가 없었던지 카메라 플래시가 사방에서 터졌다. 다른 차들을 지나서 이놈이 우리에게로 다가왔다. 이놈은 섭생이 좋아 건강하고 잘 생긴 놈이었다. 눈을 부릅뜬 채 차 안은 드려다 보지도 않고 의젓하게 걸어갔다. 이놈은 이런 일을 많이 겪는 탓인지 두려워하는 기색이라고는 없었다. 왕후 장상(王侯將相)

이 문무 백관(文武百官)들을 사열하듯 의젓하고 당당하게 걸어갔다. 갑작스레 나타난 이 흥미 있고 두려운 광경에 심장의 고동이 멎은 듯했다. 자연 속의 생물을 이렇게 가까이서 보니 우리도 자연 속의 생물이 된 듯했다.

산비탈이나 목야지에서 수십 마리가 떼를 지어 풀을 뜯는 모습은 보기는 했어도, 차 문을 열면 닿을 수 있는 거리에서 이놈을 본 것은 이번이 처음이다. 사람과 자연 속의 동물이 동화되어 하나가 되는 순간이었다.

사람과 짐승, 나무와 새, 흐르는 물과 하늘, 모든 것이 잘 어울리어 이루어지는 아름다운 자연 속의 문채(紋彩)였다.

× ×

시커멓게 타버린 나무에는 온기가 없다 하여 새들도 앉지 않는다. 유성(流星)이 흐르는 밤이면 수없는 기도와 밀어로 지난날의 회억(回憶)을 되새길 것이다. 수없이 넘어져 있는 불에 탄 나무들은 전쟁 폐허의 잔상들을 상기케 하지만, 미국 정부는 조금도 치우려 하지 않고 그대로 놔두고 보게 한다. 죽은 것이나 산 것이나 모두가 자연의 일부이고, 생사의 고리는 이렇게 이어져서 자연의 순환을 이룬다.

이곳 옐로스톤에도 봄, 여름, 가을, 겨울이 찾아오고, 철 따라 모여드는 사람들의 수는 예나 지금이나 변함이 없다. 중심을 가로 질러 흐르는 힘찬 폭포수는 웅위한 산기를 모아 흐르고, 날이 다르게 뻗어 오르는 삼나무 숲은 이곳 옐로스톤의 대향연(饗宴)이다.

이름 모를 산새들의 울음소리에서 즐거운 자연의 화음(和音)을 느끼고, 밤마다 포효(咆哮)하는 뭇 짐승들의 울음소리에서 생명의 작열(灼熱)을 느낀다.

이상으로 하루 동안에 돌아본 옐로스톤의 대강을 주마(走馬)가 간산

(看山)하듯 적어 보았다. 사람에 따라 느끼는 감회가 다를 터인즉, 꼭 한 번 가서 보기를 기원하면서, 옐로스톤 투어의 일단을 이것으로 마친다. 백문이 불여일견(百聞而不如一見)이라 하였으니, 직접 가서 꼭 한 번 보시면 실감이 훨씬 더 할 것이라 믿으며 이만 줄인다.

미국에서 느낀 이런 저런 생각

한 나라가 천혜의 관광 자원을 가지고 있다는 것은 얼마나 큰 축복인지 모른다. 그런 자원을 많이 가지면 가질수록 더 많은 돈을 벌어들이게 된다. 그래서 나라마다 관광지에 많은 투자를 해서 사람들을 끌어들인다.

한국 사람이 중국으로 가고 중국 사람이 한국으로 오고, 프랑스 사람이 미국으로 가고 미국 사람이 프랑스로 간다. 그냥 왔다 갔다 하는 것이 아니고 와서는 많은 돈을 뿌리고 가고 많은 것을 배워간다. 관광 산업은 미래 산업이라 할 만큼 전망이 밝은 산업이다.

어떤 사람은 "관광 산업이란 역사와 조상을 팔아먹는 산업이다."라고 했다. 좋은 역사와 좋은 조상을 가졌다는 것은 단순한 자랑거리가 아니요, 이제는 큰 돈벌이의 원천이 되었다.

그래서 관광지에 있는 잠자리는 더 좋은 잠자리가 되게 하고, 관광지에서 파는 음식도 더 좋은 음식이 되게 한다. 그냥 보고만 가게 하는 것이 아니고, 많은 관광 상품을 개발하여 그곳에 온 사람들이 하나씩 사 들고 가게 한다.

성수기에는 잠자리가 없어 미리 예약을 해야 하고, 음식점에서는 줄을 서서 자기의 차례를 기다려야 밥을 먹는다.

요즘 우리나라도 그렇지만 이곳 미국은 음식의 천국이다. 음식의 유혹이 크고 음식의 유혹을 뿌리치지 못하다가, 자기 몸을 지옥처럼 불편한 것으로 만든 사람들이 많다.

키 큰 사람들을 보려거든 미국으로 가고, 뚱뚱한 사람들을 보려거든 미국으로 가라고 할 만큼 미국에는 키가 크고 비대한 사람들이 많다. 그들이 얼마나 많은 고통을 겪으며 사는 가를 볼 것이고, 지옥이 다름 아닌 이런 곳이라는 것을 알게 될 것이다. 미국만 그런 곳이 아니고 우리나라도 점점 그런 곳이 되어가고 있다.

음식과의 전쟁은 세계 도처에서 일어나고 있다. 한 쪽에서는 굶어 죽고, 다른 한쪽에서는 배가 터져 죽을 정도로 음식이 많다. 못 먹어 부황증에 걸려 죽어가는 사람들이 있는가 하면, 너무 잘 먹어 움직이기조차 힘든 '비대인'들이 많다. 비대한 사람들이 겪는 고통도 크지만, 먹을 것이 없어서 배고파 죽어가는 고통이 얼마나 큰 것인가는 당사자가 아니면 모른다.

많은 사람이 모이다 보니 사람 구경을 한다 함이 옳다. 누가 무슨 옷을 입고 왔느냐는 관심사가 아니고, 얼마나 큰 거구(巨軀)를 이끌고 불편하게 움직이느냐가 더 큰 관심거리다. 왜냐하면, 보지 않으려 해도 불편하게 걷는 모습이 눈에 쉽게 들어오기 때문이다. 뭐니 뭐니 해도 그들은 분별없이 잘 먹어서 그렇게 된 사람들이다.

위정자(爲政者)는 잘 먹이지는 못할망정 못 먹어서 아사(餓死)하는 일이 없도록 해야 한다. 그 일을 잘못하면 가장 잘못하는 위정자가 된다. 왜냐하면, 먹고 사는 문제보다 더 우선해야 할 문제는 없기 때문이다.

미국 어디를 가나 몸이 무거워 힘들어하는 사람들이 많지만, 관광지에까지 그 무거운 몸을 이끌고 나와 관광을 즐기는 사람들이 많다. 새로운 것을 보고자 하는 인간의 욕구가 얼마나 큰 것인지를 알 수 있다.

심지어는 휠체어를 타고 나와 관광을 즐기는 사람들도 있으니, 그들의 열정에 만강(滿腔)의 찬사를 보내고 싶다.

관광지는 노출이 심한 곳이다. 날씨가 더우면 필요한 곳만을 가리고, 그 외의 다른 곳은 다 노출해 시원하게 한다. 하고 싶은 대로 하여 그들의 직성을 푼다. 아무리 그래도 가슴 부위는 가리고 다니는 것을 보면, 인간의 마지막 보루는 꼭 지켜야 할 것이라 믿는 모양이다. 그곳까지 노출되면, 인간성을 잃어 동물성이 된다. 사람이 동물성으로 전락하면 그때부터서는 사람이 아니다. 우리가 사는 이곳 한국도 많이 변하고 있다. 감싸는 문화에서 노출의 문화로 탈바꿈이 이루어지고 있다.

공자의 후예들이 묘에서 일어나 오늘의 이런 모습을 보면 기절 초풍을 할 것이다. 아니면 가벼운 미소로 "세상 참 많이 변했구나, 우린들 어떻게 하느냐."라고 체념할는지도 모른다.

사람이 가장 스트레스 받는 것은, 다른 사람이 나를 어떻게 생각할 것인가를 생각하는 일이다. 그런 의식 때문에 말을 조심해서 하고, 옷을 입는 것도 조심해서 골라서 입는다. 그런 의식이 없으면 자기가 하고 싶은 대로 행하며 살 것이다.

한때 외국에서 유행했던 나체주의자나 히피족들은 타인의 시선을 의식하지 않고 자기들 하고 싶은 대로 했다. 그렇게 사는 것이 사람들의 지지를 받았더라면 오래 지속했을 터이지만, 그렇지 못하게 되자 쉬 사라지고 말았다, 편리하고 편한 것이 꼭 좋은 것은 아니다. 좀 힘들더라도 불편을 감내하며 사는 것이 곧 좋은 것이다. 인간에게는 지켜야 할 최소한의 도덕률과 체면이 있다. 인간이 벌거숭이의 동물로 전락하는 날, 인간 사회는 동물 사회가 된다. 인간이 지키며 살아야 할 지고 지순(至高至純)한 가치는 꼭 지켜야 한다. 그래야 인간 사회는 품위 있고 경건한 사회가 된다.

뭐니 뭐니 해도 인간은 이 지상을 지배하는 만물의 영장(靈長)이다.

그에 상응한 체면과 도리를 지키며 살 때 그 자리를 오래 지키며 살게 된다.

약 15일간에 걸쳐 미국에서 본 것은 주로 관광지에서 본 것이고 그래서 내가 지금 쓰고 있는 글도 관광지에서 본 것들이다.

하여튼 미국은 잘 사는 나라임에는 틀림이 없다. 이런 자리를 얼마나 오래 지켜 갈지는 알 길이 없다.

문명의 서점론(西漸論)이라는 것이 있다. 문명은 동에서 서로 이동해 갔다는 이야기이다. 맨 처음의 문명의 발상지는 중국의 황하 유역이고, 인도의 인더스, 갠지스 강 유역이었다. 그곳에서 서쪽으로 옮겨 가 그리스에서 문예부흥이 일어났고, 그 문예부흥은 다시 북쪽으로 옮겨가 프랑스와 독일에서 문예의 꽃을 피웠다. 그것이 대서양을 건너 영국으로 건너가 영국이 세계의 해지지 않는 나라가 되었고, 다시 영국에서 미국으로, 미국에서 일본으로 넘어와, 다시 일본에서 한국과 중국으로 넘어가고 있다.

하지만 미국의 풍요의 여력은 커서 오래 지속될 것이다. 아무리 잘 산다 해도 미국에도 그늘진 사각 지대(死角地帶)가 있다.

그곳엔 없는 것이 없다 할 만큼 생활에 필요한 것은 다 있다. 풍요의 천국이요, 없는 것이 없이 잘 갖추어 놓고 사는 선진 대국이다. 아무리 그렇다 해도 그곳에도 가난에 시달리는 사람들이 많다. 그것이 바로 다름 아닌 빈부의 격차다. 가난한 사람들은 한없이 가난하고, 부자는 한없이 부자여서 그 차이를 자(尺)로 재기가 어렵다. 그래도 중산층의 두께는 넓어 부의 분배가 잘 이루어져서 살기 좋은 선진 대국의 영광을 누리고 있다. 그곳에도 사회의 부조리도 있고, 끊임없는 갈등과 분규도 있다. 밝은 것의 뒤에는 꼭 어두운 것이 고여 있는 법이다.

과학의 발달이 때로는 신의 존재를 잃어버리게 한다지만, 아직도 미국은 신앙을 통해 미국의 자존심과 경건성을 유지하고 있다.

관광지에서 만난 그들은 싹싹하고 친절하며 선진 문화 국민으로서의 긍지와 자부심을 잘 보여준다. 기독교 문화의 대국으로서 신의 영광과 그리스도의 복음화에 부단한 노력을 기울이고 있고, 봉사와 사랑과 믿음에 바탕을 둔 국민 의식의 순화에 만전(萬全)을 기하고 있다.

다문화 가정의 소용돌이 속에서도 법질서를 잘 지키고, 개인의 인권과 자유를 존중하고, 인류 공영에 이바지하는 나라다.

"미국은 거대한 보일러와 같다. 한 번 점화되면 그 에너지는 무한하다."고 말한 사람이 있다. 그 무한한 동력으로 세계의 평화와 번영에 이바지하고 있는 것은 참으로 잘하는 일이다. 만세 무궁하기를 빈다.

만선 귀향

집으로 돌아갈 날이 며칠 남지 않으니, 몇 군데서 저녁 식사 초대가 들어왔다. 밥을 얻어먹기는 쉬워도 밥을 내기는 힘들어 거절했지만 막무가내였다.

이 건철 형제와 김 기용 형제, 그리고 다른 한 군데서 저녁 식사를 하자는 요청이 들어왔다. 모두들 그곳에서 자수성가하여 잘살고 있는 사람들이다.

이 건철 형제는 대학에서 통계학 강의와 번역사로 일하고, 김 기용 형제는 하는 일이 잘되어서 살기가 아주 부드럽다고 했다. 김 기용 형제의 아내인 이 성애 자매는 어느새 작가가 되어 수 권의 장편 소설을 출간했고, 그중 하나인 "후계자의 사랑"을 선물로 주어서 집에 갔다 놨다.

그들의 집에 초청받은 사람은 한국 교원대학교의 최 수영 부부와 우리 가족 모두였다. 매우 즐거운 시간이었고, 시공을 초월하여 서로의 사랑과 우정을 나누는 시간이었다. 집에 돌아온 후 감사의 표시로 이번에 내가 발행한 책(바르게 산 자들이 누리는 행복)을 보내주었다.

그들이 한국에 나오면 은혜를 꼭 갚아야겠지만 그게 언제 이루어질지는 아득하게만 느껴진다.

집에 돌아갈 시간이 점점 가까워지니 마음이 다시 설레기 시작했다. 짐을 싸보니 처음 보따리의 크기나 별로 다를 바가 없었다. 한국에 있는 아들, 며느리, 손자, 손녀들에게만 가벼운 선물 하나씩을 샀다.

솔트레이크 공항까지 우리를 데려다 주어서 그곳에서 아들의 가족들과 잠시 헤어져야 했다. 10여 일 후면 그들도 그곳을 철수하여 한국으로 돌아와야 했기 때문이다.

잠시의 이별도 이별은 이별이다. 영원한 별리(別離)였다면 크게 서운했을 것이다.

돌아오는 일도 힘들었지만, 체념으로 마음을 달래는 수밖에 다른 도리가 없다.

"불에 놀란 놈은 부지깽이만 봐도 놀란다."는 말이나, "뜨거운 음식에 데면 회(膾)도 불어서 먹는다."는 옛말이 실감이 났다. 집에 돌아올 생각을 하니 아득하게만 느껴졌다. 14시간 동안 비행기에 몸을 저당 잡히고, 참는 것이 덕(忍之爲德)이려니 생각을 하며 마음 단속을 했다.

기상(機上)에 몸을 실으니 갈 때의 감회와는 달랐다. 갈 때는 호기심과 두려움으로 얼룩졌지만, 돌아올 때는 먼 길을 떠났던 나그네가 돌아오는 귀향의 기쁨이다. 피곤하기는 했어도 여행지에서 보고 느꼈던 것들과 돌아가면 만나게 될 여러 사람들의 얼굴이 주마등처럼 머리를 스친다.

이제 남은 큰일이라고는 인천 공항까지 열 몇 시간을 견디는 일과, 공항에서 둘째 아들을 만나 그의 집으로 가서 하룻밤을 쉬었다 오는 일이었다.

"옛말에 다 먹은 밥에 코가 빠진다."는 말이 있지만, 아무 탈 없이 무사하게 인천공항에 도착했다. 밤 10시 반이 넘었지만 둘째 아들 부부가 어김없이 나와 주어서 서울에 있는 그들 집으로 갔다. 야심(夜深)했지만 정운, 예은, 승운이가 자지 않고 기다리다 반갑게 맞아 주었다.

그날 밤은 그들과 같이 얼크러져 거실에서 그냥 쓰러져 잤다. 그간의 여독(旅毒)이 컸지만, 하룻밤을 그렇게 해서 풀고 나니 조금은 살 것 같았다.

그 다음 날 집으로 내려오려 했지만, 하룻밤만 더 쉬었다 가라는 아들 며느리의 강청을 뿌리칠 수가 없었다. 아무리 생각해 봐도 아들은 좋은 것 같다. 아주 잘해 주어서 마음이 참 편했다.

그들 집에서 하루를 더 쉬면서 끝없는 잠으로 노독(路毒)을 풀었지만 그래도 잠은 계속 밀려들었다. 그 날 저녁에는 고깃집으로 가서 육림(肉林)에 빠진 듯 실컷 먹었다.

큰아들로부터 시작해서 둘째 아들에 이르기까지 모든 여정이 한 치의 잘못도 없이 잘 이루어졌으니, 이를 일러 만선 귀향이라 함이 옳을 것이다.

여행도 힘으로 하는 터이라 날로 쇠진해가는 몸에 언제 또 이렇게 힘든 여행을 하겠는가. 큰아들 며느리도 그들이 행하는 마지막 효도 여행으로 생각하고 이번 여행을 계획했던 것 같다. 말하기는 쉬워도 행하기는 참으로 어려운 일을 한 것이다.

이 여행의 시작은 여수(麗水)의 내 집이고, 다시 여수에 있는 내 집까지 돌아와야 여행은 완전히 끝난다. 집을 떠날 때는 아파트 관리인에게 열쇠를 맡기고 모든 걸 부탁하고 떠났다. 돌아와 보니 아무 이상이 없었다. 베란다에 있는 100여 그루의 화초가 한 그루의 손실도 없이 처음 그대로였다. 이 세상에서 가장 정직하고 충직한 사람을 보는 듯했다. 그분에게 큰 감사와 믿음을 전한다.

천 리 길도 한 걸음부터 시작된다 하였듯이 한 걸음에 또 한걸음을 더 하여 미국처럼 먼 곳까지 가서 구경을 마치고 돌아왔다. 풍어(豊漁)로 만선이 되어 돌아와 이 기쁨을 이렇게 기록으로 남기니 그 기쁨 이루 말할 수 없다.

"시작이 좋으면 끝도 좋다."(A good beginning makes a good ending.)는 말이나, "시작이 좋으면 싸우지 않고도 반은 이긴다."(A good beginning is half the battle.)는 교훈을 실감케 한다.

큰아들 부부의 선한 효심으로부터 시작하여, 작은아들 부부의 자식된 도리를 다하는 마음이 합하여, 이번 여행의 대장정(大長征)을 성공적으로 마무리할 수 있었다. 두 아들과 두 며느리들에게 깊은 감사의 염을 표한다.

甁凍知寒

(병 동 지 한)

물병의 물이 언 것을 보고 날씨가 추워진 것을 안다.

학문에 몰두하다 보니 계절이 바뀌는 줄도 모르고 살다가,
물을 마시려 물병을 기울이니 얼음이 버석거리는 것을 알고,
비로소 겨울이 가까이 온 것을 느낀다.
어찌 학문뿐이겠는가, 무슨 일이든 잔머리를 굴리지 않고,
철이 바뀌는 줄도 모르고 열심히 행하며 살면,
마음에 큰 기쁨을 얻어 살 것이다.

■ 저자소개

정영배(丁永培)

여수시 미평동 선경 아파트 308동 901호
Tel. 061-653-8410

약력

전남대학교 영어영문학과 졸
동대학원 졸
전 여수대학교 영어영문학과 교수
미국 브리감영대학교 연구교수
전 한국 영어영문학회 회원
여수대학교 교무처장 역임
人間時代 학술 및 편집고문
文藝思潮 수필부문 신인상 수상
文藝思潮 문인협회 회원
한국문인협회 회원

번역물

놋활 (The Bronze Bow)
붉은 조랑말 (The Red Pony)

수필집

晩秋閑想
아침이 오는 소리
인생 연가(人生戀歌)
회오(悔悟)의 향기
사랑의 현자(賢者)들
삶 속에 흐르는 행복의 메아리
바르게 산 자들이 누리는 幸福
향기 그윽한 인생 모년(暮年)
한 우공이 전하는 세상 사는 이야기

한 우공이 전하는 세상 사는 이야기

인쇄 | 2015년 1월 15일
발행 | 2015년 1월 20일

저자 | 정영배
발행인 | 지병문
발행처 | 전남대학교출판부

등록 | 1981. 5. 21. 제53호
주소 | 500-757 광주광역시 북구 용봉로 77
전화 | (062) 530-0571~2
마케팅부 | (062) 530-0573
팩스 | (062) 530-0579
홈페이지 | http://www.cnup.co.kr

값 12,000원

ISBN 978-89-6849-172-6 (03810)

이 도서의 국립중앙도서관 출판예정도서목록(CIP)은
서지정보유통지원시스템 홈페이지(http://seoji.nl.go.kr)와
국가자료공동목록시스템(http://www.nl.go.kr/kolisnet)에서 이용하실 수 있습니다.
(CIP제어번호 : CIP2015001843)